À Francine ~

Une tendre pensée,

Robert Jolicoeur

19 nov. '06

Salon du Livre

Le pari du cœur

Robert JOLICŒUR

Le pari du cœur

Ceci appartient à :

Francine Gauthier

450-435-3549

PRESSES
DE LA
RENAISSANCE

Ouvrage réalisé
sous la direction éditoriale d'Alain NoëL

Si vous souhaitez être tenu(e)
au courant de nos publications,
envoyez vos nom et adresse, en citant ce livre,
aux Éditions des Presses de la Renaissance,
12, avenue d'Italie, 75013 Paris.
Et, pour le Canada,
à Interforum Canada inc.,
1055, bd René-Lévesque Est,
11ᵉ étage, bureau 1100,
H2L 4S5 Montréal, Québec.

Consultez notre site Internet :
www.presses-renaissance.fr

ISBN 2.7509.0274.6
© Presses de la Renaissance, Paris, 2006.

Préface

La première fois que j'entendis parler de Robert Jolicœur, ce fut par Tim Guénard qui rentrait d'une tournée de conférences au Canada avec Évangélisation 2000. Il me dit : « J'ai rencontré un curé formidable, tu devrais faire un livre avec lui. »

Je profitai de mon voyage annuel à Montréal pour prendre contact avec le curé Jolicœur. L'homme me plut tout de suite et je lui fis part de ma demande. Il m'accorda un « oui » de principe. Restait à savoir quand et comment ! Je lui brossai les grandes lignes du livre que j'aimerais publier. On se donna rendez-vous pour l'année suivante. Entre-temps, quelques mails et coups de fil.

Je revins l'année suivante : rien ! Dîner, rencontre sympathique mais pas de texte. Je compris très vite que Robert Jolicœur n'est pas un homme de l'écrit mais du verbe. En cela il est un fidèle disciple de Jésus qui n'écrivit que du doigt sur le sable à un moment important de la vie d'une pécheresse qui allait être lapidée.

L'année suivante, même scénario. Rencontre forte, mais pas de texte. J'espérais davantage : était aussi invité un de ses amis journalistes qui devait le faire accoucher d'un texte.

L'année suivante, encore rien. Je commençais à douter de son désir alors que le mien se renforçait. Robert Jolicœur, en fait, n'avait pas envie de « se » raconter mais de montrer l'œuvre de Dieu dans sa vie et de rendre hommage à toutes ces personnes qu'il a rencontrées et qui sont des signes de l'amour de Dieu.

En janvier de cette année 2006, à peine arrivé à l'aéroport de Dorval, j'affrontai une forte tempête qui ne m'empêcha pas de parvenir à Sherbrooke et d'être présent à la messe du curé. Celui-ci m'invita à venir dans le chœur pour la célébration et il annonça que j'étais éditeur et qu'il allait écrire un livre. Cette fois-ci je me suis dit : « C'est bon ! », il s'est engagé publiquement. Il est comme ça, Robert Jolicœur. Il faut qu'il soit sûr que l'on agit en esprit et en vérité.

Voilà pour ceux qui pourraient croire que Robert Jolicœur avait le goût de se raconter, de se répandre en racontant sa vie. Cela ne vient pas de lui, mais de moi, et j'en revendique avec fierté la paternité.

Lorsque je reçus le manuscrit, c'est avec une certaine émotion que je me suis mis à le parcourir. Allait-il être à la hauteur du personnage ? L'écrit vaudrait-il l'oral ? Je ne fus pas déçu. J'ai dévoré. Pleurant d'émotion à certains passages, riant de plus belle à d'autres, tellement notre Robert Jolicœur est à la fois profond et drôle. Un curé qui aime Dieu et le base-ball ne peut être qu'un homme sensible. De ses rencontres avec les plus grandes vedettes en passant par celles avec des clochards, des déshérités, des inconnus en détresse, je ne retiens qu'une seule chose : l'amour des êtres est une forme de l'amour de Dieu.

Préface

Je rends grâces à Dieu pour cette longue attente qui n'a fait qu'aiguiser mon désir, pour la certitude que j'ai eue que Robert Jolicœur est le modèle de prêtre qui incarne l'avenir de l'Église.

Alain NOËL

1

On n'avait pas d'argent, mais on était heureux

Toute ma vie j'ai fait le pari du cœur : le bonheur est à ce prix-là. 28 sept.

Je suis né en 1948, dans le nord de la ville de Montréal. Ma famille n'était pas riche ; nous n'étions pas célèbres. Nous étions des gens heureux. On avait du temps pour se savourer les uns les autres. Je me souviens, quand j'étais tout petit chez nous à la maison : autour du gros poêle à bois il y avait quatre chaises. Une pour mon père, qui s'appelait Roland. Une pour ma mère, qui s'appelait Rolande. Une pour ma sœur Claudette. Et une pour moi. Le soir après souper, notre bonheur était d'aller s'asseoir autour du poêle et de nous raconter notre journée.

Mon père, qui était plombier, était très pris par son travail : mais le soir il essayait de rentrer le moins tard possible à la maison, pour être avec nous.

Il disait :

— Je ne sais combien de temps on sera ensemble, mais aujourd'hui m'appartient : et aujourd'hui c'est passer du temps avec ma femme et mes enfants.

Pour ma mère, l'important c'était le dévouement. Cette femme-là ne pensait jamais à elle. Le soir elle

11

nous préparait des biftecks mais elle se contentait d'une tranche de jambon ; on lui demandait pourquoi, elle répondait qu'elle n'avait pas faim. Avec le temps nous avions fini par comprendre que c'était parce qu'il n'y en avait pas assez pour tout le monde. Son plaisir passait par la joie de s'oublier : pour ses enfants et pour tous les autres.

Mon père : un homme de cœur qui n'allait pas à la messe

Mon père était artisan. C'était un homme de cœur. C'était aussi un homme de comptes. Avant de nous coucher, ma mère nous disait : « N'oublie pas de faire ta prière » ; mon père disait : « Il y a une chose plus importante, c'est de savoir compter. »

Et il nous faisait compter ! En français, en anglais, en espagnol, pour être bien sûr que plus tard on réussirait dans la vie…

Le jour de mon baptême, à l'église Saint-Alphonse-d'Youville à Montréal – on aurait dit une cathédrale, avec de grands vitraux lumineux –, mon père avait garé au pied des marches son camion « Jolicœur, plombier », et il disait à tout le monde en distribuant des cigares : « Plus tard on verra écrit "Jolicœur & fils" », parce qu'il rêvait que j'aille déboucher avec lui des tuyaux de salles de bains.

Mon père ne savait pas que Dieu aussi rêve pour chacun des jeunes, et que les rêves de Dieu sont plus beaux que ceux des parents…

Dieu ne me voulait pas plombier. Il rêvait que je devienne une sorte de cardiologue, un spécialiste du cœur des humains, et que je débouche des artères pour que l'amour puisse circuler.

Quand je me souviens de mon père, je sens que ce qui était important dans ma vie d'enfant c'était de passer du temps avec lui.

Cet homme était suroccupé, mais il trouvait le temps d'être aimé de tout le monde et même de ses employés ; ils aimaient lui donner de leur temps parce qu'il leur donnait du sien. C'était un être généreux. On le trouvait compréhensif.

Et c'était un beau bonhomme, de l'avis de toutes les femmes : il avait le style italien, les cheveux frisés, une moustache… il était très jaloux de son apparence : dès qu'il se trouvait deux kilos de trop, il faisait des marches à pied.

D'ailleurs on marchait beaucoup dans mon enfance, même si mon père avait une voiture. Rien que pour aller à l'école Saint-Gérard quand j'avais une dizaine d'années, je marchais un mille à l'aller, un mille au retour[1] ; à midi je dînais juste à côté de l'école, chez les sœurs de Sainte-Croix, pour lesquelles ma mère faisait la cuisine… Un peu plus tôt, quand j'avais 6 ans, mon père m'avait acheté un petit traîneau : l'hiver, il me tirait dans la neige. Si j'avais soif, il nous arrêtait près d'une borne-fontaine ; quant à lui, il avait une petite bouteille dans sa poche et il me disait que c'était de l'eau bénite. (Plus tard j'ai compris que c'était plus fort que de l'eau.) Et puis il prenait sa musique à bouche[2] et me jouait des petits morceaux.

Et je le regardais, en me disant : « C'est-y bon quand on est ensemble ! » J'aimais beaucoup ça.

Un peu plus vieux, vers l'âge de 10 ans, le dimanche soir après souper, j'allais me promener avec lui dans la

---

1. 3,2 kilomètres en tout.
2. Son harmonica.

rue Sainte-Catherine. Quand j'étais enfant, il n'y avait rien de plus grand que Montréal au Canada : c'était le carrefour du pays, le summum de ce qu'on peut espérer d'une ville. On disait « Je vais à Montréal », et ça faisait naître des images de grands magasins, d'affaires importantes… Les gens y venaient de partout en tramway : on l'appelait le « gros char ». Aujourd'hui on prend le métro.

Le Montréal de ce temps-là, c'était une ville sans crimes ni violences. On savait qu'à New York, à Chicago, les choses se passaient mal et qu'il y avait des meurtres tous les jours ; mais rien de tel chez nous.

Montréal n'était pas encore une « ville mondiale » : pour cela, il faudra attendre l'Exposition universelle de 1967 ; cette année-là (celle de ma fin d'études secondaires), je découvrirai la joie de parler avec une foule de gens venus de la terre entière, et c'est de là que naîtra mon goût pour les voyages. Mais le Montréal d'avant 1967 était déjà une ville bigarrée, où l'on pouvait se choisir des amis exotiques. À 12 ans, l'un de mes meilleurs copains était un petit Polonais nommé Skarzinski. Ma mère le recevait à bras ouverts.

Montréal était aussi la ville où je voyais une autre religion que la mienne. Autour de la grande église catholique Saint-Alphonse, il y avait des églises protestantes. Les Anglais y tenaient leurs assemblées du dimanche, qu'on appelait « les petits meetings ». (Dans mon français d'enfant, je disais « les petites mitaines ».) En passant devant ces temples, j'entendais les orgues ; c'était beau. Mais les pères rédemptoristes m'avaient prévenu, il ne fallait pas mettre les pieds dans ces églises anglaises : « Jamais ! » Une fois, j'ai désobéi à la consigne. La musique était attirante, je suis entré… Je suis revenu à la maison en retard et quand j'ai dit à ma mère où j'étais allé, ça a fait toute une histoire.

bigarrée : marquer 14 de couleurs contrastantes, barioler

Dans la rue Sainte-Catherine, papa et moi rencontrions des mendiants qui nous tendaient la main en disant :

— As-tu du change[1] ? As-tu du change ?

Mon père leur donnait chaque fois. Je lui demandais : « Papa, qu'est-ce qu'ils vont faire avec ça ? » Il me répondait : « C'est qu'ils ont faim. Et surtout soif. » Il riait ! Et je me disais que plus tard, moi aussi je m'occuperais des pauvres.

On descendait cette grande rue, avec tous ses magasins où l'on pouvait marchander. Et puis on s'arrêtait au coin de la rue Saint-Laurent pour manger une pâtisserie juive ; par les grandes vitrines du restaurant on voyait dans la rue des dames en petite jupe courte et talons hauts, par - 30 °C. Je demandais à mon père : « Qu'est-ce que les madames elles font là dehors ? » Et il me répondait : « Elles attendent le bonheur. » Je me disais (j'avais alors 10 ans) : « Quand je vais être grand plus tard, il faudra que je leur en donne, du bonheur, à ces dames-là aussi. »

La rue m'a beaucoup marqué. Je n'étais pas l'enfant des fleurs et des grands champs de blé.

Et déjà mon père me travaillait le cœur sans s'en douter : il me préparait à devenir le prêtre que je suis aujourd'hui. Un prêtre qui veut donner du bonheur aux pauvres, aux démunis, aux marginaux, aux exclus. J'ai toujours eu une attirance pour eux.

Ce qui ne m'empêche pas d'être bien avec tous les autres aussi...

---

1. Une petite pièce.

Les poules picosseuses et l'outarde généreuse

Notre chez-nous, en ce temps-là, c'est une maison en brique à deux étages, dans les quartiers nord de Montréal. Pas de voisins, ni à droite ni à gauche. Un petit tramway passe devant. Au premier étage vit ma grand-mère Édith, qui compte beaucoup dans mon paysage d'enfance. Par un escalier extérieur on monte au deuxième, où nous habitons. Derrière la maison, une grande cour, où mon père met son bois de chauffage ; c'est là aussi qu'on installera les poules quand j'aurai la brillante idée d'en avoir, comme je le raconterai plus loin.

Je viens d'entrer en secondaire 1 quand il m'arrive un événement. Mon père me dit :

— Mon fils, tu as 12 ans. Maintenant, quand je vais arriver à la maison, tu ne m'embrasseras plus. Tu vas juste me serrer la main. Il faut que tu fasses un homme de toi.

Ça m'a fait beaucoup de peine, dans le fond. Quand mon père arrivait à la maison, je lui sautais au cou ; au Québec on n'a pas les habitudes des Parisiens, on est moins démonstratifs.

J'ai fait ce que me disait mon père. Mais longtemps j'ai été jaloux de ma sœur, qui pouvait continuer à l'embrasser.

Et puis beaucoup plus tard, en 1993, quand il allait mourir – d'un cancer du foie, à 67 ans –, je suis allé le voir au Centre de la santé à Laval, et il m'a dit :

— Est-ce que je t'ai déjà fait de la peine, durant ta vie ?

— Non…

— Vraiment jamais ?

— Si, une fois, en secondaire 1.

— Qu'est-ce qui était arrivé ?

— Te souviens-tu ? Tu m'avais dit : « Pour que tu fasses un homme de toi, maintenant, tu ne m'embrasseras plus. »

— Mais ça a réussi : tu es devenu un homme.

Mon père était couché dans son lit. Je me suis mis à genoux à côté de lui, je l'ai pris dans mes bras, je l'ai serré fort, fort, et je lui ai dit :

— Papa, avant que tu meures, je veux te dire une chose : c'est que je t'ai toujours beaucoup aimé.

J'ai vu deux grosses larmes dans ses yeux. Il est mort le surlendemain.

Et moi aussi je pleure quand j'y repense, en l'écrivant.

Voilà des choses qui m'ont marqué. Je suis un prêtre chaleureux, je dis aux gens que je les aime, je le dis à mes paroissiens chaque fois que j'ai une chance de le faire – et pas seulement avec des mots, mais avec toute ma vie : quand ils ont besoin de moi, j'essaie toujours d'être là. J'encourage les gens à dire leurs sentiments et leurs émotions.

Surtout les pères, parce qu'ils sont timides quand vient le temps de dire ce qu'ils ressentent au fond de leur cœur.

Mon père était comme les autres. Il ne disait pas facilement ce qu'il ressentait ; il était bon par action. Quand j'avais 10 ans, il m'offrait des petits cadeaux.

Il m'avait proposé un chat. Je lui avais répondu :

— Papa, je ne veux pas de chat. Je trouve que c'est l'animal qui ressemble le plus à la personne humaine. Il est hypocrite et il vient te voir juste quand il a besoin de toi.

Un oiseau ? Un poisson ? Non plus. Je savais ce que je voulais ; c'était une idée bizarre pour un petit garçon de la grande ville.

Finalement je le lui dis :

— L'animal que je veux, c'est une poule.

Mon père s'esclaffe :

— Mais on reste à Montréal ! On va se faire exproprier…

Un soir il revient tard, avec une boîte dans laquelle il y avait une dizaine de poussins : « Le cultivateur m'a dit qu'une poule seule, ça s'ennuie, il en faut plusieurs… »

Les poussins grandissent et mon père leur a fait un petit enclos. Quand je reviens de l'école, je vais les voir ; j'en ai remarqué un qui ne grandit pas, pendant que les autres deviennent des grosses poules emplumées ; le chétif ne peut pas approcher de la nourriture sans que les poules le picossent[1], à lui faire mal. Il faut que je lui donne moi-même à manger.

Un jour, j'arrive de l'école et j'aperçois le petit dans le fond de l'enclos, mort. Je dis à mon père :

— Qu'est-ce qui lui est arrivé ?

Il me répond :

— Tu n'aimes pas les chats parce que tu les trouves hypocrites. Les poules sont autre chose : elles sont picosseuses. Pendant que tu étais à l'école, elles ont vidé le petit de son sang.

Du coup on a mangé toutes les poules en club sandwich…

Ensuite je vais pêcher avec mon père au lac des Deux-Montagnes, dans les Laurentides. (Il a une passion pour la pêche et rapporte le poisson vivant : on le met dans la baignoire jusqu'à l'heure de la cuisine.)

C'est l'automne. Un grand vol d'outardes[2] traverse le ciel.

Dans notre barque, nous les regardons passer entre le lac et les nuages gris.

---

1. Le frappent à coups de bec.
2. Oiseaux échassiers migrateurs.

Mon père me dit :

— Est-ce que tu sais ça ? Quand une outarde est fatiguée ou malade, il y en a toujours une qui vient se placer juste au-dessous, pour la soutenir dans son vol pendant quelques minutes, jusqu'à ce qu'elle ait refait ses forces. L'outarde, c'est généreux.

Ensuite – je m'en souviendrai toute ma vie – il me dit, à moitié sérieux, en me fixant dans les yeux :

— Ne deviens jamais une poule picosseuse. Je voudrais que tu sois une outarde généreuse. Quand tu seras grand, tu aideras les gens fragiles.

Je suis prêtre depuis trente ans et j'ai toujours essayé de suivre le conseil de papa, quitte à m'attirer des ennuis. Je vous en raconterai des exemples concrets dans ma vie de curé.

Mon père, cet homme de cœur, était en même temps brouillé avec les curés. Le jour de mon ordination, il n'avait plus mis les pieds dans une église depuis vingt-cinq ans.

C'est parce qu'à un moment donné, en se confessant, il s'était accusé de limiter les naissances. Il avait dit au prêtre :

— Je suis un pécheur, je ne suis pas un menteur. On a déjà deux enfants. Le petit gars s'appelle Robert, et on ne pourra pas faire mieux que lui. Ma femme et moi on a décidé de fermer l'usine.

Le prêtre avait appliqué froidement la loi de l'Église. Il avait rétorqué à mon père :

— Tant que vous en serez là, je ne peux rien pour votre âme.

Papa était reparti sans l'absolution.

Donc il ne pouvait pas communier. Et comme c'était un caractère entier, il avait décidé que sa place n'était plus dans une église :

— Moi, quand je vais chez les gens, je ne reste pas au salon pendant qu'ils vont dîner.

On ne l'avait plus jamais vu à la messe.

À ma cérémonie d'ordination, la première personne à qui je donnerai l'eucharistie, ce sera lui. Je montrerai ce jour-là que je veux être le prêtre de tous ceux qui sont exclus, ou qui se sentent exclus, ou qui se croient exclus : tous les sans-voix, qui ne sont pas pour autant des sans-cœur.

Mon père n'était pas un homme pieux, mais sa façon d'agir ne devait pas souvent déplaire au Christ. On reconnaissait des pages d'Évangile dans ce qu'il faisait, même s'il ne fréquentait pas les églises.

Seulement, quand je lui dirai que je veux devenir prêtre, ce sera la déception de sa vie. Ce n'était pas le destin qu'il avait voulu pour moi.

Et un peu plus tard, quand je quitterai le monastère de Saint-Benoît-du-Lac[1] et que mon père viendra me chercher en voiture, un soir après l'office de complies, il jubilera en sourdine. Lui qui était – bien involontairement – à l'origine de mon entrée chez les moines, il s'en était voulu pendant deux ans. Ce soir-là, avant de me ramener à Montréal, il m'emmènera souper chez Plumet, à Granby : le restaurant qui sert les meilleures cuisses de grenouille au monde (c'est à quarante-cinq minutes de l'abbaye par la route du lac). Papa aura un air de fête. Pendant le repas, il ne cachera plus sa satisfaction. On verra qu'il se dit : « Robert n'est plus moine ! Enfin il va faire de vraies affaires... » Ensuite il déchantera, mon pauvre père.

C'est vrai, ce n'était pas un homme pieux. Et pourtant, une fois, dans mon enfance, il m'a étonné. En ce

---

1. Sur les péripéties de ma vocation, voir aux chapitres 2 et 3.

temps-là il avait une entreprise d'installation de gaz ; un accident venait d'avoir lieu sur l'un de ses chantiers : l'immeuble en construction avait sauté par la faute d'un employé de mon père, et notre entreprise faisait faillite. C'était la catastrophe.

Voilà qu'un soir je me lève, et, en passant devant la porte de la chambre de mes parents, je les vois tous les deux à genoux au pied du lit devant la croix : ils priaient ensemble. Ça m'a beaucoup frappé. Mon père à genoux, lui qui n'allait pas à la messe et qui préférait nous apprendre à compter qu'à dire la prière ?

Se pouvait-il que la souffrance ou les échecs rapprochent de Dieu ?

Quelques jours après ma mère me dit :

— Demain on ira au sanctuaire Saint-Jude allumer un gros lampion[1], pour que papa ne se décourage pas.

Mais ce n'était pas un homme à se décourager. Ou fut-ce par l'intervention de saint Jude ? Quand nous sommes revenus du sanctuaire, mon père avait reçu un coup de téléphone. On lui proposait d'aller travailler à Abidjan, en Côte-d'Ivoire, sur un chantier de construction de clinique soutenu par le gouvernement canadien.

Il est parti là-bas trois ans : il en a été tout revalorisé.

Et ma mère me disait : « Oublie jamais : saint Jude, c'est fort ! »

Les saints étaient nos amis. On vivait avec eux... Ils faisaient partie de nos histoires. Quand ma sœur attendait un bébé, ma mère me disait : « Tu vas voir que saint Gérard va aider », parce que c'était le patron des femmes enceintes. Quand on a eu des souris, ma mère m'a dit : « Va à Saint-Benoît-du-Lac et rapporte une médaille de saint Martin de Porrès, c'est lui qui les chasse. » Je suis allé à l'abbaye. J'ai demandé la médaille. Le moine m'a répondu douce-

---

1. Les Français diraient « un cierge ».

ment : « Mon garçon, tu diras à la dame que si elle achète en plus des trappes à souris, ça aidera saint Martin de Porrès[1]. »

Ces petites expériences de mon enfance me faisaient voir que les saints nous aident quand nous faisons notre part.

À nous de nous retrousser les manches pour que les choses arrivent. S'il y a eu la Côte-d'Ivoire, ce n'est pas seulement grâce à saint Jude : c'est parce que mon père était un homme de cœur qui ne se laissait pas enfermer dans un échec. Il avait agi !

Et le bébé de ma sœur Claudette devait autant aux accoucheurs qu'à saint Gérard...

Dans ma vie de prêtre (on y reviendra plus loin), j'ai toujours essayé d'aider les gens à ne pas avoir une religion infantile, et à devenir ce que j'appelle des « adultes » dans la foi.

Comment ma mère me fait faire mon premier pari du cœur

Ma mère est une petite femme preste, qui marche vite, qui parle vite, qui monte les escaliers quatre à quatre ; à 92 ans aujourd'hui, elle est toujours aussi

---

1. Saint Martin de Porrès fut un dominicain péruvien du XVIIe siècle, fils d'un hidalgo gouverneur de Panamá et d'une très belle Africaine, danseuse de cabaret. Mon bénédictin se trompait : Martin de Porrès, qui avait de grandes vertus (il organisait des soupes populaires pour les pauvres de Lima), refusait les trappes à souris. Il savait persuader ces petites bêtes – par pure amitié – d'aller s'installer ailleurs que dans son couvent. Miracle plus franciscain que dominicain, ce qui excuse la méprise du moine de Saint-Benoît-du-Lac... Mais le fait est que le bénédictin était moins informé que ma mère sur Martin et les souris. Chez elle les saints faisaient quasiment partie de la famille.

Preste : Prompt et agile, rapide-vif

22

rapide. Quand elle était jeune et que j'étais enfant, c'était une femme active, toujours debout : « En voulez-vous encore ? Êtes-vous sûrs d'avoir assez mangé ? N'avez-vous pas soif ?... » Un vrai cordon-bleu, d'ailleurs. C'est ainsi qu'elle avait séduit mon père, même s'ils n'avaient pas tout à fait les mêmes goûts culinaires : elle condamnait les cuisses de grenouille – dont il raffolait, comme vous le savez.

Ce n'était pas la seule différence entre Roland et Rolande. Ma mère avait un petit côté carmélite : cette femme d'action était aussi une contemplative, mais qui a dû travailler tôt et dur pour les besoins de la famille... Quand nous étions pauvres, elle a fait des ménages, lavé les sacs à souliers des 530 élèves de l'École progressive... Elle se levait à 4 heures du matin pour mettre du bois dans le poêle, pour que nous n'ayons pas froid avant de partir à l'école.

Et tout en veillant sur nous sans cesse, elle trouvait le temps d'aller à l'église deux fois par jour (un mille à pied[1] dans chaque sens) : le matin à 7 heures pour la messe, le soir pour une neuvaine[2].

Ce qui me frappe le plus, quand je nous revois à cette époque, c'est que ma mère trouve aussi le temps de se dévouer à de plus pauvres que nous.

Dans notre paroisse, tenue par les pères rédemptoristes, il a une œuvre sociale qu'on nomme le « Grenier des Pauvres ». Nous y allons travailler tous les samedis, ma sœur et moi, avec ma mère. C'est notre bénévolat. Et c'est important, dans une famille, d'avoir des instants où l'on ne va pas s'occuper de soi et aller jouer au soccer[3], mais où l'on prend le temps d'être généreux pour les autres.

---

1. 1,6 kilomètre.
2. Prières pendant neuf jours, à une intention précise.
3. Les Français disent « football ». Je n'étais d'ailleurs pas doué pour ce sport, comme je le dis plus loin.

Le Grenier des Pauvres aura une importance énorme pour tout le reste de mon existence. C'est là que je fais mon premier pari du cœur, et c'est ma mère qui me le fait faire.

J'ai 10 ans. Tous les autres à l'école ont des tee-shirts noirs à l'effigie de Mickey Mouse (oui, celui avec les grandes oreilles). Mais pour avoir ces tee-shirts-là il faut de l'argent. Chez nous on n'a pas de quoi s'offrir ce genre de choses. Je dis à ma mère :

— Maman, se plaint-on d'être pauvres ? Tous mes amis à l'école ont des tee-shirts Mickey Mouse, et moi j'en ai pas…

Ma mère ne me dit rien. Elle en parle à mon père. Le soir, il m'interroge paisiblement :

— Comme ça, on se plaint d'être pauvre ?

Je me tais. Il continue :

— Tu es chanceux, Robert. Tu as trois repas par jour, tu habites une maison où il fait chaud, on t'a fait une petite sœur avec laquelle tu peux te chicaner. De quoi te plains-tu ?

— J'aimerais ça, avoir un tee-shirt Mickey Mouse comme tous mes amis à l'école…

— Si tu en veux un, tu vas travailler et tu vas le gagner.

Il y avait à Montréal un journal qui s'appelait *The Gazette*. Ils cherchaient un camelot pour distribuer le journal chez les Anglais. Mon père me dit :

— Ça t'intéresse ?

— Est-ce que c'est payant ?

— Je vais t'acheter un petit cochon en plastique et tu mettras les pourboires dedans, et quand il sera plein, on va le casser et acheter le tee-shirt Mickey Mouse.

Mon père me dit aussi : « S'il y a des matins où c'est trop difficile, je t'aiderai. » À l'époque on avait des gros hivers, au Québec. Maintenant, avec le réchauffement de la planète, les hivers se font timides ; mais alors, c'était des froids cruels, des poudreries[1] et des rafales, quand on partait le matin...

Je suis donc allé livrer des journaux aux Anglais. Eux n'étaient pas comme les Français : au lieu de nous donner de l'argent, souvent ils nous donnaient des *goodies*[2], mais ça ne rentrait pas dans la tirelire... Il y en a qui me donnaient des sous, surtout les messieurs ; mais les dames, quand j'arrivais, c'était des « *Oh ! Bobby, I love you so much !* » et elles me donnaient plein de petites choses mais pas de sous... Quand je revenais à la maison j'allais voir ma grand-mère, qui habitait en bas, et je lui disais : « Grand-maman, est-ce que tu veux m'acheter les *goodies* ? » Elle me donnait des sous, je mettais ça dans ma tirelire ; après ça je redescendais chez elle et je mangeais tous les *goodies* que les Anglais m'avaient donnés ! C'était satisfaisant.

Quand mon cochon en plastique a été plein, mon père l'a cassé et on est allés à la Plaza Saint-Hubert, à Montréal, acheter le tee-shirt Mickey Mouse.

Je suis arrivé à l'école le lundi matin et tous mes amis m'ont dit : « Wow ! il est beau ton tee-shirt ! Où est-ce que tu l'as pris ? »

Le samedi suivant, je vais au Grenier des Pauvres avec ma mère.

Et là, il y a un petit enfant pauvre qui dit : « Maman, je voudrais un tee-shirt comme le p'tit gars ! »

Alors ma mère me regarde et me dit :

— Robert, enlève-le et donne-lui. Des petits chandails, il y en a plein le Grenier.

— Maman, c'est moi qui l'ai gagné, ça !

— C'est pas grave. Tu peux faire des petits cadeaux, toi aussi, des fois. Tu peux partager...

---

1. Tempêtes de neige.
2. Sucreries.

J'enlève mon tee-shirt Mickey Mouse (j'ai les yeux pleins de larmes) et je le donne au petit gars qui est plus pauvre que moi. À la place, je prends au Grenier un petit chandail blanc un peu jauni sur les bords...

Quand je reviens à la maison, mon père me dit : « Qu'est-ce que tu as fait de ton Mickey Mouse ? » Je lui raconte. Il me dit : « Viens-t'en, on va en acheter un autre. » Au retour, il ajoute : « Je ne veux plus jamais que tu mettes ça pour aller au Grenier des Pauvres : tu connais ta mère, si elle t'en a fait donner une fois, elle va t'en faire donner deux fois ! »

La complicité de mon père m'a rassuré sur le moment. Bien sûr. Et ça n'a pas été inutile : ainsi l'histoire ne m'a pas laissé une amertume d'enfance, une de ces « peurs de manquer » qui vous vrillent pour longtemps (quelquefois même pour votre existence d'adulte : les psychologues connaissent cela).

Mais ce que ma mère m'a fait faire ce matin-là envers le petit gars plus pauvre, c'est une expérience qui a été déterminante dans ma vie. Ma mère m'avait forcé la main : c'était normal pour une première fois. Mais ce geste a brisé mon égoïsme d'enfant. Et cette brisure m'a fait sortir de moi, pour entrer, bon gré mal gré, dans un autre espace. La leçon est restée. Elle a mûri. Aujourd'hui je suis un prêtre heureux quand je donne même ce que je n'ai pas ; j'ai du bonheur si je partage.

L'autre jour, un ado vient chercher de la nourriture au Grenier des Pauvres de ma paroisse[1], qui s'appelle les Œuvres Saint-Roch.

Il me dit :

— Il paraît que t'aimes ça, toi, le hockey et le base-ball ? Mon rêve, ce serait d'aller voir jouer les Grands Canadiens, au hockey à Montréal...

---

1. Celle dont Robert Jolicœur est curé, à Sherbrooke.

26

Je lui réponds :

— Tu iras.

Il secoue la tête. Pas convaincu…

Trois semaines passent. Et voilà qu'un couple d'amis bourgeois m'envoient avec leur carte de Noël deux billets (à 150 dollars chacun) pour aller voir jouer les Grands Canadiens à Montréal !

J'appelle le jeune. Je lui offre les deux billets : qu'il puisse aller au match avec son père. Et je me sens plus joyeux que si j'y étais allé moi-même.

Il n'y a pas de grands événements dans ma vie. Je ne suis jamais tombé de mon cheval comme saint Paul. Mais il y a des myriades de petites choses comme celles que je vous raconte : ces « petits bonheurs » qui peuvent aider des êtres à prendre confiance, à se dire que leur vie n'est pas un pot au noir, qu'ils n'ont pas perdu une fois pour toutes à la loterie sociale ; que l'avenir, peut-être, leur réserve des surprises dont ils n'auraient pas rêvé. Et que ces surprises ne sont pas hors de la portée humaine, puisque le cœur y joue un rôle…

Mais revenons à ma famille et à mes 12 ans.

« Toi, prêtre ? Il ne sait pas ce qu'il dit. »

Ma mère, c'est elle aussi qui s'occupe de notre vie à l'école. J'y réussis bien : je suis bon en tout. Sauf en sport. L'heure d'éducation physique est mon cauchemar. Dans la classe nous sommes vingt-cinq : il y en a douze d'un côté, douze de l'autre, et le vingt-cinquième qui reste assis – celui que les copains ne choisissent jamais – ; c'est toujours moi. Quand je reviens à la maison avec l'air consterné, ma mère me dit : « C'était le jour du ballon ? »

Mais si je suis nul en ballon, je suis bon en poésie. Quand il s'agit de réciter des poèmes, voilà l'heure de ma revanche ! Personne ne lève la main, sauf moi. Je me lève et je récite, par exemple, « Le Cygne » de Sully Prudhomme :

Sans bruit, sur le miroir des lacs profonds et calmes...

Tous les copains applaudissent, c'est un instant de gloire : on est en secondaire 1 et j'ai 12 ans.

Les filles de l'École progressive, près de chez nous, téléphonent à la maison : « Bobby, tu veux venir voir un film avec moi ? », « Bobby, veux-tu venir danser ce soir ? » J'ai de grands cheveux longs, comme plus tard le joueur de guitare basse de Metallica... Pendant l'adolescence, je serai un gars assez porté sur les jeux de séduction. Il y aura même une étudiante qui accrochera mon cœur : elle s'appellera Suzanne. Et puis elle déménagera à Québec, je ne la reverrai jamais, et ce sera très bien ainsi.

Pendant ce temps-là je sers la messe à la paroisse des pères rédemptoristes de Montréal, Saint-Alphonse. Je suis même responsable des cent servants de messe : c'est moi qui leur apprends les répons en latin. Quelle paroisse ! Douze messes le dimanche ! Quand les dix petites lumières rouges des dix confessionnaux sont allumées, je trouve ça impressionnant. C'est un coup d'œil qui va devenir plus rare, dans les dix ans qui viennent.

D'ailleurs il faut parler de l'importance des pères rédemptoristes dans ma vie et auprès de notre famille.

Ils venaient chez nous pour les repas, pour les veillées. On en recevait des dizaines. On leur portait de l'affection.

Nous aimions particulièrement le P. Isidore Dubé : un grand type chaleureux, avec un visage ridé et des bajoues « comme un chien bouledogue » – disait ma sœur –, toujours en soutane noire avec le col blanc complet et le grand chapelet à la ceinture, et qui parlait doucement, qui n'avait jamais l'air pressé…

Quand j'étais petit, un jour où il venait faire la visite paroissiale chez nous, il s'était assis avec nous autres comme d'habitude, et il m'avait posé son chapelet autour du cou en me disant :

— Toi, quand tu seras grand, tu vas faire un prêtre.

Mon père m'avait demandé :

— Qu'est-ce qu'il t'a dit ?

— Que je ferai un prêtre.

— Toi, prêtre ? Écoute-le pas, il ne sait pas ce qu'il dit.

Ce qui vous montre que mon père et ma mère n'étaient pas toujours sur la même longueur d'onde.

Mais à l'époque où nous étions pauvres, les rédemptoristes nous apportaient avant la nuit de Noël – pour que nous ne manquions de rien – des boîtes de nourriture, de l'huile à chauffage… Ils étaient tellement bons qu'à partir du moment où nous avons été moins pauvres, c'est devenu comme naturel de les accueillir à la maison et de leur faire partager notre table.

Quand je fais le bilan de nos relations avec ces pères-là, tout est positif. J'adorais, quand j'étais enfant, l'Église de l'encens, des processions et de l'eau bénite, une Église cousue de traditions mais qui était en même temps généreuse avec les pauvres. Elle a formé ma jeunesse. Et quand j'ai dû transformer ma vision de la religion, ce fut une grande déchirure…

2

Devenir prêtre : mon pari gagnant

La première influence dans ma vie spirituelle est liée aux pères rédemptoristes : c'est celle de leur fondateur, saint Alphonse de Liguori[1].

Je me revois dans leur paroisse à Montréal, avec les servants de messe, et j'entends encore le père qui nous dirige raconter les histoires de ce saint-là, pour nous le faire connaître. Des histoires de grande exigence et de grande bonté à la fois ; l'histoire de la vocation d'un jeune homme d'il y a deux siècles, au service des pauvres, donc au service de Dieu.

C'est comme ça que l'idée vient tout naturellement, quand j'ai 17 ans, de m'en aller continuer mes études secondaires, pendant les trois dernières années, chez les pères rédemptoristes du séminaire Saint-Augustin à Québec, dans le quartier de Cap-Rouge.

Le séminaire, chez nous, n'est pas forcément un endroit pour former des prêtres : de ma classe de trente élèves, je serai le seul à entrer dans les ordres. Nous

---

1. Le « saint du siècle des Lumières », mort en 1787, canonisé en 1836. D'abord avocat, puis religieux et fondateur de l'ordre des Rédemptoristes, qui s'implanteront en Amérique du Nord vers 1850.

appelions « séminaire » ce que les Français appellent « lycée », avec une formation spirituelle en plus.

Je me revois descendant du bus, qui passait là toutes les heures.

On est en octobre 1967. Québec n'est pas encore dans le tourbillon moderne qui s'empare de Montréal.

À Cap-Rouge, il y a douze pavillons de communautés religieuses, rassemblées dans la forêt : les oblats de Marie-Immaculée, les pères de Saint-Vincent-de-Paul, les pères Servites de Marie. Et, bien entendu, les rédemptoristes…

Leur pavillon comporte une grande chapelle et cinq étages, où logent les différents niveaux scolaires : vingt chambres par étage, chaque étage étant sous l'autorité d'un père.

Quant au séminaire en lui-même (le lycée), c'est un long et vaste bâtiment : deux étages, des salles de cours, un grand gymnase pour les entraînements sportifs, des laboratoires de chimie. Et une immense bibliothèque où se retrouvent les gens des douze pavillons pour travailler à leur formation philosophique.

Là, je vais pouvoir fouiller dans la littérature.

Parce que dans ce séminaire, je vais avoir des professeurs qui aiment plus que tout la littérature française.

Je vais la savourer. Je vais m'en enivrer. Un rédemptoriste l'enseigne et s'appelle Charles Bolduc : ce personnage de six pieds de haut, abonné au *Figaro* et au *Monde*, a passé sa vie hors du Québec et parle avec l'accent français… Bolduc est presque plus français que québécois, en fait. C'est un maître en littérature. Il sait tout. Il a tout lu. Il est notamment spécialiste de Julien Green : il nous fera tout lire de cet auteur, il nous donnera même ses bulletins de santé. Il a habité à côté de chez Green, à Paris, et la légende veut que Bolduc ait poussé l'enthousiasme jusqu'à fouiller la poubelle du grand homme pour y chercher des brouillons manuscrits !

Je vais donc lire le *Journal* de Green et découvrir toutes ses complexités. Notamment sa religion trop sévère : cet académicien français a des réactions intégristes. À cette époque elles ne me gênent pas, parce que je réagis de la même façon que lui : quand il écrit que ça l'irrite d'entendre des femmes jaser ensemble dans la Sainte-Chapelle[1] au lieu de se recueillir, je suis d'accord, je me dis qu'en effet on ne va pas là pour ça ! Vingt ans après, je penserai le contraire : j'encouragerai les gens à la fraternité quand ils se rencontrent à l'église, je les pousserai à se sourire et à se parler ; mais, à 17 ans, ma religion fait écho à celle de Green. Très rituelle, très liturgique...

D'autant que je découvre les tréfonds psychologiques, chez lui, qui expliquent cet intégrisme. Green est un être fragile : sa religion rigoriste sert de contrepoids à ses faiblesses charnelles, il ne s'en cache pas dans son *Journal*. S'il ne s'était pas senti assiégé par sa sexualité, il n'aurait pas eu le réflexe de se barricader dans une religion-blindage, dans ce jansénisme sinistre qui a plombé si longtemps le catholicisme français... Peut-être aurait-il été plus ouvert à ce qu'il appelle « les changements du Concile[2] »...

Tout cela fait de ce grand écrivain un homme comme les autres, bien intéressant à étudier.

Quant à mon professeur Bolduc, il est souvent parti voir des écrivains à Montréal, et ses cours ont tendance

---

1. La Sainte-Chapelle à Paris fut construite par Saint Louis pour abriter la couronne d'épines du Christ (cette relique de la Passion est aujourd'hui à la cathédrale Notre-Dame). Mais à l'époque où Green écrit, la Sainte-Chapelle n'est plus un lieu de culte. D'où l'aspect incongru de son irritation (*NdE*).

2. Le concile Vatican II (1962-1965) et ses suites ont engendré des tempêtes dans le catholicisme français.

Intégriste : Maintien intransigeant d'une tradition religieuse et refus de toute évolution, à être des soliloques : il n'écoute pas trop ses élèves, ayant tendance à nous dire « vous êtes des ânes ». Mais il arpente la forêt tous les soirs pendant deux heures pour peaufiner ces mêmes cours, où il nous distille des choses passionnantes sur Cervantès, sur Dostoïevski, sur Claudel…

Il lui arrive de me proposer de l'accompagner dans ces marches. Mais il prévient :

— Ne parle pas, je réfléchis.

Il m'aime bien, en fait. C'est comme s'il admettait l'idée de laisser à Robert Jolicœur des bribes de son savoir.

Je lis donc. Énormément… Je lis Balzac. Je lis Zola : j'aime sa façon de raconter les ouvriers, les petits travailleurs qui triment à l'usine. Je trouve même qu'il y a du prophétisme en lui : *Au bonheur des dames*, c'est l'annonce de la société d'aujourd'hui, avec toute sa pression mercantile sur le public.

À côté de ça, chaque fois que des troupes de théâtre passent à Sherbrooke, à Québec, à Montréal, pour jouer du Corneille, du Racine ou du Marivaux, j'y vais, j'y cours. Je vous l'ai dit : je suis ivre de lettres françaises.

Pour autant je ne joue pas les dandys littéraires, ce ne serait pas mon genre. Le style rocker me convient mieux, comme à toute ma génération. Avec trois autres élèves de ma classe, nous avons formé un orchestre. (Deux d'entre nous seront prêtres quelques années plus tard.) Je suis le chanteur du groupe. Il y a au village de Cap-Rouge un pensionnat de jeunes filles : nous descendons régulièrement jouer et chanter pour elles. Les filles nous réservent un accueil frénétique – digne des meilleurs shows professionnels.

Je file de Londres à Paris… et c'est Mai 68

À l'approche de mes 18 ans, on nous embarque dans un voyage Montréal-Londres pour nous faire aimer la culture *british*. On voudrait que les Québécois aiment l'Angleterre ! C'est le gouvernement canadien qui en est à l'origine et organise un séjour de printemps-été, à 99 dollars seulement : deux cents jeunes dans un charter de la compagnie BOAC, pour aller s'ouvrir à la culture anglophone…

Mais au bout de cinq jours en Angleterre, je suffoque.

Que fais-je alors ? Je prends l'avion pour Paris. C'est la France que je veux connaître…

Je vais y passer quatre mois entiers.

J'atterris à Orly. Le douanier regarde mon passeport :

— Vous vous appelez vraiment Jolicœur ? Avec un nom comme ça vous allez avoir du plaisir en France !

On est en 1968 et c'est le mois de mai. Il y a des émeutes dans tout Paris, des voitures qui brûlent, les éboueurs sont en grève et les poubelles s'amoncellent sur les trottoirs ; mais tout cela ne me fait ni chaud ni froid. Je ne suis pas un politique, moi : je vole sur les ailes de la littérature. Sitôt arrivé je cours au cimetière du Père-Lachaise, j'y ai rendez-vous avec Alfred de Musset. Je m'installe devant sa tombe, près du petit saule, et je me mets à lire ses poèmes, ému comme si je lisais des lettres d'amour…

Je me suis fixé un programme ambitieux : cet été je veux voir une pièce chaque soir à la Comédie-Française !

Mais il faut se loger. Paris serait trop cher pour moi. Mon séjour n'est tout de même pas complètement improvisé : je me suis fait annoncer par les pères rédemptoristes de Cap-Rouge à ceux de l'Institut missionnaire de Dreux. Ils m'accueillent comme un fils ou un frère. Je suis même reçu par le célèbre Théodule Rey-Mermet, qui est une star dans le petit monde des écrivains théologiens[1]. (Une aussi forte personnalité que Bolduc – en plus humain, sauf quand il se retire dans sa bulle pour écrire : là, personne au monde n'a le droit de le déranger.)

Ce grand intellectuel va me prendre en amitié ; quand il viendra plus tard à Montréal, il passera des journées chez nous, et ma mère se prendra d'adoration pour lui, son humour elliptique, son goût pour le bon vin. Je le vois encore dans notre salon, se laissant tomber sur le sofa en lançant « alors, comment ça va ? », avec une claque sur le coussin, ce qui soulève un nuage de poussière et un éclat de rire du théologien farceur : « Mais, c'est de l'encens ? »

Chaque fois que je reverrai le P. Rey-Mermet dans l'avenir, je serai frappé pas son souci des petits, des simples, des marginaux : une délicatesse du cœur, une sollicitude exceptionnelle chez un esprit de cette enver-gure. Exactement l'esprit de saint Alphonse, et l'esprit de l'Évangile.

Donc, en 1968, les pères de Dreux m'accueillent et me trouvent un petit travail ; je gagne de quoi m'offrir deux semaines en Grèce. Toujours les souvenirs scolai-res ! Je veux voir les lieux de la mythologie, le Laby-rinthe, les grands moulins de Mykonos, l'Acropole. Et je me dis, durant toutes ces semaines : « Plus tard, quand je serai professeur, je pourrai faire des cours vivants. Mes élèves apprécieront. »

---

1. Le P. Rey-Mermet est un théologien moraliste auteur notam-ment de *La morale de saint Alphonse de Liguori* (Cerf, 1987), où il montre le fondateur des Rédemptoristes comme un avocat des pécheurs et d'une « morale de la patience ».

Dans l'avion qui me ramène d'Athènes à Paris, je pense à mon prochain retour au Québec : quel bon professeur je vais être !

C'est une vie d'enseignant qui va s'ouvrir devant moi, « simple et tranquille » : à cette époque j'en suis persuadé.

En cette année 1968, je rencontre en Grèce les Français qui vont le plus compter dans ma vie.

Ils s'appellent Mireille et André Morel, et sont tout à fait athées.

J'avais envie de connaître des gens qui se déclaraient franchement étrangers à la religion : les voilà !

Mariés depuis l'âge de 20 ans (pas à l'église, bien sûr), mes Morel vont vers la cinquantaine.

Mireille est une blonde enthousiaste, pleine de verve et d'esprit, une grande bavarde qui fume et qui tousse. On rit avec elle, à s'en tordre les boyaux... Elle est accueillante, elle vous cuisine d'excellentes petites recettes françaises, elle a la passion des restaurants, des voyages, et surtout elle adore parler.

André est un paisible, un sceptique souriant, avec une petite moustache et des cheveux précocement blancs. Il travaille aux horaires d'Air France.

Lui et sa femme sont deux quintessences de Parisiens, travailleurs et ronchonneurs – et deux petits-bourgeois qui roulent en Mercedes. Mais des petits-bourgeois de gauche : Mireille est fille d'un militant communiste. André est sympathisant. Il a été baptisé dans sa petite enfance, mais il vit comme si Dieu n'existait pas, ce qui fait bien son affaire.

Les Morel m'adoptent comme si j'étais leur fils. Ce sera le début de la série de mes étés français.

Avant 1968, je passais toutes mes vacances à la campagne, dans la maison de Saint-Gabriel-de-Kamouraska chez ma tante Bernadette, à cueillir avec elle des framboises et des myrtilles ; c'était une femme qui avait du cœur, du temps, pas d'enfants (elle en adoptait), huit ou dix chats, une maison pleine de mouches et un beau talent pour le pudding aux fraises.

Mais après 1968, je vais revenir en France chaque été pendant trois ans. Les Morel me prêteront leur villa à Menton, sur la Côte d'Azur. Et j'aimerai de plus en plus la France, au point de m'imaginer que j'étais fait pour naître là-bas plutôt qu'au Québec. Encore aujourd'hui, quand je marche dans les rues de Paris, j'ai l'impression que c'est ma Seine à moi, ma cathédrale Notre-Dame, mon Panthéon ; si je demande mon chemin, on me dit : « Ah ! mais votre accent vous trahit, vous êtes du Québec, vous », et on jase, et j'ai l'impression d'être avec mes frères et sœurs.

Donc pendant trois ans, les Morel passeront leurs vacances avec moi, tout le mois d'août, à faire le tour du Danemark, ou de l'Espagne, ou de l'Italie, à s'en aller goûter tous les vins d'Alsace.

Mais ce qui leur faisait le plus plaisir, c'est quand on se reposait sur leur terrasse de la rue de la Liberté, près de la mairie des Lilas, et que je leur chantais du grégorien : tous les Français mettaient le nez à la fenêtre pour voir quel énergumène était là, en train de chanter « des cantiques chez les cocos ».

Les cantiques, je n'avais pas fini d'en chanter.

Au noviciat : admis en septembre… chassé en novembre

En 1969, à Cap-Rouge, mon maître intellectuel et spirituel (un rédemptoriste, naturellement) me dit :

— Robert, il me semble, à moi, que je te verrais bien dans notre communauté.

Une vocation de prêtre, ça ne naît pas par hasard. Ni *ex nihilo*.

Ce que j'avais vécu dans ma famille m'y avait préparé.

Déjà le P. Dubé m'avait mis le chapelet autour du cou quand j'étais petit, et m'avait dit : « Tu vas être prêtre. »

Quand le cardinal Léger m'avait confirmé, il m'avait dit en me donnant le sacrement :

— Plus tard, vous serez prêtre…

Moi, je trouvais que c'était un peu de l'interpellation. Mais pas seulement… À Cap-Rouge, pendant mes derniers semestres d'études secondaires, je sentais quelque chose en moi. J'ai fini par me dire : « Robert, tu n'as rien à y perdre, va faire un tour au noviciat des rédemptoristes et tu verras si tu aimes ça. De toute façon ce sera l'équivalent d'un service militaire[1] pour ta vie intérieure. »

Le noviciat chez les Rédemptoristes dure un an ; après quoi on décide si on s'engage ou pas par des vœux.

Pendant ma dernière année d'études à Cap-Rouge, j'ai demandé mon admission au noviciat de Sherbrooke.

Le 1er février 1969, je note dans mon journal personnel : « On m'accepte au noviciat à la rentrée de septembre ! Comme je suis heureux ! Je me sens prêt à construire tout un nouveau monde. » C'est clair, j'ai une vocation de prêtre.

Mais suis-je si « prêt » que ça ? Si j'avais mieux réfléchi à certains signes que j'avais constatés à Cap-Rouge, j'aurais deviné que le « nouveau monde » allait nous déconcerter tous, en nous forçant à inventer aussi de nouvelles façons de vivre la foi religieuse.

---

1. Il n'y a pas de service militaire au Canada.

Pour le moment je vis encore dans mes certitudes d'enfance, et je suis choqué de voir qu'elles ne s'imposent pas à tous. Voici ce que j'écris dans mon journal en février-mars 1969, à propos de Cap-Rouge :

16 février – Les prêtres du pavillon me semblent avoir de plus en plus honte de leur sacerdoce. Ils ne portent plus la soutane… même pour les sacrements. Leur laïcisation me fait horreur ! Je voudrais leur dire en pleine face… mais je n'ai jamais le droit de parler ! Silence, Robert. Lorsque je serai prêtre, je lutterai bien pour faire honneur au sacrement que j'aurai reçu. Il ne reste qu'à prier… Après tout, la prière n'est-elle pas « la clé du matin et le verrou du soir » ? À nous d'en profiter pour que le Seigneur éclaire ceux qui ne croient plus par Lui, avec Lui et en Lui.

20 février – Le carême est commencé depuis une journée. Hier soir nous avons eu une réunion de cellule[1]. J'ai été très radical dans mes positions… Je suis convaincu qu'il est nécessaire de parler franchement entre nous. Nous vivons depuis trop longtemps dans des situations médiocres. Saint Alphonse lui-même n'acceptait pas les demi-mesures. Seigneur, fais que le carême ne soit pas pour moi la succession monotone de six semaines de jeûne et de prière. Que notre carême soit occasion de mieux Te connaître… La mortification est une mort à soi-même qui ne tue pas la vie mais qui la manifeste

13 mars – Les examens sont passés, les cours ont repris. On dirait qu'à chaque moment où mes idées sur le prêtre deviennent confuses, j'aime retrouver mon cahier. Face aux conceptions de plusieurs, je me demande comment le prêtre peut être heureux sans prier. Le matin, la moitié de nos pères ne sont plus à la méditation commune… Plusieurs ne me semblent plus célébrer leur messe, ni même lire leur bréviaire. Comment les gars du pavillon

---

1. Groupe de réflexion spirituelle entre élèves, au séminaire secondaire de Cap-Rouge.

peuvent-ils être blâmés face à cela ! Ils n'assistent presque plus à la messe, vont à la prière par obligation... Ces pauvres prêtres qui ne savent plus vivre avec Dieu, comment peuvent-ils être heureux ? C'est la question fondamentale, le nœud du problème.

Savoir « vivre avec Dieu », oui : c'est « le nœud du problème » et le sera toujours. Hier, aujourd'hui et demain.

Mais il y a autant de façons que d'individus.

Et les façons d'hier ne sont plus parlantes dans le monde d'aujourd'hui.

Le prêtre qui ne saurait pas parler avec les gens d'aujourd'hui, ni surtout les écouter, quelle sorte de prêtre serait-il ?

Être à la fois totalement prêtre et totalement dans la modernité : ce ne sera pas facile. Je ne m'en doute pas encore, en ce mois de septembre 1969. Je vais le découvrir. D'abord dans la douleur ; ensuite dans la surprise. Ce changement de peau va me prendre quatre ans.

Pour l'instant me voilà, avec ma valise, devant cette maison des rédemptoristes de Sherbrooke où l'on a bien voulu m'admettre. C'est ici – dans ce que je crois être une fabrique de prêtres classiques – que je m'imagine « poursuivre mon cheminement pour atteindre un idéal bien actuel et très attirant », comme je l'écrivais dans mon journal à Cap-Rouge...

C'est un long bâtiment de quatre étages au milieu d'un paysage de rêve : les arbres, les cours d'eau, le mont Orford à l'horizon[1]. Toute ma vie j'aimerai cette région.

---

1. Le mont Orford (parc naturel), 853 mètres d'altitude – un des plus hauts sommets de la région –, fait partie de la chaîne des Appalaches.

L'aile droite de la maison est le noviciat lui-même, avec sa petite chapelle ; elle est prolongée par la grande église paroissiale.

L'aile gauche abrite le monastère et l'hôtellerie pour les laïcs qui viennent faire ici des retraites d'une semaine.

Face à moi s'ouvre l'imposant hall central, sous sa coupole.

Je prends ma valise, je pénètre gaillardement dans le hall, et je me présente au portier :

— Je suis Robert Jolicœur, et j'entre au noviciat.

Nous sommes le 1er septembre. Je ne tiendrai que deux mois.

L'atmosphère ici n'est pas celle à laquelle je m'attendais. Pas du tout… C'est même le contraire. Dans l'Ordre rédemptoriste à Sherbrooke, ou même dans l'Église du Québec, quelque chose se serait-il cassé sans qu'on m'en prévienne ? Mais quoi ?

D'abord je suis surpris par le petit nombre des novices : quatre seulement. La maison est faite pour en accueillir trente.

Et puis j'ai vite l'impression d'être un intrus. Ou de m'être trompé d'adresse.

Car je prends le noviciat très au sérieux, je ne suis pas venu pour passer le temps : je me donne avec autant de générosité que possible, mais… je sens que je m'attire l'incompréhension des autres. Voire leur ironie. J'aime la liturgie et la vie intérieure ; dans ma journée j'y consacre du temps, ainsi qu'à mes lectures littéraires. Visiblement, cette façon de vivre n'est pas approuvée par la maison.

En 2006, je retrouverai au fond d'un carton la suite de mon petit journal, que j'ai tenu durant ces années-là. Et je me rappellerai, en le lisant, que ma déception au noviciat des rédemptoristes n'aurait pas tellement dû me surprendre. Déjà à Cap-Rouge, j'avais souffert de voir le spirituel s'évaporer.

C'était le grand glissement de terrain culturel et moral de cette époque-là. Le monde occidental tout entier était concerné.

Mais je ne m'en rendais pas compte : je croyais que la situation était réservée aux Québécois, et j'étais plongé dans l'inquiétude, l'indignation, le désir de « faire quelque chose » en face de ce que je prenais pour une sorte de panne locale.

Au noviciat, je sens que mon rythme de vie n'est pas celui que le père maître veut donner.

Il aime que les novices fassent du sport, regardent la télévision, s'occupent d'autre chose que de prière et de liturgie, deux domaines qui n'ont pas l'air de faire partie de sa formation et qui sont le cadet de ses soucis.

Ce religieux n'a qu'une trentaine d'années. C'est jeune, peut-être même trop jeune, pour un responsable de la formation des novices : charge difficile qui demande une paix intérieure, une expérience humaine et une vocation personnelle bien enracinée. À voir ce garçon si *cool*, si souriant, si désinvolte, si étranger à tout ce qui pourrait ressembler à l'autorité de l'Église, et employant sa fonction à m'empêcher de suivre ma voie, je me dis (sans le vouloir) qu'il n'est peut-être pas à sa place.

Ce jeune père maître remplace l'office de complies par la télévision quand il y a des matches de hockey. Les trois autres novices regardent les matches avec lui...

Moi, je suis venu là pour suivre un noviciat religieux ; alors je vais seul à la chapelle réciter les psaumes du soir et le *Salve Regina*, à l'heure où l'ombre éteint les vitraux.

Ensuite je ne rejoins pas la salle de télévision pour regarder le film tardif (souvent un film de sexe) : je préfère être en forme le lendemain matin. Il ne faut quand même pas compter s'endormir tôt… Le silence d'après complies n'existant plus, le tapage règne dans le corridor. Pourtant nous ne sommes que quatre à l'étage, plus le père maître !

Il y a pire. Comme le jour, par exemple, où je suis à la chapelle devant le Saint Sacrement, et où un gros chien furieux est introduit là par le père maître (il sait que j'ai peur des chiens).

Ou ces discussions où le père maître m'accuse d'aimer des « théologiens dépassés » – saint Grégoire de Nysse, saint Grégoire de Nazianze, saint Basile le Grand – et de ne pas lire uniquement « des livres modernes » !

Ou quand il ironise sur les textes que nous envoie la maison provinciale de l'Ordre… Ou sur les signes religieux vestimentaires…

Et, bien entendu, sur la soutane. Il me persécute tellement à ce sujet qu'aujourd'hui encore – je l'avoue – le souvenir de cette période me gâchera l'idée de l'habit religieux. Je ne serai plus jamais capable de porter même un simple col romain : j'en aurai trop souffert à Sherbrooke.

Mais tant que je suis dans ce noviciat, je cherche à « réagir ». J'essaie de « me battre ». Comme un garçon de 22 ans.

Sans aucune arme, évidemment, puisque je ne suis qu'un simple novice en face de l'autorité officielle, même si cette autorité se prétend anti-autoritaire…

Je suis étreint par l'impression qu'on nous fait perdre notre temps et que les lubies du maître des novices gâchent cette année de formation qui devrait être si dense, si importante. Je finis par lui faire des reproches sur « le manque de spiritualité et de liturgie », sur « le manque de silence », de « paix », sur « le laisser-aller de la vie quotidienne », sur « tout ce climat qui s'installe ».

Il me coupe, soudain très sec :

— C'est moi le père maître, pas vous !

Et un matin, je reçois un coup de téléphone du père provincial des rédemptoristes à Sainte-Anne-de-Beaupré[1] :

— Vous devez quitter le noviciat dans les meilleurs délais. Vous n'êtes pas le prêtre qu'il nous faut pour l'an 2000.

Je lui demande :

— C'est quoi, le prêtre qu'il vous faut pour l'an 2000 ?

Il esquive ma question :

— Vous êtes beaucoup trop traditionaliste.

Ce supérieur oublie-t-il que j'ai 22 ans ?

À cet âge-là, le « traditionalisme » d'un être – ou son « progressisme » – n'est pas gravé dans le marbre !

Un novice a tout le temps de mûrir, de se nuancer, d'apercevoir les mille couleurs changeantes de la vie et de saisir que les rites religieux sont faits pour l'homme, non l'homme pour les rites religieux ; c'est Jésus Lui-même qui le dit dans l'Évangile.

Le provincial a-t-il perdu de vue la pédagogie paisible de l'Église catholique ? Comment cet homme mûr peut il s'effaroucher devant la psychologie d'un garçon tout juste sorti de l'adolescence ?

Il m'expulse parce que le jeune père maître l'exige.

Et le père maître me juge non conforme au « modèle » en vogue à ce moment-là.

---

1. Le plus ancien sanctuaire de l'Amérique française, à 35 kilomètres à l'est de Québec. Sa basilique reçoit un million de pèlerins et de visiteurs par an. Elle est confiée aux rédemptoristes depuis 1879.

Mais le seul modèle du prêtre est Jésus-Christ, et l'on court à l'échec si l'on cherche ailleurs... Les trois autres novices qui étaient à Sherbrooke avec moi abandonneront aussi ; ensuite il n'y aura plus de novices du tout chez les rédemptoristes de cette province, et le vaste bâtiment du noviciat deviendra une résidence pour personnes âgées. Parmi les rédemptoristes eux-mêmes, les demandes de réduction à l'état laïc se multiplieront. J'apprendrai que le jeune père maître a quitté la communauté... J'en ressentirai une grande tristesse.

Je suis déjà très triste en ce mois de novembre 1969, sous le coup de mon exclusion du noviciat. Je suis affreusement déçu. Et sidéré. Je ne comprends pas comment les membres d'un ordre que j'aime, que je respecte (et qui fait partie de ma vie familiale), semblent tout d'un coup capables de se tromper sur mon compte.

Plus tard je découvrirai que je n'ai pas été le seul déçu dans ces années-là, ni au Québec ni en France. Des amis français m'apprendront que chez eux aussi, beaucoup de candidats à la prêtrise, beaucoup de novices religieux – qui auraient été admis sans problème cinq ans plus tôt – ont été déboutés comme je venais de l'être.

C'était l'air du temps, l'atmosphère de l'époque : certains séminaires, certains noviciats ne considéraient plus comme acceptable qu'un seul type d'homme, un seul style de tempérament ! L'Église, au lieu d'être un grand caravansérail – ouvert à toutes les différences et à toutes les psychologies –, allait-elle se rétrécir ? Le concile Vatican II avait demandé l'inverse : que l'on élargisse le recrutement des prêtres et des religieux, et que l'on renforce leur formation, pour évangéliser le monde nouveau... Au lieu de cela, une sorte d'étroitesse et de confusion (à la fois) s'installait, un peu

caravansérail : hôtellerie pour les caravanes en orient

45

partout, dans les années 1970. Elle a sans doute joué un rôle dans la pénurie des vocations. Combien de prêtres ont été perdus, à cette époque ?

Mais l'Église n'est pas seulement une organisation humaine.

Dans la société, il y a des injustices qui ne cicatrisent jamais : les victimes ne pardonnent pas.

Au contraire, les souffrances d'un prêtre (ou futur prêtre) ne sont jamais absurdes, même si c'est l'Église qui les lui inflige.

Je viens de le découvrir. Je le découvrirai encore dans l'avenir. Dieu fait signe par tout ce qui nous arrive, même le plus pénible : même le harcèlement que m'a fait subir le jeune maître des novices, même la sentence d'exclusion du père provincial. Même, plus tard, mon départ de la paroisse Saint-Charles-Garnier, comme je vous le raconterai en détail[1].

« Tout est grâce », dit le curé de campagne de Bernanos ; mais à condition de savoir pardonner.

Dieu est plus grand que notre cœur

Mon maître des novices poussait à être des hommes du monde, non des hommes de Dieu ?

Tous les rédemptoristes de la province ne pensent pas comme lui, en ce noir hiver de 1969.

L'un d'eux est mon père spirituel. Il me rassure. Lui aussi juge que des prêtres sans vie intérieure seraient insignifiants dans le monde.

Mais il m'ouvre les yeux sur un enjeu que je n'aurais pas vu tout seul : mon exclusion est sans doute une erreur, et pourtant je dois la saisir comme un nouveau

---

1. Voir au chapitre 5.

commencement. Il ne faut pas s'arrêter aux apparences ni à la fragilité des décisions humaines :

— Le seul conseil que je te donne, Robert, c'est le pardon. Un pardon qui efface tout. Ta paix est à ce prix-là. Ton avenir aussi.

Puis il ajoute :

— Dieu se sert de nos erreurs pour nous amener où Il veut. Parie là-dessus.

Si l'on avait commis une erreur à mon égard, se pouvait-il qu'elle me mène à quelque chose de plus beau, de plus grand, que la vie que j'avais imaginée ? D'un échec, peut-il sortir une résurrection et une existence nouvelle ?

J'ai suivi le conseil de mon père spirituel. J'ai doublé la mise. J'ai dit « oui », malgré la blessure qu'on venait de me faire... C'était un pari du cœur, et difficile à vivre.

Mais Dieu est plus grand que notre cœur : c'était donc un pari gagnant. L'avenir en sera la preuve.

3

Chez les moines :
mon « service militaire de la foi »

« Les monastères sont des phares qui brillent de haut pour éclairer au loin ceux qui viennent à eux. Établis dans le port, ils invitent tout le monde à partager leur tranquillité, ne permettant pas que ceux qui les voient fassent naufrage ou demeurent dans les ténèbres… » C'est ce qu'écrivait saint Jean Chrysostome[1]. Et c'est le rôle que va jouer envers moi l'abbaye bénédictine de Saint-Benoît-du-Lac.

Un phare : c'est vraiment de cela que j'ai besoin ! Je me débats dans une nuit obscure. L'angoisse de mon échec au noviciat de Sherbrooke ne se dissipe pas.

Sans cesse je me revois, la mort dans l'âme, le soir où j'ai quitté cette grande maison sonore et presque vide. C'était vers les 6 heures, et personne n'était venu me dire au revoir. J'avais repris le bus sous la pluie, dans la nuit de novembre, ma valise à la main et l'incertitude au cœur.

Des semaines plus tard, les questions continuent à me cribler. A-t-on vraiment fait une erreur en m'expulsant ? N'est-ce pas moi qui me suis illusionné ?

---

1. Père de l'Église qui vécut au IVe siècle. Évêque de Constantinople, il fut déposé à la suite de luttes internes dans l'Église, et mourut en exil.

Est-ce que, tout simplement, je n'ai pas la vocation de prêtre ?

Ou bien le « prêtre de l'an 2000 » – comme dit le père provincial – doit-il être différent de celui d'autrefois, pour pouvoir aller à la rencontre de tous ?

« Oui ! » crie une partie de mon cœur : et je m'étonne de découvrir en moi cette approbation. Je me revois, petit garçon, marchant avec papa dans les rues de Montréal, me promettant que plus tard j'aiderai tout le monde et n'importe qui, au beau hasard des rencontres...

Mais pour ça, faut-il laisser tomber la vie intérieure, la prière, la contemplation, le lien avec Dieu, la liturgie divine, comme le maître des novices de Sherbrooke avait l'air de le croire ?

« Non ! bien sûr que non ! » crie l'autre partie de mon cœur.

Je sens qu'elles ont raison toutes les deux.

Comment les concilier ? Comment être à la fois prêtre et totalement dans la modernité ? Quelle est la voie pour être totalement prêtre, sans rester dans l'eau bénite, les neuvaines et les chapelets qui n'évangélisent plus personne aujourd'hui ? Pendant des semaines, pendant des mois, je tourne et retourne ces pensées dans mon esprit. Par où en sortir ? J'ai fait le pari du cœur de Dieu qui est plus grand que le mien... Il sait mieux que moi où je dois aller, pour trouver une réponse à la question qui me taraude.

Mais justement : où ?

Il est 5 heures et quart du matin
et je pleure de joie

C'est mon père qui me met sur la voie – involontairement, lui qui est si peu dévot.

Un jour de cette douloureuse année 1970, il me dit :

— Est-ce que tu aimerais qu'on aille passer une fin de semaine à Saint-Benoît-du-Lac ?

Trois jours chez les moines ? Pourquoi pas ? La famille les connaît bien. J'aime surtout l'idée de passer un week-end avec mon père, que je n'ai pas eu l'occasion de voir souvent ces temps-ci.

Saint-Benoît est un endroit magnifique. À une heure de Montréal, l'abbaye surplombe le lac Memphrémagog : un immense miroir d'eau de 40 kilomètres, tout en longueur, enchâssé entre le mont Orford, le mont Owl's Head, le mont Elephant et le Jay Peak.

Le gris bleu des montagnes, le rouge des forêts en automne, le ciel infini qui se reflète dans les eaux du lac… Ce paysage est un remède pour l'âme.

Saint-Benoît-du-Lac a été fondé en 1912 par des moines de l'abbaye normande de Saint-Wandrille chassés de France onze ans plus tôt par les lois anti-religieuses. Une partie de ces bénédictins français et leur père prieur ont péri sur le lac, un jour d'hiver, leur barque sciée par les glaces… Des moines québécois ont pris le relais. Le monastère est devenu une abbaye en 1952, sous dom Odule Sylvain, qui sera le père abbé pendant trente ans.

« On recevra comme le Christ Lui-même tous les hôtes qui surviendront », dit la Règle depuis quatorze siècles. Sur son promontoire au-dessus des eaux, l'abbaye, comme tous les monastères bénédictins, pratique l'hospitalité.

Le père hôtelier nous installe, mon père et moi, chacun dans une cellule.

Le bâtiment des hôtes est séparé de celui des moines, de leurs ateliers et de leurs vergers. Une frontière invisible sépare les deux univers : c'est la clôture monastique, et les hôtes ne la franchissent jamais.

« Le monastère est ouvert au monde, mais les moines sont là pour prier pour le monde, donc le monde respecte l'esprit de silence et de retraite des moines », explique le père hôtelier aux visiteurs. C'est déjà mieux que la philosophie bruyante du maître des novices de Sherbrooke…

Ici, le silence est un art de vivre. On ne me reprochera pas de lire un livre de spiritualité, assis dans ma cellule. Par la fenêtre à petits carreaux, je vois au loin, sur le miroir du lac – couleur de nuage –, passer de minuscules voiles blanches. Je sais que les moines eux-mêmes, dans leurs temps de récréation, peuvent naviguer sur le lac en catamaran jusqu'à la frontière américaine…

J'étais venu passer trois jours avec papa dans le paysage sublime du Memphrémagog, et voilà que mon cœur se met à battre au rythme de la paix bénédictine.

Que font les moines ? « L'œuvre de Dieu », disent-ils : ils prient et ils travaillent.

Leur Règle le dit : « À l'heure de l'office divin, dès qu'on aura entendu le signal, on laissera tout ce qu'on avait en main et l'on accourra en toute hâte. Qu'on ne préfère rien à l'œuvre de Dieu. »

Les moines ont une façon bien à eux d'habiter le temps. C'est la liturgie des heures. Elle rythme leurs jours et leurs nuits. Elle est un échange, cœur à cœur, entre les hommes et Dieu : les hommes parlent à Dieu en chantant les psaumes, les hymnes, les cantiques de la Bible, tout un trésor de textes, par lesquels Dieu Lui-même a parlé aux hommes depuis deux ou trois mille ans. À 5 heures du matin, les moines se lèvent pour chanter l'espérance du retour du Seigneur : c'est l'office de matines. À 7 h 30, ils se retrouvent pour chanter la Résurrection : c'est l'office des laudes. Ils travaillent jusqu'à 11 heures, de leurs mains ou de leur esprit ; puis ils célèbrent l'eucharistie, sommet de la journée. L'office de sexte est à midi, suivi du déjeuner pris avec les hôtes en silence et en écoutant une lecture. L'après-midi est consacré au travail, jusqu'à vêpres (17 heures), où les moines chantent la gratitude des hommes envers leur Rédempteur. Puis suit une heure de lecture priante (la *lectio divina*) : chaque moine s'y livre seul, dans sa cellule, pour suivre son propre chemin de vie intérieure.

Le repas du soir est à 18 h 30. Après une détente en commun, les moines chantent complies : ils remercient Dieu de la journée qu'ils viennent d'accomplir et se recommandent à Lui. Dans la pénombre de l'église, avec une petite bougie qui palpite devant la statue de la Sainte Vierge, c'est l'office que j'aime et que j'essayais de célébrer tout seul, au noviciat de Sherbrooke, au lieu d'aller regarder la télévision…

Le moine ne sépare pas son travail de sa prière ; pour lui, le travail aussi est une prière. Il passe sa journée entière avec Dieu. Sa vie est cohérente. Permettre cette cohérence est la fonction d'un monastère ; et justement, je cherche ici la cohérence que je n'ai pas trouvée à Sherbrooke.

Le deuxième matin de notre week-end à Saint-Benoît-du-Lac, je me lève très tôt : il est 4 h 30, j'ai entendu la crécelle du moine qui parcourt les couloirs emplis de nuit pour appeler à matines.

Je pénètre dans l'église, encore toute froide et noire – où brillent seulement les veilleuses des stalles du chœur, pour que les moines puissent lire leurs psautiers –, et je m'agenouille, seul dans la pénombre, dans une des travées de la nef.

L'office commence. Un des soixante moines ouvre le grand livre et donne la lecture du jour.

Et j'entends les paroles de Jésus au jeune homme dans l'Évangile[1] :
— Va… Vends tout ce que tu as, donne-le aux pauvres et tu auras un trésor dans le ciel. Puis viens et suis-moi.

Entendre ces trois phrases, cette nuit-là, me fait un effet bouleversant. J'ai l'impression de recevoir un message personnel, qui m'attendait, moi Robert Jolicœur, ici dans cette abbatiale. Je me sens touché de plein fouet. Mon cœur se dilate dans ma poitrine.

J'éclate en sanglots.

J'avais cherché le bonheur sur la voie du sacerdoce. J'avais eu la conviction d'être vraiment appelé à devenir prêtre. Il y avait eu la fracture du noviciat de Sherbrooke, comme si l'on m'avait cassé la jambe et laissé dans le brouillard. Mais voilà ! Je suis confirmé dans ma vocation par ce que je viens d'entendre ! Ou plutôt : par ce que je suis *venu* entendre, sans savoir que j'avais rendez-vous ici, cette nuit, avec la réponse.

Et puisque c'est ici, chez les moines, que je suis en train de pleurer, comme un enfant perdu qui voit une lumière dans la forêt, je décide – dans le même élan – que mon chemin sera monastique et que je ne dois pas quitter Saint-Benoît-du-Lac.

---

1. Matthieu 19, 21.

Alors je vais voir le père maître des novices de l'abbaye (encore un père maître ?) et je lui dis :

— J'aimerais entrer dans la communauté.

Il me répond :

— Vivez un mois avec nous. Si vous aimez ça, vous pourrez rester au monastère.

Le père abbé me dit : « La charité passe avant la Règle. »

Je vais vivre ce mois-là, et beaucoup d'autres, à l'abbaye Saint-Benoît-du-Lac.

La devise des Bénédictins est *ora et labora* : « prie et travaille ». C'est l'équilibre. Ça me plaît. Au noviciat des rédemptoristes, le côté *ora* manquait vraiment trop ! Ici j'aurai de vrais maîtres spirituels, qui vont me donner des bases pour toute mon existence – même si le destin de prêtre qui sera le mien n'aura rien de classique.

Quant au travail manuel, il est le contrepoids de la vie spirituelle, et je m'y donne autant qu'on me le demande : j'aide l'équipe de la fromagerie, celle du verger, celle des cuisines ; pour être vraiment moine, dit saint Benoît, il faut vivre du travail de ses mains.

Mais on vit aussi l'esprit de la Règle : rien ne passe avant l'œuvre de Dieu. Il y a des pommes à cueillir ? On va d'abord chanter les laudes.

Voilà ce que signifie prendre au sérieux la vie spirituelle.

Au bout d'un mois, le père maître me dit :

— Si vous voulez, vous allez pouvoir entrer au postulat.

Le postulat dure un an. Un mois après son entrée, le postulant reçoit l'habit monastique : la tunique noire, la ceinture de cuir et le scapulaire, qui symbolisent l'homme nouveau qu'il va devenir. Puis, pendant ces douze mois, le candidat s'initie à la vie interne de la communauté, il apprend à connaître de l'intérieur la tradition bénédictine.

Au bout d'un an, il devient novice : c'est la préparation directe à l'engagement, qui dure encore une année.

Puis le novice peut demander à être admis. Il prononce des vœux pour trois ans.

Quand viendra la quatrième année, il pourra, s'il le veut, s'engager pour toujours en prononçant le vœu de *stabilité* (il restera au monastère), le vœu de *conversion de vie* (il vivra la vie du Christ, y compris la pauvreté et la chasteté) et le vœu d'*obéissance* (il renoncera à sa volonté propre, comme le Christ, et comme le prévoit la Règle depuis mille quatre cents ans).

Certains moines peuvent être ordonnés prêtres, m'explique le père maître, « selon leur vocation personnelle, les besoins de la communauté et l'appel de l'abbé ».

On me fait d'abord passer par le cabinet du psy, comme le prévoit la procédure d'admission (le psy s'appelle Jolicœur, comme moi). Verdict : tout va bien. Il paraît aussi que j'appartiens au type sanguin, non émotif et actif primaire.

— Les sanguins font de bons diplomates, me dit le père hôtelier. Avant de conclure : Si vous voulez, vous entrez parmi nous le 20 septembre.

Le 30 août, je note dans mon journal :

Je reste, parce que la vie monastique me permet de faire l'expérience des choses de Dieu. Si près du Seigneur, j'ai vraiment la conviction d'être à la source de l'apostolat. Ici, je n'ai vraiment pas l'impression de renoncer au salut de mes frères : j'y participe plus que jamais, par la prière, qui veut dire quelque chose ici, la méditation, les études, le travail, la vie commune. Tout cela m'aide à trouver Dieu.

Nous sommes huit postulants, installés à part, dans un bâtiment de bois, qui abrite aussi les cuisines et le réfectoire. Ce bâtiment est relié aux édifices conventuels par un corridor, de bois lui aussi. Quand les moines passent par là l'hiver (notre hiver canadien !) pour aller se restaurer après matines, donc bien avant l'aube, il règne un froid polaire dans ce corridor.

Mais l'architecture de l'abbaye, le superbe cloître moderne, tout ici nous parle du spirituel : et c'est une réalité infiniment chaleureuse.

Nous sentons qu'ici, oui, c'est du sérieux.

Le père abbé fait le nécessaire pour que nous le comprenions. Dom Odule Sylvain a une soixantaine d'années à l'époque (en 2006 il a 93 ans). C'est un homme qui respire la sainteté et la simplicité : ce mystique ne manque jamais un office, mais il aime scier des bûches, soigner les sous-bois du monastère, s'occuper des installations électriques… Tout ça prestement, comme à la hâte ! Il aurait pu vivre en ermite : mais il est là, à la tête d'un monastère et veillant sur chacun – même si, pour cela, il lui faut faire un petit effort d'écoute.

Dom Odule m'a d'abord mené au cimetière des moines. Et là, devant les tombes, il m'a dit paisiblement :

— Avant que vous n'entriez, je voulais vous dire que c'est ici que ça se termine.

Je lui ai répondu :

— Très Révérend Père, ça se termine là pour tout le monde.

En fait, pendant le postulat et le noviciat, on vous éprouve pour être bien certain que vous avez la vocation. Il s'agit de savoir si vous êtes vraiment fait pour le monastère ; on essaie même de vous décourager... Ce métier de sous-officier de Dieu est celui du père maître. Je vais devoir subir cela, et j'aurai du mal.

Mes relations avec le maître des novices seront tempétueuses.

Ce moine-là a la quarantaine ; il est l'inverse du jeune père maître que j'ai connu quelques mois plus tôt à Sherbrooke. Autant le rédemptoriste était permissif, donc exaspéré par mon côté traditionnel, autant le bénédictin est vétilleux, donc irrité par mon côté individualiste. Il y a deux personnages en lui : le « maître des novices » avec sa poigne de fer, et le moine de tous les jours. Le second personnage – très attaché à la personne de Jésus, dont il parle de façon prenante – est sympathique. Le premier l'est moins : il a l'air de jouer un rôle. Il a même l'air de le « surjouer » (comme disent les acteurs) en accumulant les brimades.

Un jour de Noël, par exemple, je reçois cinquante cartes de vœux d'un seul coup : le père maître a gardé mon courrier pendant tout l'avent, pour voir ma réaction. Le but du jeu : voir si je m'agace, si je m'impatiente, si je suis trop attaché au monde...

Ou bien il me dit :

— Vous travaillez à la ferme depuis un mois ; aimez-vous cela ?

Je sais où il veut en venir. Si je réponds que je déteste ce travail (ce qui est exact), il va m'y clouer pendant des semaines !

Je réponds :

— Père, j'adore ça.

Alors il m'envoie à un autre poste de travail, exactement comme je l'escomptais.

Pendant toutes ces semaines d'entraînement à la vie monastique, j'aurai souvent l'impression qu'il « joue » au père maître.

Quoi qu'il en soit, nous n'avons pas le droit de nous dire surpris : on nous pousse par tous les moyens à nous détacher des liens terrestres et des événements de l'actualité (la politique, le sport), et c'est bien l'esprit de la Règle.

Mon problème est plus profond. Cet idéal du moine, le fameux « détachement », vais-je pouvoir m'y faire ?

Ce que j'aime, en tout cas, ce sont les heures d'intimité à réciter l'office avec la communauté. Dans les lectures de matines, je vais connaître de mieux en mieux les Pères de l'Église. Je me dis : « Ah, ici on peut fréquenter saint Grégoire de Nysse sans se faire ridiculiser ; non seulement on ne se paie pas votre tête parce que vous le lisez, mais tout le monde s'assied pour écouter ensemble de belles pages de lui... »

J'aimerai beaucoup aussi le travail du réfectoire. En faisant le service des tables, il me vient un bon sourire. Les hôtes en font la remarque au père hôtelier :

— Dites donc, ce moine-là, il a quelque chose de spécial. C'est le seul qui rit !

Pendant le noviciat, j'ai vécu une période difficile : un silence de la part de Dieu. À l'église du monastère, je ne ressentais plus rien, je n'avais plus aucune émotion. Je me tenais là comme un prisonnier qui fait son temps. Ou comme une vache qui ruminerait devant le Saint Sacrement. À ce moment, le père maître m'a dit :

— Ne vous y trompez pas. Vous êtes en train de vivre des moments très précieux. Par contraste, vous allez apprécier d'autant plus les moments où vous sentirez la présence de Dieu. Pendant vingt-cinq ans, sainte Thérèse d'Ávila a prié sans rien ressentir, elle a tenu bon, jusqu'à ce qu'elle vive des moments enivrants dont elle a parlé avec saint Jean de la Croix.

Dans une vie de couple, la passion s'amenuise avec le temps, elle est remplacée par l'amour, la tendresse, l'affection.

C'est la même chose dans la vie de prière. Je vais à la chapelle, je n'ai rien à Lui dire, Il n'a rien à me dire, mais on est bien ensemble. J'aime ça, perdre du temps avec Lui. Dans mon existence je vivrai des silences ou des absences de Dieu, mais Il me ménagera aussi de belles présences, et cela vaut la peine de durer pour vivre ces présences-là. Trente-cinq ans plus tard, j'ose dire que je suis fier de moi comme curé : j'ai eu le courage de *durer*, alors que beaucoup de prêtres de mon époque ont eu celui de partir ; mais pour durer, pour redire « oui » chaque matin, il faut avoir une vie intérieure, et ça je le dois à la deuxième grande influence que j'ai reçue : celle de saint Benoît, après celle de saint Alphonse.

Je n'étais pas entré au monastère par hasard. Je sentais qu'il y avait dans la vie bénédictine ce dont j'avais besoin, à cette étape de ma destinée. L'été qui avait suivi mon départ de chez les rédemptoristes de Sherbrooke, j'étais retourné en France et j'avais fait le tour des abbayes bénédictines : Saint-Benoît-sur-Loire, la Pierre-qui-Vire, Solesmes, Lérins ; partout j'avais trouvé l'amour du silence et de la contemplation, et j'avais jasé avec les moines, et je les comprenais de tenir à ce silence : s'ils ne l'avaient plus, les monastères n'auraient plus de raison d'être.

Il faut être à l'intérieur pour saisir à quel point c'est important, et pourquoi existe la clôture monastique – chose que les gens d'aujourd'hui ne comprennent pas toujours... Ils ne devinent pas que cette clôture n'est pas une fermeture, mais tout le contraire : un moyen de s'ouvrir toujours plus aux autres – spirituel-lement. S'engager dans cette voie est un pari.

Et c'est ainsi que Saint-Benoît-du-Lac m'a apporté, au-delà de la *paix* du cœur, un attrait plus profond pour le *pari* du cœur.

La paix n'a d'autre but que de tenir nos âmes calmes, afin qu'elles soient attentives à Dieu *et* aux autres êtres humains, ce qui est une seule et même chose.

Notre père abbé disait souvent que la charité « passait avant la Règle » : ce n'était pas une parole en l'air, mais une forme du pari.

Je l'ai senti – jusque dans la moelle de mes os – un certain soir.

Nous étions juste après complies, au moment où le grand silence doit s'étendre sur tout le monastère jusqu'à l'heure de matines. Dom Sébastien Lecomte, qui était le responsable du verger et de la pommerie et qui avait plus de 70 ans, était à l'infirmerie. Il allait trépasser. Cet homme m'avait toujours eu en amitié, c'est avec lui que j'avais le plus de connivence dans ce monastère. Ce bon vivant avait même ses faiblesses : il fumait en cachette ! Quand il allait faire des courses à Montréal, ma mère l'hébergeait à la maison et lui réservait de bonnes bouteilles et des sucreries. Il avait l'impression de faire partie de la famille...

En sortant de l'office, le père abbé me murmure :

— Allez voir le P. Lecomte à l'infirmerie.

J'objecte :

— À cette heure, nous ne sommes pas supposés être en silence ?

Le père abbé lève le doigt et dit :

— « La charité passe avant la Règle. »

Je n'ai jamais oublié cela.

Faire le pari de placer le cœur, la charité, l'amour, les personnes avant toutes les lois (aussi vénérables soient-elles) : je m'en suis fait un devoir dans ma vie de prêtre, et c'est l'une des choses que j'ai apprises à Saint-Benoît-du-Lac. Voltaire a écrit : « Les moines entrent au monastère sans être désirés, y vivent sans être aimés, et partent sans être regrettés. » Il se trompait. Ou bien les monastères du XVIIIe siècle étaient gravement avariés[1] ! Je peux vous dire que ce n'est pas du tout le climat des abbayes que je connais : à Saint-Benoît-du-Lac, j'ai vu notre père abbé pleurer comme un enfant pendant qu'on déposait un moine dans sa tombe.

J'ai 23 ans, je veux être prêtre et je suis amoureux de la vie

C'était aussi la première fois de mon existence que je lis toutes les Écritures. Je n'avais jamais eu l'occasion de le faire comme à ce moment-là, à la bibliothèque de Saint-Benoît-du-Lac. Pour mieux les comprendre, je fréquente les Pères de l'Église, qui ont leur propre interprétation des textes de la Bible ; je fouille les deux Testaments, l'Ancien et le Nouveau, et je commence à me dire : « Là-dedans, il y a tout ce qu'il faut pour rendre heureux – mais est-ce qu'on le dit aux gens ? Que fait-on pour traduire ce message inouï en mots qui attireraient les cœurs ? »

Je lis aussi les exégètes contemporains. Je n'ai pas peur d'étudier des spécialistes allemands comme Moltmann, ou même le très discuté Bultmann : nous avons accès à ces ouvrages-là comme aux autres. Et je me dis : « L'Évangile est un vin nouveau, Jésus nous dit de l'offrir au monde ; mais Il dit qu'on ne met pas du vin

---

1. Le monde monastique en France était effectivement en mauvais état à l'époque de Voltaire. C'était le résultat d'un système aberrant, créé par l'État, qui donnait les abbayes comme source de revenus à des seigneurs laïques. Ceux-ci prenaient le titre d'« abbés commendataires ». L'un d'eux traitait les moines de « vil et inutile bétail »… Je tiens cette anecdote du père prieur d'une abbaye française bien connue. On comprend que ces monastères-là n'aient plus recruté grand monde.

nouveau dans de vieilles outres, parce qu'il en ferait craquer les coutures. Comment être les outres neuves dont l'Évangile a besoin pour être porté aux gens ? »

C'est pendant mon noviciat bénédictin que cette question commence à germer dans mon esprit.

J'ai aussi accès à toute la littérature séculière. Je vais voir le père bibliothécaire, qui est mon confesseur, et qui garde la clé de « l'enfer » où sont les livres déconseillés aux novices[1] :

— Vous ne pourriez pas me prêter un bon roman de Zola ?

— Je ne le ferais pas pour tout le monde, mais vous, vous avez la maturité.

Et il revenait avec *La Terre*...

Ainsi je pouvais fréquenter mes auteurs littéraires, grâce à la complicité du bon père bibliothécaire ! Il m'a passé des tas de livres que je n'étais pas censé lire au noviciat ; j'avais une telle passion pour la lecture qu'il n'y résistait pas. Prier, travailler de mes mains et lire : mes journées à Saint-Benoît.

Une autre chose que j'ai découverte au monastère, et pour le reste de mon existence, c'est la beauté de ce sacrement qu'est le *pardon*.

On l'appelait autrefois « la confession », puis on l'a appelé « la réconciliation ». Quel que soit le nom qu'on lui donne, notre société ne lui trouve plus de sens[2] et peu de catholiques le fréquentent à l'heure actuelle. Aller dire ses fautes à Dieu pour qu'Il vous les pardonne, par l'intermédiaire d'un prêtre, c'est devenu étranger aux mentalités d'aujourd'hui.

---

1. Néanmoins l'Index avait été supprimé dans l'Église depuis le pontificat de Pie XII.

2. Voir aux chapitres 6 et 12.

Et pourtant, comme cette idée du pardon fait du bien ! Elle nous libère de nous-mêmes.

Au monastère, j'essaie de lire ma vie à travers l'Évangile ; après je vais voir l'un des moines, qui est mon père spirituel ici, et je parle avec lui de certaines pages avec lesquelles j'ai plus de difficultés. C'est beau de lire dans l'Évangile qu'il faut s'aimer les uns les autres et ne pas se juger : mais quand on vit toute la sainte journée avec les mêmes individus, on finit par être tenté de se moquer de certains, de les prendre en grippe, de tourner en ridicule leurs petits travers. Des choses dérisoires risquent de nous obnubiler, de nous déformer les sentiments.

Il y a un moine, par exemple, à côté de moi au chœur, qui a la manie d'ôter ses souliers pendant les offices, et le résultat n'est pas plaisant pour ses voisins ; je subis cela pendant un an, et je sens l'exaspération monter.

Jusqu'à ce que je me dise : « Ne t'obsède pas là-dessus ! Ne laisse pas une chose infime devenir un prétexte de mépris ! Ce moine est plus beau que l'image que tu t'en fais, il chante le grégorien admirablement, il sait faire des habits liturgiques superbes… »

Et quand je me retrouve devant mon confesseur à vivre le sacrement du pardon, j'ai l'impression d'entendre Dieu me dire : « Robert, toi aussi on te trouve plus beau que ce qu'on peut te reprocher. »

C'est ce que j'essaierai plus tard de faire comprendre à tous (et surtout aux éducateurs[1]).

Quand un père ou une mère de famille sait dire à son enfant : « Je n'aime pas ce que tu fais, mais, toi, je t'aimerai toujours parce que tu es mon enfant », ce jour-là il peut faire très beau dans la vie d'un jeune. Mais si l'on veut que l'enfant devienne un délinquant,

---

1. Voir au chapitre 10.

il n'y a qu'à lui dire : « Je ne t'aimerai pas si tu ne ressembles pas à ce que je voulais pour toi » ; le lui dire avec des mots n'est même pas nécessaire ; certains parents le laissent deviner par toute leur attitude. Ensuite on mesure les dégâts.

Voilà ce que le sacrement du pardon m'a fait comprendre : celui qui est pardonné est grandi. Jean Monbourquette, qui est à la fois prêtre et psychologue, disait : « Si tu veux être heureux cinq secondes, venge-toi. Si tu veux être heureux toujours, pardonne. »

Mais le pardon n'a pas le pouvoir d'effacer toutes les conséquences d'une faute. À Saint-Benoît, pendant les cours que nous donnait un moine sur les apophtegmes des Pères du désert[1], j'en ai retenu un qui m'a beaucoup marqué. C'est l'histoire d'un petit moine qui s'en va voir un vieux moine, pour recevoir le sacrement du pardon :

« — Mon père, je m'accuse d'avoir parlé contre vous...
Le vieux moine lui donne le pardon. Puis il lui dit :
— Pour pénitence, allez chercher votre oreiller à plumes, montez sur la plus haute colline et lancez les plumes aux quatre vents. Revenez me voir après.
Le petit moine s'exécute et revient :
— J'ai fait ce que vous m'avez prescrit.
Le vieux moine lui dit :
— Maintenant, remontez là-haut chercher toutes les plumes.
Le petit moine s'affole :
— Comment le pourrais-je ? Elles sont parties aux quatre vents !

---

1. Traduits du grec, du syriaque, de l'arménien, du copte, de l'éthiopien !

64

Le vieux moine conclut :

— C'est la même chose avec les méchancetés que vous avez répandues. »

Cette histoire-là m'impressionne depuis vingt-cinq ans. En sorte que lorsque quelqu'un veut me faire une confidence à propos d'un tiers, je l'invite à la passer au crible, comme dans le récit socratique :

« — La première passoire, dit Socrate, est celle de la vérité. As-tu vérifié si ce que tu veux me dire est vrai ?

— Non, j'en ai seulement entendu parler.

— Tu ne sais donc pas si c'est la vérité. Essayons de filtrer autrement, en utilisant une deuxième passoire : celle de la bonté. Ce que tu veux m'apprendre sur mon ami, est-ce quelque chose de bien ?

— Ah non ! Au contraire.

— Donc tu veux me raconter de mauvaises choses sur lui et tu n'es même pas certain qu'elles soient vraies. Il reste une passoire, celle de l'utilité. Est-il utile que tu m'apprennes ce que mon ami aurait fait ?

— Non. Pas vraiment.

— Alors, conclut Socrate, si ce que tu as à me raconter n'est ni vrai, ni bien, ni utile, pourquoi vouloir me le dire ? »

L'histoire du petit moine et de ses plumes, et celle de Socrate et de ses trois passoires, je les garde depuis ma jeunesse. Elles m'ont toutes les deux servi de garde-fou dans ma vie de prêtre. Ne pas faire écho (même sans le vouloir) à une méchanceté sur autrui, ou à une simple rumeur, quitte à renoncer à avoir l'air informé : c'est un pari du cœur.

Dans mon journal, le 22 novembre 1971 :

Après vêpres, j'ai eu une bonne conversation avec mon
père maître, au sujet du détachement. Depuis quelques
jours, cette idée m'obsédait à un tel point que j'ai fini par
lui livrer les sentiments intérieurs que je nourrissais là-
dessus. En fait, un tas d'événements m'ont conduit à
cela : la Bible, avec son passage évangélique qui nous
demande de tout quitter pour suivre le Christ ; puis il y a
eu le rôle primordial de mon confesseur qui m'a parlé
longuement – dimanche soir – d'attachement au Christ qui
doit aller jusqu'à laisser notre vie pour Lui... et ce fameux
roman de Julien Green, *L'Autre*[1], qui m'a profondément
bouleversé cet avant-midi.
Après ces confidences, le père maître m'a dit être fier
de me savoir en de si bonnes dispositions... Il semble
m'aimer beaucoup, et me redit une autre fois la confiance
qu'il a en moi : « Vous avez tout pour réussir votre vie
monastique. » Dernières paroles que je retiens avant de
dormir. Mais ce soir, je sens plus que jamais le temps
venu de m'attacher au Christ... en ne cherchant appui
qu'en Lui seul.

Le 29 novembre, cependant, j'écris ceci :

J'ai beaucoup songé à l'avenir du monastère... et aux
jeunes qui se présentent ici, et s'en retournent déçus du
milieu. J'ai l'impression qu'une réflexion commune devrait
se faire, là-dessus, au monastère. Que sera le moine de
demain ? Comment sera-t-il formé ? Lui donnerons-nous
toutes les chances de s'épanouir et de devenir adulte
responsable sans qu'un supérieur soit toujours à ses côtés
pour lui dire quoi faire ? Quelques moines sont fortement
intéressés par analyser la chose : à quand les réalisations ?
Pour ma part, je songe sérieusement à rédiger un document à l'intention du père abbé, à la fin de mon noviciat.

---

1. Dans *L'Autre* (1971), Green montre l'inquiétude du croyant
face au mystère de la grâce.

S'attacher au Christ, comme je l'écris le 28 novembre, et devenir adulte dans la foi, comme je l'écris le 29, c'est en fait le même mouvement... Je me dis : « Les *choses* peuvent changer ; *Lui*, Il reste. »

Se vouloir fidèle à la grande tradition de l'Église, mais vouloir que l'Église ajuste mieux son évangélisation au monde d'aujourd'hui : ces deux désirs n'en font qu'un.

Et je commence à les sentir à la fois.

Le moine maître des novices m'agace, je l'avoue, avec ses méthodes de discipline d'avant le Concile (quand il ouvre mon courrier, pour ôter les coupures de journaux sur la politique ou le hockey).

Mais il m'agace aussi par son hostilité envers le latin... Moi, je défends le latin, en ce temps-là : les premières liturgies en français à l'abbaye me font un effet déprimant ; je voudrais le maintien du bréviaire monastique intégral ; et quand j'entends dire qu'on va nous supprimer le port de la coule[1] pendant l'été, je me demande avec inquiétude si c'est un premier pas vers l'abandon de la stricte observance de la Règle... Tel est le climat de l'époque. Avec un ou deux ans de retard sur la France, le Québec se met à imiter des idées françaises.

Le 12 février 1972, je note dans mon journal :

On me dit qu'un nouveau film québécois passe actuellement à Montréal et remporte beaucoup de succès... Cela n'est pas étonnant, puisqu'il a pour mission de détruire l'Église traditionnelle pour élever les communautés de base[2] [...]. Pour moi la discussion est close,

---

1. Grande robe noire aux larges manches, portée par-dessus la tunique pour la messe et les principaux offices.

2. Idée à la mode dans les milieux « progressistes » des années 1970 : remplacer les communautés religieuses et les paroisses par des petits groupes autogérés, plus militants que spirituels, et ne rendant plus compte aux évêques ou aux supérieurs de congrégation.

comme dit notre pape [1]... Les communautés nombreuses (donc traditionnelles) conviennent particulièrement aux religieux. C'est l'essentiel.

Mais que je sois « sérieusement attaché aux traditions », c'est une chose qui par ailleurs « surprend tout le monde », dit le P. Saint-Cyr ! À la fin, quoi, suis-je un conservateur ou un réformiste ?

Rien n'est clair quand on est jeune : je me sens à la fois traditionnel et amoureux de la vie. Comme me l'écrivait mon ami le P. Odon, en réponse à ma carte de vœux, l'espoir est-il simultanément dans « une contestation réfléchie et un renouveau surnaturel » ?

Le 15 février, je note :

Nous ne pourrons donner le Christ aux autres que dans la mesure où nous L'aurons trouvé.

J'ai 23 ans et je cherche ma voie.

Je ne suis d'ailleurs pas le seul. Le 18 avril, je note dans mon journal ce que je viens de lire dans le rapport Dumont sur l'état d'esprit de l'Église au Québec :

Les uns insistent sur l'autorité, la continuité avec le passé, la nécessité de directives claires et nettes. Ils le font souvent d'une manière trop accentuée et surtout en gardant aux intentions d'hier leurs vêtements démodés. Mais, tout au fond, ils n'ont pas tort de croire que l'on ne recommence pas à définir ou à incarner la foi dans un absolu qui viendrait de la théorie pure, ou des suggestions de l'événement. À l'autre extrême, bien des croyants insistent sur les mutations nécessaires, sur les allègements et les ruptures. Ils souhaitent une plus grande simplicité, un plus grand dépouillement des structures, des pouvoirs, du langage. Ce qui favoriserait une plus

---

1. Paul VI vient alors de publier une exhortation apostolique sur cette question.

authentique fraternité et aussi une insertion plus décisive, plus prophétique, dans les débats de ce monde et de la société québécoise. Qui osera nier qu'ils sont alors, eux aussi, dans la ligne la plus incontestable de la tradition chrétienne ?

Dans quelques semaines viendra le jour où je demanderai à entrer définitivement au monastère. Je commence à rédiger ma lettre officielle au père abbé.

Mais une incitation de saint Dominique me tourne dans la tête : « *Contemplata aliis tradere* », « aller dire aux autres les choses que nous avons contemplées ».

Suis-je fait pour être toute ma vie dans le silence et la méditation, ou plutôt pour aller vers les gens leur porter l'Évangile ?

Dois-je faire vœu de stabilité sur ce promontoire du lac, dans un paysage de rêve ? Ou retourner vers les foules des grandes villes ?

Les défauts que me reproche le père maître ne deviendraient-ils pas des qualités dans le monde ?

Ce qui risque de faire de moi un mauvais moine ne ferait-il pas de moi un bon curé ?

J'ai le droit de me poser ces questions parce que j'ai vécu un vrai noviciat : un authentique service militaire de la foi.

Je vais voir le père abbé. Et je lui dis qu'une idée m'est venue depuis plusieurs mois, forte et insistante : aller faire mes études de théologie à l'université de Sherbrooke. Mgr Fortier[1] avait évoqué cette éventualité lors d'une visite au monastère, et m'avait dit : « Tu pourrais venir demeurer au grand séminaire... »

Le père abbé me dit :

— Saint Benoît veut qu'on ne retienne personne.

---

1. Jean-Marie Fortier, évêque de Sherbrooke, membre de la Congrégation romaine pour le culte divin. Il décédera en 2002.

4

Étudiant, élu, vicaire, curé, professeur !

Je m'installe à Sherbrooke comme l'évêque m'y avait invité. D'abord au grand séminaire, logé dans le palais archiépiscopal, qui est un vrai château construit dans les années 1940 : du marbre, des lampadaires immenses... Le plus bel archevêché du Québec ! Tellement beau qu'il attire des reproches ; l'évêque actuel hausse les épaules : « C'était là, je l'ai pris... » On ne bâtirait plus ça aujourd'hui.

Je vais vivre ici de 1972 à 1974, dans la magnificence de ce bâtiment et dans le confort le plus bourgeois. Les séminaristes sont logés au troisième étage et prennent leurs repas avec l'évêque et ses invités, diligemment servis par des petites sœurs de la Sainte-Famille.

Mgr Jean-Marie Fortier est un personnage haut en couleur. C'est un grand bonhomme à la voix sonore, élégant, accueillant, résolu, aimant les foules, serrant toutes les mains, n'ayant partout que des amis, mais peu influençable et qui suit son idée – même changeante –, quoi qu'en pense son entourage. Cet évêque est bien informé, donc il méprise les ragots et les rumeurs. Il appelle chacun de ses prêtres « mon fils » : il les aime tous, avec leurs différences ; et il le leur dit, ce qui leur fait chaud au cœur. Il voit le positif dans tout ce qu'ils font, y compris lorsque l'initiative semble déconcertante.

Il fait confiance à l'être humain.

Si l'un des prêtres de Sherbrooke a un problème, il l'appelle pour en discuter franchement. Et il trouve toujours le temps de le recevoir, malgré son agenda de ministre. On ne sort pas déçu ni malheureux d'une conversation avec lui.

Si ton feu est en train de faiblir, Mgr Fortier sait souffler sur la braise :

— Merci de ton bon travail, de ta loyauté, de ta collaboration avec ton évêque !

1972 : ma vocation prend un virage moderne

Et des conversations entre Mgr Fortier et moi, il va y en avoir quelques-unes. Car j'arrive à l'université et, là, je découvre des horizons. Autour de moi… et en moi.

Le jeune homme que j'étais, si « traditionnel » par bien des côtés, fait la connaissance de théologiens qui sont des hommes de la modernité. Toute ma conception de la religion en sera chamboulée – non pas dans son fondement ! – mais ils vont m'apprendre à penser *aussi* de façon critique.

Dans l'histoire de ma vocation, 1972 est l'année du grand tournant. Elle s'est allumée à Saint-Benoît-du-Lac ; elle va prendre des élans dans les combats de la jeunesse étudiante, à l'université de Sherbrooke. Quant à la formation intellectuelle, les maîtres que je vais avoir à l'université s'adressent surtout au cerveau ; mais quelques-uns s'adressent aussi au cœur, et ce sont ceux-là qui vont m'aider à faire le passage, à quitter

71

une vie intérieure « intégriste » pour une vie intérieure « incarnée ».

Le Pr Jean-Denis Lescault, par exemple, est un prêtre du diocèse de Sherbrooke ; il n'a pas 50 ans quand je deviens l'un de ses étudiants. Je me prends d'enthousiasme pour la discipline qu'il enseigne : la psychologie religieuse. Nous, les étudiants, nous avons de l'enthousiasme pour le personnage de Lescault lui-même, en tant qu'homme : il y a des files d'attente à la porte de son bureau, on doit patienter des heures avant d'accéder à lui...

C'est un prêtre atypique. Cet homme de 45 ans voit la vie et le sacerdoce d'une manière insolite. Bien entendu, les autres professeurs le jalousent, et le doyen de la faculté de théologie ne l'apprécie guère.

Non seulement l'abbé Lescault est un pédagogue excellent, capable de rendre actuelles et vivantes les théories les plus abstraites, mais nous pouvons tout lui dire : il a l'air d'avoir tout vécu lui-même ! Il est prêtre du diocèse, mais (d'après ce qu'on dit) il a été ordonné de justesse. Il ne pense pas comme un certain nombre de ses confrères, qui le regardent comme un marginal.

C'est Lescault qui me fera découvrir la pensée d'Antoine Vergote[1], un auteur difficile d'accès, mais que je vais lire et relire. Ce prêtre psychanalyste belge me révèle que le « besoin religieux » est fondamental chez l'être humain. C'est une idée puissante. Plus j'y réfléchirai, dans l'avenir, plus il me semblera qu'elle ouvre deux portes : la porte de la tolérance, chaque religion ayant des étincelles de vérité – puisque c'est Dieu qui a ancré le besoin religieux dans le cœur des hommes –, et la porte de la « résistance » envers une

---

1. Prêtre, psychanalyste et théologien, professeur émérite de l'université de Louvain. Analysé par Lacan. Il allait publier en 1974 *Interprétation du langage religieux* (Seuil).

prétention de la société actuelle – qui veut nier le besoin religieux, voire dénoncer les religions comme ennemi numéro 1 de notre *irrésistible* monde libéral...

Je suis aussi les cours d'exégèse de François Lavallée, qui est un père blanc de 50 ans et qui, lui non plus, n'a pas peur de la modernité. Il se tient constamment au courant des dernières trouvailles des chercheurs spécialistes.

Des gens comme lui ou Lescault ne sont pas seulement des intellectuels, ils ont aussi les pieds sur terre. Ce sont de bons humains. L'incarnation veut dire quelque chose pour eux. C'est le genre de maîtres qui me fascinent ; je ne suis pas très attiré par les intellectuels purs, ceux qui ne parlent que pour parler. Cette année-là, je me dis : « Robert, avant d'évangéliser il faudra que tu *humanises*, si tu ne veux pas que l'Évangile soit de l'eau sur les plumes d'un canard. Tu devras être un prêtre *humain* ! Tu prendras le temps d'entrer en sympathie avec les autres, de les écouter... »

C'est mon attachement à la personne de Jésus-Christ qui me donnera le goût d'aller dire aux autres les choses que j'ai contemplées, et de faire comme Lui : ne tenir aux gens qu'un langage qu'ils puissent comprendre. N'invoquer aucun argument qui leur passe au-dessus de la tête.

Ce qui veut dire, pour moi, renoncer à certaines formes religieuses dans lesquelles j'ai été heureux mais qui ne parlent plus du tout aux gens. Donc qui n'évangélisent pas.

J'ai aimé une certaine Église dans laquelle je m'épanouissais : j'avais trouvé important de jeûner le vendredi, de faire mes premiers vendredis du mois, d'aller à la neuvaine de Notre-Dame-du-Perpétuel-Secours et de suivre des processions...

Et puis, à un moment donné, on me dit que tout ce qui fut important dans ma jeunesse ne l'est plus désormais.

Ce que je découvre alors, c'est que la seule chose vitale est la personne de Jésus-Christ : c'est à Lui que je dois m'attacher si je veux être capable de durer dans mon « oui » et de changer les formes de la religion sans brader en même temps son contenu. Dans cette voie difficile je n'aurais pas duré longtemps si je n'étais pas attaché à Jésus-Christ, homme et Dieu, et si je ne continuais pas à développer une vie intérieure.

Pour commencer, je vais comprendre que mon sacerdoce sera d'aider des cœurs à trouver Dieu – mais que j'aurai à trouver ces cœurs, et qu'une bonne façon de rencontrer les gens est de lutter avec eux dans les causes humaines.

C'est dans ce terrain que ma vocation va enfoncer ses racines. Et déployer des rameaux qui vont surprendre...

Mgr Fortier me dira :

— Mon fils, j'entends des choses à ton sujet. Est-ce vrai que tu fais ceci et cela ?

— Oui, monseigneur.

— Eh bien, fais-le. Mais ne m'en demande pas la permission.

C'est un évêque qui souffle toujours sur la braise, pour que ton feu se rallume quand il faiblit. Peu d'évêques feraient ce qu'il va faire : me laisser, moi, l'un de ses séminaristes, prendre la tête des luttes étudiantes à l'université de Sherbrooke.

Quelques semaines après mon arrivée, je suis déjà de tous les débats. Puis j'entre au conseil d'administration de l'université, comme représentant élu des étudiants des douze facultés (médecine, droit, éducation physique, etc.) : onze voix et une abstention – c'est moi qui me suis abstenu.

Il ne faudra pas longtemps pour que le recteur, Mgr Roger Maltais[1], finisse par m'inviter à dîner dans une petite auberge. Pour faire le point. Parce que ma présence sur le campus finit par lui paraître un peu envahissante ! Et parce que les luttes que j'anime n'ont rien à voir avec des controverses religieuses : c'est du pur syndicalisme étudiant, « pour que la jeunesse ait droit à la parole » ou « pour que les chargés de cours fassent sérieusement leur métier », etc.

Mais tous ces gars et ces filles, qui sont en philosophie, en médecine, en droit, en éducation physique, sentent – quand ils me regardent me battre – que je me bats avec les armes de l'Évangile. Et ça ne peut pas ne pas les frapper.

Je dois dire que, quand j'y repense aujourd'hui, je suis heureux de mon action.

Je dois dire aussi que c'était le premier cas d'une situation où j'allais souvent me retrouver au cours de ma vie : aimé par la masse des gens, mais regardé de travers par les dirigeants…

— Vous avez vécu deux belles années chez les moines, ça vous a donné la couche de fond pour mener des combats de ce genre ; ménagez tout de même votre recteur, me dit mon évêque, Mgr Fortier.

Il doit juger, *in petto*, qu'on me voit beaucoup à l'université mais pas assez au grand séminaire. Cependant il me fait confiance. Le savoir me donne de l'énergie.

À ce tournant de ma vie, je ne suis plus le Robert Jolicœur des rédemptoristes, ni celui de Saint-Benoît-du-Lac : je suis un garçon qui a passé une étape doulou-

---

1. Cofondateur de l'université de Sherbrooke dans les années 1950, et recteur de 1965 à 1975. Il avait alors 58 ans. Sous son administration, cette université avait acquis une envergure nationale. Mgr Maltais est mort en 1997, âgé de 82 ans.

reuse en quittant de vieux habits pour des vêtements d'adulte.

Maintenant je ne demande plus à Dieu de faire les choses à ma place ; je me retrousse les manches et je Lui dis : « Tu vas m'aider. »

Néanmoins ma vocation est toujours là, bien enracinée. La découverte de toutes ces luttes ne lui fait aucune ombre : je me dis que je vais pouvoir continuer à lutter quand je serai prêtre.

Je me dis aussi que la lutte sociale donne de la force au témoignage du croyant et du prêtre, et que c'est important pour l'évangélisation elle-même.

J'ouvre une discothèque au sous-sol de l'église

Je fais donc ma théologie. Je commence ma maîtrise[1]. Puis je vais en stage dans la paroisse du Saint-Esprit de Sherbrooke. C'est celle de l'université : une église en brique jaune, en amphithéâtre, moderne, très pastorale, où l'assistance nous entoure de tous côtés, très proche… J'aime ces églises-là.

Pendant mon stage, le curé voit (non sans étonnement) son église-amphithéâtre se remplir d'étudiants : ils viennent tout d'un coup, en foule de deux ou trois mille, garçons et filles, le samedi et le dimanche !

C'est le résultat de mes exploits de délégué des 2e et 3e cycles.

Je me dis : « Ton intuition est bonne. Tu es dans les combats avec eux, mais en même temps tu as autre chose à leur proposer. Tu as le goût de leur parler du Jésus de l'Évangile – et pas de la morale, dont l'Église a un peu trop parlé aux gens depuis des années… »

---

1. Le sujet en est : « L'expérience du Christ ressuscité dans la vie de l'apôtre Paul. »

Je vais continuer dans cette direction.

Vingt ans plus tard, quand les jeunes vont commencer à protester dans le monde entier contre la mondialisation, je dirai carrément, dans une homélie à mes paroissiens :

— Imaginez-vous comme ce serait fort si on voyait nos évêques dans les rues avec ces jeunes ? Ils leur donneraient peut-être le goût de l'Église !

Dès l'université, je commence à voir que l'Église doit être avec les gens de la rue, et que là sont les contacts à risquer.

Il n'y a pas que les étudiants. Mon curé s'inquiète : les plus jeunes sont absents de la vie paroissiale.

Alors j'ouvre une discothèque de deux cents places pour les 14-18 ans, dans le sous-sol de l'église ! Les jeunes l'appellent « L'Ouvre-boîte » : chaque vendredi soir les jeunes viennent danser là, et je suis avec eux. Ça se passe très bien. Les parents sont ravis et me donnent de l'argent pour m'aider, disent-ils, à m'occuper de leurs jeunes : « Vous réussissez mieux que nous autres... » À minuit, après la soirée de la discothèque, je loue un bus et j'emmène quarante-huit jeunes passer le week-end aux chutes du Niagara, ou au carnaval de Québec, ou à Saint-Benoît-du-Lac, ou à l'abbaye de Rougemont pour aider les cisterciens à la récolte des pommes. Chaque fois on refuse du monde !

En même temps, j'organise un orchestre de jeunes pour la messe de 11 heures et demie le dimanche matin : sept musiciens jouent de la flûte traversière, du saxophone, du violon...

Mon curé ne peut pas éviter de se réjouir de voir autant de monde à sa messe. Pourtant il rit un peu jaune : peut-être trouve-t-il, lui aussi, que j'en fais trop ? Ça ne sera jamais facile entre les autorités et moi, ou entre mes confrères et moi, partout où je vais passer.

N'empêche que le jour de ma cérémonie d'ordination, il y aura tellement de jeunes dans l'église qu'il faudra en asseoir trois cents par terre devant l'autel, faute de sièges.

C'est vrai, on m'entend beaucoup. Je suis un homme qui parle. Je parle aux gens parce que je les aime : c'est plus fort que moi.

Je pourrais aussi dire, sans me vanter – simplement parce que c'est vrai –, que je suis incapable de me taire quand je vois une injustice.

Dès que j'en flaire une autour de moi, on m'entend !

On m'entendra plus tard dans les journaux, à la radio, à la télévision ; les médias seront un nouveau moyen d'évangélisation, et mon expérience de l'université m'a appris à *dealer* avec les grands de ce monde. Le paradoxe, c'est que le maire de Sherbrooke, les dirigeants de l'université, ceux des administrations ou des grands centres de santé sont en excellents termes avec moi – alors qu'ils savent que personne ne me fera taire si je vois de l'injustice quelque part.

En voici un petit exemple qui se passera plus tard, quand je serai le curé de la paroisse Saint-Charles-Garnier à Sherbrooke. On me demande de siéger au conseil d'administration du centre hospitalier universitaire ; à la première réunion, on parle d'un nouveau médicament qui vient de sortir pour soigner le cancer du sein. Le produit est très cher. Le directeur général du CHU propose qu'on le réserve aux femmes de moins de 50 ans. Je lève alors la main :

— Et si c'était votre femme, monsieur le directeur, qui était atteinte du cancer du sein ?

Tout le monde se met à parler en même temps ; le conseil d'administration passe au vote : le médicament sera offert à tout le monde, sans limite d'âge.

Je raconte cet incident parce qu'il est significatif de deux choses : de l'ambiance de notre époque et des divers rôles du prêtre. Notre époque a tendance à négliger les personnes âgées, et c'est une lourde erreur ; si nous n'avions pas les grands-parents, il n'y aurait souvent personne pour transmettre des valeurs aux petits-enfants. Et si le prêtre ne montait pas au filet, dans des occasions pareilles, que deviendrait la parole de Jésus : « Tout ce que vous avez fait pour les faibles et les petits, c'est à moi que vous l'avez fait » ?

Moi, Robert Jolicœur, re-né à la vie le 25 avril 1976

J'ai vu s'ouvrir devant moi ce qu'allait être ma vie de prêtre à partir du jour où les gens ont commencé à venir me dire :

— On est avec toi, et on aimerait que tu nous accompagnes dans notre existence et que tu nous parles de Dieu...

En même temps je voyais le problème de l'Église moderne : comment trouver les mots, à la fois simples et denses, qui puissent parler de la foi aux gens d'aujourd'hui qui ont perdu tout contact avec elle ? Pour ne pas dire n'importe quoi, il faut une bonne théologie : je pense que les années d'études et de formation sont cruciales si nous voulons être des prêtres capables de dire des choses signifiantes aux gens. Le public ne veut pas entendre des discours de théologiens spécialistes ; il ne veut pas, pour autant, entendre des boniments vagues.

L'Église d'à présent a donc un problème de langage : elle a de la difficulté, et même une certaine crainte, à dire Dieu dans le monde contemporain.

Pour être à même de parler le langage de la modernité, il faut ne pas avoir peur de vivre avec les gens de ce siècle. Ils ont des questions à nous poser, ils attendent nos réponses, et nous ne devons pas les décevoir.

Il faut aussi avoir un langage qu'ils vont comprendre…

Mais – je le dis souvent à mes confrères – les gens qui ont éclairé ma vocation l'ont fait plus par le témoignage de leur vie que par les mots qu'ils ont prononcés.

Le P. Dubé a eu une influence décisive sur moi, et pourtant je ne me souviens pas d'un seul mot de ses sermons à l'église ! En revanche, je me souviens de ses visites chez nous, quand nous étions pauvres, pour nous apporter de quoi dîner et le partager avec nous. C'était un langage sans paroles que nous comprenions totalement.

Je ne me souviens pas des homélies savantes que faisait Mgr Fortier ; mais je me souviens que lorsque j'avais besoin de lui, il prenait le temps de m'écouter et de trouver le mot juste à me dire…

Chaque fois que mes camarades étudiants, à l'université, me demandaient (en riant) comment on pouvait être à la fois séminariste et combattant des luttes syndicales, j'avais l'impression que ma façon de faire les amènerait à comprendre, sans paroles, quelque chose de plus sur la foi chrétienne.

Et, quand je pense à mes paroisses successives, Saint-Charles-Garnier, Saint-Roch, je revois les foules de gens que je suis allé rejoindre dans la rue, chez eux, sur leur terrain, dans les moments où ils en avaient le plus besoin.

Quand j'étais petit à l'église, je me disais : « C'est long, ce que dit le curé… Si un jour c'était moi, il me semble que le monde ne s'ennuierait pas comme ça. »

Chaque fois que je suis venu en France et que mes amis Morel – les deux athées – me posaient des questions et qu'il me fallait répondre, j'avais l'impression de mûrir dans ma religion. Ne jamais moraliser ! Je leur montrais comment, dans leur propre vie, certaines choses m'émerveillaient : des accueils, des générosités, des gestes… Cela nous entraînait dans de belles discussions. Ils m'avaient mis entre les mains le programme du Parti communiste français ; je l'avais lu intégralement, au bord de l'eau à Menton, à leur grande surprise. « Et toi, Jolicœur, me demandaient-ils, pourquoi crois-tu à ça : le pape, l'Église, la religion ? » Alors je leur parlais de beaux moments que j'avais vécus dans ma vie et leur disais comment l'Évangile m'avait permis d'être un meilleur humain, comment j'avais fait des gestes que je n'aurais jamais faits si je n'avais pas connu Jésus…

Je précisais :

— Ce n'est pas parce qu'on serait chrétien qu'on serait meilleur que les autres ; mais ça doit nous rendre un peu plus responsables, pour que sur la terre il y ait plus de justice et de fraternité…

— Mais c'est ce qu'on pense, nous les communistes ! rétorquaient-ils.

Leur athéisme m'interrogeait et me rendait plus fort dans mes convictions. Nous étions les meilleurs amis du monde.

Le jour de mon ordination, à Sherbrooke, dans l'église-amphithéâtre, les Morel sont là. Venus de France ! Mireille me souffle :

— Je n'ai jamais été baptisée. Mais j'aimerais recevoir l'eucharistie de tes mains.

Je me dis : « Robert, que vas-tu faire ? Que ferait Jésus ? Est-ce qu'Il partagerait avec Mireille le meilleur de sa vie ? »

Je vais prendre sur moi de lui donner l'eucharistie.

Ensuite j'en parle à mon évêque. Mgr Fortier ne me donne pas tort. Il ne moralise pas. Il me demande simplement :

— Tu as laissé parler ton cœur ?

— Oui.

— Le cœur a des raisons que la raison ne connaît pas.

Plus tard, j'apprendrai que Mireille, avant de mourir d'un cancer du poumon – toute sa vie elle aura allumé cigarette sur cigarette –, a fait un cheminement spirituel.

Mon amour pour Jésus ne variera jamais ; ni mon désir de porter les gens quand ils sont le plus fragiles. Ce qui change, ce sont les formes de la religion et mon attitude envers celles-ci.

Je vais donc naître une seconde fois le 25 avril 1976, vingt-huit ans après le jour de ma naissance biologique. Ce matin de printemps, Mgr Fortier me fait prêtre de Jésus-Christ. Et c'est le plus beau jour de ma vie… Aujourd'hui encore, j'apprécie qu'on me souhaite mon anniversaire de naissance (le 28 septembre), mais je préfère l'anniversaire de mon ordination.

Si je parle d'une re-naissance, ce n'est pas par hasard : ce jour-là, devant l'évêque et l'autel, j'ai l'impression de redire « oui » à ce qu'il y a de plus vital. À Jésus, à mon baptême, à l'amour, à la vie grande et belle ! Je suis heureux comme un gamin.

Mgr Fortier m'a dit :

— Quel texte d'Évangile veux-tu qu'on lise le jour de ton ordination ?

— Dans saint Jean[1], le dialogue tellement intense entre Jésus et Pierre.

Et j'ai commencé à réciter le texte :

---

1. Jean 21, 1-18.

« "Simon, fils de Jean, M'aimes-tu plus que tous ceux-ci ?" Il Lui répond : "Oui, Seigneur, je T'aime, Tu le sais." Jésus lui dit : "Sois le berger de mes agneaux." Il lui dit une deuxième fois : "Simon, fils de Jean, M'aimes-tu ?" Il Lui répond : "Oui, Seigneur, je T'aime, Tu le sais." Jésus lui dit : "Sois le pasteur de mes brebis." Il lui dit pour la troisième fois : "Simon, fils de Jean, est-ce que tu M'aimes ?" Pierre fut peiné parce que, pour la troisième fois, Il lui demandait : "Est-ce que tu M'aimes", et il Lui répondit : "Seigneur, Tu sais tout. Tu sais bien que je T'aime." Jésus lui dit : "Sois le berger de mes brebis. Amen, amen, Je te le dis : quand tu étais jeune, tu mettais ta ceinture toi-même pour aller là où tu voulais ; quand tu seras vieux, tu étendras les mains, et c'est un autre qui te mettra ta ceinture, pour t'emmener là où tu ne voulais pas aller"… »

Mgr Fortier m'a écouté puis a souri à moitié :
— Tu n'y penses pas, mon fils ! C'est le texte qu'on utilise pour les papes.
J'ai ri franchement :
— Monseigneur, c'est pas défendu de rêver…

Le jour de mon ordination, Mgr Fortier me dit deux choses. D'abord celle-ci :
— Mon fils, n'oublie pas que tu vas être un prêtre heureux, quand chaque matin tu vas te lever pour servir par amour et de tout ton cœur. La beauté d'un prêtre, c'est son service. Le prêtre est grand quand il est à genoux pour servir les autres.
Ensuite celle-ci :
— Tu vas vivre de grandes joies : chanter le *Gloria* de Noël, l'*Alleluia* de Pâques, avec des foules de gens. Mais aussi de belles petites joies, quand tu célébreras des eucharisties avec deux ou trois personnes.

Aujourd'hui, 25 avril 1976, c'est la grande joie : la foule remplit cette église, les Morel sont venus de

Paris, mon père met les pieds dans une église pour la première fois depuis vingt-cinq ans, et je lui donne la communion moi-même… et je donne aussi la communion à Mireille Morel ! « Tu as été choisi pour donner Jésus au monde. » Cette idée chante sans fin dans ma tête, avec la phrase de l'Évangile : « Je ne suis pas venu pour les bien portants, mais pour les malades. » Jésus vient aussi pour les mal-aimés, les pauvres, les sans-voix, les exclus de toutes sortes…

Je vais donner Jésus ! Cette pensée occupe entièrement mon esprit.

Et c'est exactement ce que je vais faire pendant les trente années à venir : tous les matins, donner les forces de l'eucharistie à ceux qui viennent les chercher. Je ne connais rien de plus beau.

Un jour, un ado me téléphone :

— La psychologue de l'école me dit que j'ai « le mal de l'âme et le mal de vivre » ! Est-ce que tu connais, toi, un remède contre ça ?

Je lui dis :

— Le seul remède que Robert connaît contre ça, c'est l'eucharistie.

Il y aurait moins de suicides chez les jeunes s'ils fréquentaient ce remède-là… Nous en reparlerons.

Un pari du cœur
avec 6 000 jeunes (et Metallica)

Quittons ce 25 avril 1976 dont le souvenir m'ensoleille encore trente ans après. Dans le sous-sol de l'église, il y a eu une grande fête : les moines de Saint-Benoît-du-Lac avaient apporté des caisses de leur cidre d'abbaye, des monceaux de leurs fromages ; il y avait des rédemptoristes, des professeurs de ma faculté de théologie, des étudiants de toutes les facultés de

Sherbrooke, toute ma famille, des foules de gens connus et inconnus...

Avant de devenir curé, je serai vicaire dans deux paroisses successives.

D'abord dans l'église du Saint-Esprit à Sherbrooke, celle de mon stage et de mon ordination. J'y resterai pendant quatre ans.

Après, j'irai à l'Immaculée-Conception, toujours à Sherbrooke et toujours comme vicaire, pendant deux ans. Cette fois c'est presque une cathédrale : une église néogothique de plus de mille places, la plus belle de la ville, l'une des quatre églises classées lieu historique au Québec ; elle possède un jubé colossal, un chœur immense, de merveilleux vitraux, des grandes orgues. De tout mon ministère je ne serai plus jamais affecté à un sanctuaire pareil. Aujourd'hui on ne pourrait plus construire l'équivalent, ni souvent le remplir.

Je vis seul à l'Immaculée-Conception, avec mon curé, Paul Pelletier – un homme raffiné, un ami des beaux livres, ancien professeur au séminaire Saint-Charles –, dans un immense presbytère de douze pièces. Lorsqu'il tombe malade, je me retrouve pendant six mois à assumer ses fonctions. Il donnait toujours de l'argent aux pauvres qui passaient. Moi, je fais le contraire. Je ne donne pas d'argent. Je leur dis : « Ma table vous est ouverte. » Quand des affamés viennent sonner à notre porte, je les invite : l'influence de saint Benoît ! Les vrais, ceux qui ont réellement faim (pas ceux qui veulent une pièce pour s'acheter une bière à la taverne), restent partager le repas du presbytère ; je le prépare et je le prends avec eux. La petite sœur cuisinière fait la tête : elle est entrée dans l'ordre de la Sainte-Famille pour servir les prêtres, pas pour nourrir les pauvres. Cela n'est pas dans son plan de match. Elle me houspille à chaque fois.

Ensuite je suis moi-même nommé curé. Et me voilà en 1980 dans la campagne, à Bishopton, un joli hameau de cent quarante-quatre familles, non loin de Sherbrooke. Ma petite église en bois s'appelle Saint-Clément. Là aussi j'ai un presbytère énorme, disproportionné : plus de dix pièces... Je transforme le premier étage en discothèque pour les jeunes, et en un clin d'œil ceux-ci affluent. Il en vient quatre-vingts le samedi soir, danser chez le curé après la messe de 19 heures... Le curé est là, bien sûr, avec eux.

Mais je suis aussi devenu professeur d'enseignement secondaire à mi-temps au séminaire salésien de Sherbrooke, chargé d'élèves de 15 ou 16 ans : un de mes confrères était prêtre salésien, sa congrégation cherchait un professeur, et mon évêque a trouvé l'idée bonne.

Si bonne qu'au bout de quatre ans je quitterai Bishopton et mes fonctions de curé pour enseigner à temps plein. Du coup je logerai à nouveau dans le fastueux archevêché, pendant deux années scolaires, de 1984 à 1986.

C'est là qu'intervient la troisième grande influence spirituelle qui va compter dans ma vie : celle de saint Jean Bosco[1].

Me voilà professeur à 29 ans ; j'arrive persuadé que mes élèves vont apprécier que je ne sois pas vieux et qu'ils vont aimer ce que je vais leur dire ! Je donne

---

1. Prêtre italien du XIXᵉ siècle (1815-1898). Fondateur de l'ordre des Salésiens, il était né dans une famille très pauvre et s'était consacré notamment à l'éducation des adolescents misérables de Turin. Sa spiritualité de douceur, de paix joyeuse et de confiance en la Providence est l'une des sources de ce que j'appelle le « pari du cœur ».

mon premier cours de religion. Je m'aperçois qu'il ne suscite pas, disons, un grand intérêt.

Le cours fini, je me rends à la salle des professeurs où je trouve le bureau qui m'est assigné ; et dans le bureau, je trouve un petit carton portant cette inscription : « Si tu veux être l'ami d'un jeune, intéresse-toi à ce qui l'intéresse. Saint Jean Bosco. »

Le lendemain, je retrouve mes élèves et je me demande : « Qu'est-ce qui peut les intéresser ? »

Je remarque que certains portent un tee-shirt noir sur lequel on lit, en capitales rouges encadrées de deux éclairs : METALLICA.

C'est un groupe rock[1] tendance *heavy metal*. Son premier album vient d'être enregistré. Il s'intitule *Kill'em all*, « Tuez-les tous » ; l'une des chansons, « *Am I Evil ?* » (« Suis-je le Mal ? »), l'autre, « *Blitzkrieg* ».

Rude ! Mais si c'est Metallica qui les intéresse, je vais devoir m'y intéresser aussi.

Et me voilà avec une vingtaine de mes élèves dans une foule déchaînée, à l'auditorium de Montréal, pour acclamer le show *Master of Puppets*. Dans la salle, six mille jeunes tapent des pieds et frappent des mains ; et à un moment donné, l'un d'eux monte vers notre rangée et dit à l'un de mes élèves (je m'en souviens encore) :

— T'es chanceux, ton père il est venu voir le show rock avec toé !

Passer pour le père d'un rocker auprès des autres rockers ? Je le prends pour un compliment !

En revenant au séminaire, mes élèves « Metallica » vont devenir les meilleurs en religion. Oui, ils vont se

---

1. Le plus célèbre groupe *metal*. Batteur : Lars Ulrich. Guitariste et chanteur : James Hetfield. Bassiste : Cliff Burton. Guitare solo : Kirk Hammett.

mettre à aimer les cours où je leur enseigne le programme des évêques du Québec...

Ils vont même faire circuler une pétition pour avoir trois heures d'instruction religieuse par semaine, au lieu de deux.

Leurs parents n'en reviennent pas. Ils viennent me voir en passant chercher les bulletins scolaires :

— Qu'est-ce que vous avez fait à notre fils[1] ?

— Pas grand-chose, madame : j'ai juste pris le temps de m'intéresser à ce qui l'intéressait.

Quand des parents mettent leurs enfants dans des écoles privées, c'est souvent pour se décharger de leurs responsabilités sur les professeurs censés avoir « le temps pour s'occuper des jeunes ». Cette démission des parents est une carence morale. C'est un phénomène redoutable. J'entends des pères me dire :

— Depuis que j'ai acheté un ordinateur à mon garçon, je suis bien, je ne l'entends plus.

C'est le drame que vivent beaucoup d'enfants : n'avoir personne qui veuille les écouter ! Leurs propres parents sont happés par toute la trépidation de la vie professionnelle et des divertissements ; ils ne sont plus capables de s'intéresser à ces jeunes qui vivent sous leur toit.

Je me sens tellement triste pour eux quand j'entends certains pères me dire (à moi, le professeur) :

— Il a quel âge déjà, mon gars ?

— Seize ans.

— Ah bon ? Comme ça passe vite...

Ils ne se rendent pas compte qu'ils viennent de dire une chose effrayante de la part de pères.

D'autres m'interrogent sur les cours que je donne à mes élèves, ceux-là même qui sont leurs enfants :

— De quoi leur parlez-vous ?

---

1. Plus tard : « à notre fille ? » (l'enseignement va devenir mixte).

— Je m'intéresse à leur monde. Ensuite, je les mène vers autre chose.

En secondaire 4, par exemple, de septembre à décembre, le programme concerne « les valeurs ». Les évêques du Québec proposent qu'on en étudie douze. Je commence par demander aux élèves desquelles ils aimeraient que nous parlions.

— La liberté ! choisissent-ils toujours.

À leur âge, c'est important. Pour eux, être libre, c'est faire ce que tu veux, quand tu veux, avec qui tu veux.

Alors on part de ça. Et je les amène à découvrir que la liberté ne consiste pas à faire n'importe quoi, mais à faire des choix qui vont nous grandir. « Par exemple ? », demandent-ils. Et on explore ensemble tous les aspects de la vie…

Par exemple l'accueil des étrangers qui arrivent au Québec : c'est une question de regard de notre part, à nous québécois de souche, et notamment à nous chrétiens. On peut voir les immigrés comme une source de problèmes. Mais on peut aussi les voir comme une richesse ; tout dépend de l'angle sous lequel on choisit de les envisager.

Dans ces années-là, l'immigration commence à devenir considérable ; dans notre classe de cette école catholique, déjà beaucoup de petits gars de 16 ans arrivent d'Haïti, d'Afrique ou d'Europe… Il se trouve que dans le passé, je suis allé aux États-Unis voir jouer les Expos[1] à Atlanta et que j'ai été témoin des séquelles du racisme là-bas : il y avait encore des piscines pour les Noirs et des piscines pour les Blancs, des places séparées dans les bus, etc. ; le fameux « rêve » de Martin Luther King (assassiné en 1968) était encore loin de s'être entièrement réalisé.

---

1. Équipe de base-ball de Montréal.

89

Ayant vu tout cela, je suis bien placé pour ouvrir le débat avec mes élèves sur nos attitudes de la vie quotidienne envers les immigrés :

— Sommes-nous sûrs de ne pas avoir de réflexes racistes au fond de nous, même inconsciemment ?

— Ces réflexes sont-ils compatibles avec la foi chrétienne ?

— Pourquoi cette foi implique-t-elle que tous les humains sont frères ?

— Comment mettre en pratique cette fraternité ?

Ce sont des discussions intéressantes. Mais raisonner ne suffit pas. Il faut vivre et montrer l'exemple ! Alors j'invite des témoins, qui ouvrent des horizons aux élèves et qui leur racontent des choses dont ils n'avaient pas idée…

Philippe, 16 ans, solitaire, homosexuel – et suicidé

Dans ces années 1980, je fais aussi un cours sur un sujet qui ne touche que trop les adolescents québécois. Il s'agit du suicide.

En six ans d'enseignement secondaire chez les salésiens, onze élèves se sont suicidés… Onze ! Tous des garçons ! J'ai gardé leurs photos dans mon coin de prière.

L'un d'eux s'était tué « pour rejoindre son père », qui venait de mourir…

L'autre, parce que ses parents venaient de se quitter…

Un troisième, parce qu'il se portait mal…

Dans un pays où le suicide devenait la première cause de mortalité chez les jeunes, il fallait d'urgence se faire messagers de vie auprès d'eux. En partant de ce qui pouvait leur parler directement.

J'appuie donc mon cours sur le film des Pink Floyd, *The Wall*[1] : nous commençons par visionner ce film – mes trente-cinq élèves invitent ceux des écoles polyvalentes[2] des alentours : on se retrouve soixante entassés dans la classe, il y en a jusque sur le rebord des fenêtres, et je dis aux pères salésiens : « Qu'est-ce qu'on fait avec tout ce monde ?

— Si ça ne vous dérange pas, gardez-les, vous allez leur faire du bien.

Dans *The Wall*, le personnage s'est senti traité comme un numéro, une « brique dans le mur » (d'où le titre) par ses parents, puis par son école anglaise, puis par les femmes. J'explique à mes soixante jeunes :

— Moi, je connais un être qui n'a jamais traité les autres comme des numéros, comme des briques dans le mur. C'est Jésus de Nazareth.

Et je leur donne des exemples pris dans l'Évangile.

Un jour, un de mes élèves de secondaire 4 vient me voir. Appelons-le Philippe ; vous allez comprendre pourquoi je ne donne pas son véritable prénom. Il a 16 ans. Il est orphelin de père. Jusqu'ici c'était le genre nonchalant, mais avec l'air de cacher quelque chose, et des sursauts d'agressivité envers les éducateurs : « Ça te regarde, ça, toi ? De quoi je me mêle ? »

Ce jour-là, tout de même, Philippe me dit :

— Après l'école, est-ce que tu aurais le temps qu'on jase ensemble ?

— Bien sûr. Ça me fera plaisir.

---

1. Film musical d'Alan Parker, avec Bob Geldof, Christine Hargreaves, James Laurenson (1982). Afin de protéger sa personnalité, une rock star s'enferme dans un univers proche de la démence.

2. Innovation québécoise des années 1970 : écoles publiques régionales d'enseignement secondaire général ou professionnel, calquées sur le modèle américain.

Alors je m'en vais avec lui en bas de la côte des salésiens ; il y a là un hôtel qui s'appelle Le Baron.

On s'installe devant deux Perrier, et il me dit :

— As-tu remarqué que, depuis quelques mois, j'ai l'air triste ?

— Effectivement. Pourquoi ?

— J'ai fait une découverte. Moi, j'aime pas les femmes. J'aime mieux les gars.

À mes élèves, je dis toujours : « Quand un secret vous pèse, ne le gardez pas sur le cœur. Partagez-le avec quelqu'un qui a votre confiance. »

Mais Philippe est dans un cas difficile. Avec qui d'autre que son professeur pourrait-il parler de ce qu'il vient de me dire ?

Je lui conseille la prudence :

— Ne le dis pas à des compagnons de classe. En secondaire 4, les jeunes sont picosseux. Je t'encourage plutôt à en parler avec tes parents.

— Tu les connais pas ! Si je leur dis ça, ils vont me crisser dehors.

— Tes grands-parents ?

Beaucoup de grands-parents sont avec leurs petits-enfants ce qu'ils ont négligé d'être avec leurs enfants ; souvent c'est vers eux que je pousse les jeunes à aller, avant de se risquer à parler aux parents…

Philippe fait un geste découragé :

— Mon grand-père est mort. Ma grand-mère a Alzheimer.

Deux jours après, j'arrive à l'école. Philippe n'est pas en classe. Le soir, on me téléphone qu'il s'est suicidé. Sans avoir dit un mot à personne, sauf à moi.

Philippe est parti à 16 ans avec son secret.

Le jour des funérailles, je ne vais pas témoigner de ce qu'il m'a confié : il n'a pas voulu le dire à ses amis ni à ses parents, ce n'est pas moi qui vais le divulguer.

Mais je veux que quelque chose de son drame atteigne le cœur des autres. Ce jour-là, dans l'église, il y a trois cents jeunes : des secondaires 3, 4, 5... Je sais que dans cette génération – où l'on se suicide si fréquemment – on s'imagine que « le suicide est un choix ». Or c'est faux. Le moment est venu de le leur faire savoir.

Je les regarde tous, et je dis :

— Philippe avait une souffrance. S'il avait pu en parler avec quelqu'un, il ne serait peut-être pas mort. Il ne voulait pas mourir : il voulait seulement arrêter de souffrir. Quand un jeune se suicide, il n'a jamais choisi de mourir ! Il s'est retrouvé dans une impasse, devant une absence de choix. Nous ne sommes pas faits pour mourir : nous sommes faits pour la vraie, la belle, la grande vie.

Et je les regarde, et j'en vois qui sont venus avec leur chien dans les bras : à l'église, à ces funérailles d'un jeune comme eux, qui vient de se donner la mort !

À la sortie je demande à l'une des filles qui étaient venues :

— Pourquoi tu l'as emmené à l'église, ton toutou ?

— Quand je me sens trop seule, c'est juste à lui que je peux me confier.

On est donc dans une société ainsi faite : pour que les jeunes sentent l'affection d'un être, il n'y a plus que des chiens.

Et non seulement les jeunes, mais les vieux ! Quand je vais voir des mourants à la maison Aube-Lumière[1], je suis frappé par la même chose : on leur donne des toutous pour leur tenir compagnie. Alors qu'on a enlevé les croix des murs... C'est ainsi aujourd'hui qu'on pense les aider à faire le passage.

Je trouve cela profondément triste. Personnellement, je ne suis pas dans la pastorale du toutou.

---

1. À Sherbrooke, pour les malades en phase terminale.

François, Nathalie,
le curé et la pilule du lendemain

Dans la deuxième partie de l'année, mon cours d'instruction religieuse pour ces jeunes de 16 ans traitait de l'amour et de la sexualité.

Je peux vous dire qu'ils n'en rataient pas une minute. C'est l'âge où l'on s'interroge beaucoup…

Alors je prenais toujours le temps de leur expliquer l'idéal de l'Évangile et de l'Église catholique.

En même temps, pour éveiller leur confiance et leur permettre de faire des choix, en s'appuyant sur des comparaisons, j'essayais de faire le tour de gens qui pensaient autrement sur ces questions. Mon but n'était pas d'essayer d'*imposer* à ces jeunes la morale de l'Église catholique, mais de la leur *proposer*, en les invitant à faire des choix qui allaient les grandir.

Et c'est cette façon de procéder qu'ils appréciaient dans mes cours : ils me trouvaient capable de parler avec eux de ce qui les intéressait. Au lieu de leur déclarer pendant deux heures que la masturbation c'était mal (comme le programme officiel l'aurait voulu), je leur expliquais que la vie sexuelle n'était pas uniquement pour leur plaisir à eux, mais pour rendre l'autre heureux ; et que s'ils s'enfermaient pendant des années dans la masturbation, il leur serait difficile de penser à l'autre quand ils feraient l'amour ensuite.

Le programme comprenait aussi trois heures sur l'homosexualité. Dire que la pratique n'en était pas recommandable n'aurait pas mené loin ; j'avais intérêt à enrichir le discours. Je leur expliquais ce que pensaient les psychologues, les sexologues, les sociologues. J'amenais de l'eau au moulin. Ils trouvaient que mes cours avaient beaucoup d'intérêt.

Mais au-delà des discussions de salle de classe, il y a l'existence pratique. Et le professeur peut s'attendre à ce qu'on le prenne au mot, quand il aborde la question sexuelle de la façon réaliste dont je l'envisageais.

Je vous raconte l'anecdote de François. C'était il y a une vingtaine d'années. Lui, c'est un gars de secondaire 5. Toutes les filles lui courent après : ce n'est pas un intellectuel, il est très doué pour la vie. J'ai l'habitude de souhaiter la fête de mes élèves au jour de leur anniversaire ; pour François, il tombe le jour de la fête de la Reine (au Québec, c'est vers le 20 mai : aujourd'hui on l'appelle « la fête des Patriotes »). Et ce jour-là justement, François ne vient pas à l'école.

Le dimanche, on me téléphone à l'archevêché où j'habite ; c'est François. Il avait loué un petit chalet avec sa copine où il est allé fêter ses 18 ans. Il me dit :

— Robert, tu nous as parlé de la pilule du lendemain pendant tes cours… J'ai fait l'amour avec Nathalie, on a des raisons de s'inquiéter. Dis-moi comment on fait pour aller la chercher, la pilule ?

— Tu vas aux urgences à l'hôpital. (À l'époque cette pilule n'était pas disponible dans les pharmacies.) Le docteur te la donnera.

— On aimerait que tu viennes faire la démarche avec nous. On passe te prendre.

Comment dire non ? Mais quand nous arrivons à l'hôpital, François me dit :

— Je reste dans l'auto. Toi, vas-y avec Nathalie…

C'est un piège désarmant ! Je me retrouve en porte-à-faux. Mais comment me dérober, vis-à-vis de Nathalie ? Et me voilà devant le médecin. Lui, hilare :

— Alors, curé Jolicœur, vous avez fêté fort, hier ?

Il fait semblant de croire que c'est avec moi que cette jeune fille a passé le week-end.

Je ne m'attendais pas à cela ; je m'étais mis dans la peau d'un père de famille qui irait voir le médecin avec sa fille ! Mais le médecin se paie ma tête. Finalement il signe la prescription.

Une demi-heure après nous sommes dans un petit café de la rue Wellington, François, Nathalie et moi. Je dis alors à François, sans ménagement :

— Je ne sais pas si tu es au courant, mais cette pilule-là c'est comme du Draino, dans son organisme à elle.

Le Draino est un corrosif puissant pour déboucher les canalisations...

Je lui ai lancé cela pour qu'il comprenne sa responsabilité : qu'il sache que Nathalie va souffrir, et qu'il aille au-devant du besoin de tendresse qu'elle va ressentir.

François m'a mis dans une position scabreuse et ne s'est pas montré courageux en arrivant à l'hôpital. Mais il ne serait pas venu me demander ce service-là s'il n'avait pas eu confiance en moi. Et cette confiance, c'est le résultat de la relation directe que j'ai avec mes élèves. C'est aussi parce que mes cours sont humains, et que je ne me contente pas d'asséner des théories... La contrepartie, ce sont des ambiguïtés comme celle que je viens de vivre avec François, Nathalie et le médecin.

Elles sont inévitables si le prêtre se lie franchement et directement aux êtres qui lui sont confiés.

Et s'il ne se lie pas ainsi avec eux, il ne les évangélisera pas ! Rien n'est simple.

Je suis là pour essayer de comprendre les gens, pour les écouter, pour marcher dans leurs mocassins. Et pour profiter d'événements comme celui qui vient de me tomber dessus, aussi dérangeants soient-ils : c'est l'occasion d'amener les François et les Nathalie à réfléchir à ce qu'ils font, et à faire mieux dans l'avenir.

Car cinq ans après, je marierai ces deux-là. Et je baptiserai les deux enfants qu'ils auront ensuite. J'avais pris un pari : il se révélera payant.

Il aurait pu m'attirer aussi des ennuis, sur le moment. La pilule du lendemain est considérée comme un abortif ; quand je vais raconter cette histoire durant la neuvaine au sanctuaire de Beauvoir, le bon père assomptionniste me dira que j'ai favorisé l'avortement – et que ce que j'ai fait n'était « pas religieux ».

Mais c'est la seule réaction négative que j'aie entendue. Et si c'était à recommencer, je recommencerais.

Réfléchissons. Si j'avais dit à François : « Voilà, tu es comme tous les gens de ton âge, tu ne penses qu'au sexe », il m'aurait raccroché au nez, il aurait tout de même obtenu la pilule… mais il n'aurait peut-être pas épousé Nathalie cinq ans après. (Je vous l'ai dit : toutes les filles lui tournaient autour.)

C'est facile de transformer un idéal en rempart et de s'abriter derrière ! Mais ça veut dire qu'on a renoncé à le faire partager, donc à aider les autres. J'ai préféré le pari du cœur. Dans l'histoire de François et Nathalie, je me suis fait complice de leur minute de folie pour semer chez eux une sagesse qui puisse leur durer la vie entière.

Pendant mes six années d'enseignant, je répéterai à mes élèves :

— Vous pouvez toujours m'appeler, n'importe quel jour, à n'importe quelle heure. Pour vous j'aurai toujours du temps.

Adam, l'ado que sa mère n'aimait pas

Avoir « toujours le temps » pour écouter mes élèves, ça déclenche de belles choses.

L'histoire d'Adam, par exemple. Il a 15 ans. C'est

un petit gars au beau sourire, toujours prêt à rendre service, quoiqu'un peu délinquant sur les bords. Soudain, ses études se mettent à dépérir. Il sèche, il dort pendant les cours… Chaque professeur, chez les salésiens, doit se faire le tuteur d'un des élèves en difficulté ; le directeur me confie Adam.

Quand il l'apprend, le garçon me dit :

— Accepterais-tu de venir souper chez nous ce soir ?

— Est-ce que ta mère sera d'accord ?

— Ma mère est partie en voyage en Floride avec sa copine. C'est moi qui vais faire à souper…

J'arrive chez lui ; il avait sorti un pâté chinois d'une étrange couleur verte. On le mange quand même. Puis il baisse la musique, et nous parlons.

Il me demande :

— Sais-tu pourquoi je vais pas bien ?

— Tu ne l'as pas dit jusqu'ici. Comment Robert le saurait-il ?

— Il y a quelques mois, ma mère parlait au téléphone avec son amie. Et je l'ai entendue dire : « Tu sais, quand j'étais jeune et que je portais Adam, je suis allée à Boston pour me faire avorter. Ils n'ont pas voulu. Maintenant il a 15 ans et il est toujours là. Si je pouvais m'en débarrasser ! »

Voilà ce que le garçon avait entendu, de ses propres oreilles, dans l'appartement maternel.

Que lui dire, devant une chose aussi atterrante ?

Je le pousse quand même au pari :

— Je comprends ce qui se passe dans ton cœur. Je comprends que tu aies envie de tout laisser tomber. Mais l'avenir t'attend avec des choses plus belles que ce que tu imagines.

C'est mon expérience personnelle au noviciat chez les rédemptoristes qui me permet d'affirmer cela à des gens qui croient que toute leur vie est dans l'impasse.

Il me répond :

— À l'école ça ne va plus. Je rate tout. On me méprise.

— Tu vas partir au CEGEP[1] à Chicoutimi : là-bas, tu verras, ce qui compte ce n'est pas les apparences, c'est ce qu'on est en réalité…

On passe le reste de la soirée à se parler ainsi.

Ensuite je vais l'aider, je l'emmènerai à Montréal se changer les idées ; il finira par me dire : « C'est un gars comme toi que j'aurais voulu avoir comme père. » Il trouvera la force de finir son secondaire. Une fois au CEGEP, il rencontrera à la cafétéria une fille qui se prénomme Ève… Adam et Ève iront passer un week-end à Mistassini au lac Saint-Jean[2] à cueillir des bleuets[3]. Quelques années plus tard, je marierai Adam et Ève.

Et au mariage, la mère d'Adam est là.

Elle lui dit :

— C'est le plus beau jour de ma vie. Ma profession, mon mari, j'ai tout perdu, mais ce qui me reste c'est toi. Si tu savais comment aujourd'hui maman est heureuse de t'avoir comme fils…

Elle aussi, elle revenait de loin !

Ce retournement, cette espèce de résurrection maternelle dans le cœur d'une femme, a été l'une des choses qui m'ont marqué.

Mais je me demande combien d'adolescents aujourd'hui entendent des phrases aussi terribles que celles qu'avait entendues Adam : combien sont-ils à se persuader qu'ils n'ont pas été désirés, que leur vie est de trop ? Comment arriveront-ils à guérir d'une blessure pareille ? Combien auront la chance de tomber sur quelqu'un à qui ils pourront tout raconter et qui saura leur donner envie de risquer l'avenir ?

---

1. Fin du secondaire.
2. Le troisième plus grand lac du Québec : 1 041 km².
3. Les Français diraient « des myrtilles ». La myrtille est le fruit caractéristique de la région du lac Saint-Jean.

Au bord de l'indicible :
l'euthanasie du jeune Mathieu

J'avais un élève qui s'appelait Mathieu. Depuis deux ans il était à l'hôpital avec un respirateur artificiel. Sans cet appareil, il mourait.

Aucun espoir de guérison, constataient les médecins.

Vingt-quatre heures par jour, le jeune Mathieu entendait le gros halètement de la machine. Il savait qu'il l'entendrait toute sa vie, et que cette vie ne serait jamais autre chose que d'être dans son lit, à entendre la machine haleter.

Le jeune Mathieu était lucide. Un jour, il a demandé que l'on arrête la machine.

Il a dit à son père :

— Avant de mourir, papa, je voudrais que mon professeur Jolicœur vienne parler avec moi. Je voudrais aussi manger une bonne pizza. Après je vous embrasserai.

Me voici dans sa chambre, devant lui. Je pourrais lui dire que ce serait un péché d'arrêter le respirateur. Mais je ne le fais pas. Parce que je ne fais jamais ça. Jamais je ne fais pression. Surtout devant une situation pareille…

Mathieu me questionne : il veut que je lui parle de la vie après la mort et de l'espérance chrétienne.

La pizza arrive. Il m'en offre. Je n'en mange pas, mais je reste avec lui pendant qu'il la déguste.

Le médecin entre dans la chambre pour arrêter l'appareil respiratoire.

Et j'ai l'impression d'assister à un meurtre.

Le jeune Mathieu embrasse son père et sa mère. Trente minutes plus tard, c'est fini.

Je célébrerai ses funérailles, et je suis convaincu qu'il est au ciel. Si le Dieu de Jésus-Christ est bien Celui que je connais et que j'ai fréquenté dans les Écritures, je sais qu'Il a accueilli le jeune Mathieu. Le pape Paul VI a écrit : « Il ne faut jamais se sentir obligé d'utiliser des moyens disproportionnés pour maintenir une personne en vie. » Était-ce le cas ce jour-là ? Je le crois. Le petit garçon n'avait aucun espoir. Il lui restait l'Espérance. C'est à cause de cette idée que je l'ai laissé partir sans tenter de m'y opposer.

Mais je repense à lui très souvent.

Je me demande : « Y avait-il un mot à lui dire, qui lui aurait ôté le désir d'arrêter l'appareil ? »

Je n'ai jamais trouvé ce mot. Nous ne sommes pas à la place des gens. Un chrétien n'a pas le droit de se substituer à la conscience de son prochain : là où disparaît la liberté de choix, le christianisme disparaît aussi.

Et le problème de l'euthanasie existe. Je l'ai affronté à mon émission « Le Pari du cœur », à propos de l'épouvantable agonie de Doris Lussier[1]. J'aime la vie, mais ce ne sont pas des lois, civiles ou religieuses, qui vont nous insuffler le désir de vivre, l'attachement au monde et aux autres : les lois sont justes capables – dans trop de cas – de transformer la dernière phase de notre vie en un supplice, tellement traumatisant qu'il ne nous reste plus une étincelle d'énergie pour l'assumer en chrétien.

Je me souviens de cet évêque français mourant à l'hôpital dans des conditions terribles, et disant à un prêtre venu le visiter : « Je regrette d'avoir prêché sur la souffrance, je n'avais pas idée de ce que c'était. »

Jésus a dit : « Ma vie, nul ne la prend mais c'est Moi qui la donne. » Comme Lui, je veux pouvoir donner ma

---

1. Voir page 149.

vie. Ce n'est possible que si je suis encore conscient, et si ma liberté de conscience n'est pas détruite, écrasée par une souffrance sans mesure...

La souffrance est laide, elle est grosse, mais elle n'est pas toujours inutile : elle peut m'aider à grandir dans mon amour pour Dieu. Ce qu'il y a de plus inhumain peut devenir occasion de croître spirituellement. Une telle chose n'est possible que si j'assume ma souffrance librement. J'aime la vie, et elle ne s'achève pas avec la mort physique : je veux donc qu'on me laisse mourir dans la dignité ; et je souhaite que l'on reconnaisse ce droit aux autres, qu'ils aient ou non une foi religieuse[1].

*
*　*

Mes élèves, dans ces années d'enseignement à Sherbrooke, me posent et me reposent la même question :

— Qu'est-ce que *donne* la religion ?

Je leur réponds :

— La religion ne *donne* rien. Mais elle peut changer tout. Elle te montre que les malheurs ne sont pas le dernier mot de l'existence, et que la vie ne s'arrête pas avec la vie terrestre. Ça peut changer toute ta façon de faire face au tragique de la vie... Ça peut changer toute ta façon de vivre tes combats, tes ruptures, tes peines d'amour.

Ils ont le goût de m'entendre parce qu'ils se sentent aimés et écoutés. Un professeur d'éducation religieuse (et un bon professeur en général) devrait toujours investir dans l'affectif. C'est le cœur qui ouvre l'intelligence : l'élève n'apprend que s'il a le *désir* d'apprendre – contrai-

---

1. Je vois également les dangers qu'il y aurait à « déréguler » l'euthanasie, comme l'ont fait certains pays, ce qui donne lieu à des abus alarmants, de la part du milieu hospitalier et des héritiers.

rement à ce que croient les théoriciens de l'enseignement pur et dur, comme on en connaît quelques-uns à Paris !

J'ai vécu des années fascinantes chez les salésiens avec deux cents élèves par an, pendant six ans : mille deux cents élèves au total.

Ai-je réussi à m'en faire mille deux cents amis, un par un ?

5

Le curé Jolicœur,
de Saint-Charles-Garnier

C'est une chapelle minuscule enserrée par les maisons ;
deux cents personnes y tiennent à peine. Neuf ans plus
tard, en 1995, je serai forcé de la transformer en une
église de sept cents places !

J'ai 38 ans lorsque je deviens curé de la paroisse
Saint-Charles-Garnier, en 1987, dans le quartier nord
de Sherbrooke. Je frôlerai la cinquantaine le jour où je
la quitterai, en 1999. Entre-temps, tellement de monde
se sera mis à fréquenter Saint-Charles qu'il aura fallu
se retrousser les manches et bâtir.

La nouvelle église, moderne, en brique rose pâle,
coûtera un million de dollars ; elle sera payée intégralement en cinq ans par la générosité de centaines de
donateurs.

À mon départ, non seulement la paroisse n'aura pas
de dettes, mais elle aura pu placer 500 000 dollars en
banque.

Mais ce qui frappe, c'est que cette église Saint-
Charles-Garnier – dans son quartier de belles maisons,
de jolis magasins, avec son réseau de fidèles aisés et
généreux – est devenue très vite le havre des pauvres,
des exclus et des gens non conformes.

À ma messe on verra beaucoup de gens divorcés remariés : ils viendront entendre la parole de Dieu, je ne les jugerai pas. Je ne les condamnerai pas. D'ailleurs je ne condamnerai jamais personne.

Dans cette foule du dimanche, on verra des punks avec des cheveux jaunes, rouges, mauves, orange ; je leur demanderai de servir ma messe ; je sais que le Seigneur ne regarde pas la couleur des crêtes : ce qui L'intéresse, c'est le cœur des êtres !

À l'autel, je verrai mon église remplie de tout ce monde-là, et je me dirai : « Jésus voit ça ; Il n'est pas mécontent. »

Durant ces douze années à Saint-Charles-Garnier, je ferai si souvent le pari du cœur, et avec un si grand nombre de personnes, que cette façon d'agir deviendra une seconde nature. Ce n'est pas avec des mots que nous évangélisons : c'est par notre manière d'être.

Si la religion ne consiste pas à faire voir le Christ en action, elle n'est que de la quincaillerie.

« Merci, je change de vie à partir d'aujourd'hui. » Signé : Myriam

Quand j'arrive dans ma paroisse Saint-Charles-Garnier à Sherbrooke, en cette année 1987-1988, je ne connais pas du tout le terrain. J'ai une population à découvrir. Non pas « une » population, mais « des » populations. Et non pas des *populations* mais des individus, des êtres singuliers : des *personnes*, chacune avec son histoire, ses blessures et ses rêves, mais dont la plupart ne viennent pas à l'église.

Attendent-ils quelque chose de leur nouveau curé ? Peut-être. Sans le savoir…

Mais que peuvent-ils attendre ? Que je les écoute ; après on verra.

La seule chose certaine, c'est que ce n'est pas eux qui viendront à moi. Si je veux les écouter, je dois sortir de mon presbytère et aller à leur rencontre là où ils sont, c'est-à-dire chez eux.

Je ne peux pas les rencontrer tous en même temps, puisque – précisément – ils ne font pas partie du public des messes paroissiales.

Je vais donc commencer par quelques-uns au hasard pour amorcer le mouvement ; et je fais confiance à Jésus-Christ quant à la suite !

Je prends le plan du territoire de la paroisse, et je le divise en cinq grands quartiers.

Dans chacun de ces quartiers, je me donne pour première mission d'aller voir cinq familles.

L'un des cinq quartiers est plus pauvre que les autres : ce sont de vieux immeubles mal entretenus, sujets aux incendies, avec des blocs d'appartements menacés de crouler si la tempête souffle un peu fort… Quand c'est le tour de ce quartier dans mon programme de visites, j'avise le bâtiment le plus délabré et j'appuie sur le bouton de sonnette de la première porte.

Une jolie femme m'ouvre. Elle est en déshabillé.

— Bonjour ! Je suis le nouveau curé de la paroisse, je viens vous faire une petite visite.

— Pourquoi pas ? Entrez donc…

La jolie femme est seule dans son appartement, qu'elle me fait visiter.

Dans la chambre à coucher, elle me dit :

— C'est ici que je reçois mes invités.

Autrement dit, c'est son lieu de travail.

Nous retournons dans le salon, nous nous asseyons. Et nous jasons pendant une heure. C'est surtout elle qui parle : elle se met à me raconter sa vie. Un défilé d'hommes. Toute une clientèle masculine, qui vient chez elle pour son corps et pas pour son cœur.

Croyez-moi si vous voulez : en l'écoutant se confier, je me dis que c'est une belle visite paroissiale.

Et un matin, on sonne à la porte du presbytère. J'ouvre : personne. Mais dans la boîte aux lettres, il y a une enveloppe qui contient 100 dollars pour l'aide aux pauvres de la paroisse, avec un mot signé de la femme que j'ai visitée l'autre jour :

« Ceci est l'argent du dernier client que j'ai fait. À partir d'aujourd'hui, je change de vie et je vous en suis reconnaissante. »

Cette femme-là, que je n'aurai donc rencontrée qu'une seule fois, n'est pas riche. Et pourtant elle a voulu aider des gens encore moins riches qu'elle. Elle a choisi de donner le dernier gain du métier qu'elle abandonne. Et si elle change ainsi de vie, c'est – me dit-elle – grâce à ma visite, à cause de cette simple heure de présence dans un fauteuil en face d'elle, à l'écouter se raconter !

Dire que je suis ému, le mot est faible.

J'ai l'impression d'avoir été l'outarde généreuse, venue, juste au bon moment, soutenir un être qui en avait besoin, et qui maintenant vole de ses propres ailes.

Je me dis : mission accomplie.

Le baptême du fils de l'Ange de l'Enfer

La deuxième histoire est venue sonner d'elle-même à la porte de mon presbytère. C'est une histoire de Hell's Angels. Vous voyez de quoi je parle : un de ces gangs de *bikers*[1] qui sont très présents au Québec et aux États-Unis, le genre *Mad Max*, moto-cuir-bière-rixes ; pas vraiment des enfants de chœur...

---

1. Motards. Ces gangs cultivent la violence et la délinquance.

J'entends donc sonner, un soir de 1995. Je regarde par la fenêtre et je vois, campé devant la porte, le genre de gars à qui tu n'ouvres pas après le coucher du soleil. C'est un Hell's *total look* : le genre féroce, carré, velu, cheveux longs, tee-shirt sur une panse Budweiser, sanglé dans un ceinturon à tête de mort. Il a des épaules énormes, des tatouages sur les bras : une sirène, un cœur... Il porte de grosses bottes Kodiak à embouts d'acier.

Sans ôter sa casquette Harley-Davidson, il me lance, d'une voix rauque :

— Est-ce que toi tu fais des baptêmes ?

Surpris, mais prudent, je lui réponds :

— Je passe par l'autre porte et je te rejoins sur le stationnement. On va parler en marchant.

Je sors. On marche. (Mais pas très loin : plutôt que la position du causeur debout, les *bikers* préfèrent celle du buveur assis.)

Le féroce s'explique.

Ce qu'il me raconte est exprimé de façon un peu brutale, mais c'est vraiment une question de baptême...

Lui et sa femme ont un bébé, dit-il : « Et les bébés, on les baptise ! » Apparemment il voit ça comme un rite de passage : quelque chose d'indispensable dans une vie. Il veut aussi faire plaisir à sa femme. Ce gars-là aime sa famille autant que son gang.

Je lui fais remarquer qu'un baptême se prépare, et que l'habitude du curé est de venir faire la préparation chez les parents.

Il gronde :

— Tu viens quand tu veux.

Quand j'arrive devant leur porte, le lendemain soir, il y a quatre rockers dehors avec lui, en train de boire des bières ; il me met une canette dans la main. Ce n'est pas le moment de lui dire que je n'en bois jamais... Discrètement je la verse sur une plate-bande ; la canette est vide, il sera content : on aura bu ensemble.

Nous entrons chez lui. C'est le logis d'un *biker* tel qu'on l'imagine : des boîtes de bière dans tous les coins. Et là-dedans, sa femme, toute petite, toute menue, toute admirative devant son mari velu.

Sans oublier le bébé…

La discussion commence. Le motard m'écoute, pose des questions, donne son point de vue, n'exprime aucune réticence. Je prends le pari qu'il a un cœur, et pas seulement sur le biceps. Au bout d'une heure et demie le baptême est décidé.

Le dimanche, à Saint-Charles, je vois arriver deux cents Hell's Angels en grande tenue, tee-shirts courts sur gros bras tatoués. C'est encore l'ancienne église, avec ses deux cents places : la horde remplit tout le sanctuaire !

Et je m'amuse en pensant à la discussion qui agite les réunions d'évêques au Québec : « Faut-il ou non ouvrir nos églises aux membres de ces gangs, les marier, les enterrer ? » Quand on m'a demandé mon avis de curé, j'ai répondu que Jésus, à notre place, n'hésiterait pas une minute.

Ici je me dis : « Robert, tu vas leur faire un beau baptême. Le petit gars dans les bras de sa mère mérite d'être heureux dans la maison de Dieu, il ne sait pas que son père est un Hell's. »

Et voilà les deux cents monstres qui se mettent à chanter en chœur :

Ô Père je suis ton enfant,
J'ai mille preuves que Tu m'aimes…

À la sortie, pendant que je sonne la cloche, le père du nouveau baptisé vient à moi et rugit, de sa voix cassée :

— Tous mes *chums*[1] y m'ont dit que c'était un beau baptême. Combien que ça coûte, un beau baptême ?

— Ça coûte rien ! C'est gratuit.

— Prends ça quand même pour t'acheter un Big Mac.

Je rentre au presbytère, j'ouvre l'enveloppe : elle contient 500 dollars[2]. Je vais porter cet argent au sanctuaire de Beauvoir, au centre Corps, Âme et Esprit qui aide les jeunes drogués à retrouver le goût de la vie.

Quelques mois plus tard, quelqu'un me téléphone.

— J'étais au baptême… Robert, j'aimerais ça, aller te voir ce soir.

— Tu ne veux pas plutôt demain, dans la journée ?

— J'aime mieux la nuit. Je veux pas être vu.

Ce qu'il veut, celui-là, c'est que je l'aide à quitter le gang. Les gangs, c'est un peu comme les sectes : y entrer est facile, mais il est difficile d'en sortir.

Le plus curieux, c'est que je vais réussir à lui rendre ce service. L'un de mes paroissiens de Sherbrooke est un promoteur richissime qui possède des terrains partout. Il trouvera une petite maison, cachée quelque part dans un village au fond des Laurentides, pour y faire déménager secrètement le garçon ; celui-ci quittera son logement actuel, par une nuit sans lune, et disparaîtra de la ville pour aller s'installer là-bas.

Pendant quinze ans je n'en aurai plus de nouvelles.

Et puis, un beau jour, prêchant une retraite à Saint-Jérôme, je vois quatre personnes assises au premier rang : deux grands enfants avec leur père et leur mère. Le père, c'est lui ! On se regarde tous les cinq, dans un feu d'artifice d'émotion. Voilà une de ces minutes qui vous marquent pour longtemps…

---

1. « Copains », en français de France.
2. 500 dollars canadiens équivalent à 342 euros.

Deux heures plus tard, au restaurant, son aîné – un grand gars de 15 ans – me dit :

— Je te connais pas, mais mon père m'a raconté que si on est heureux aujourd'hui, c'est parce qu'il t'a rencontré sur sa route.

Quand j'y repense, j'ai presque la larme à l'œil. Les êtres humains sont plus beaux que le mal qu'ils ont pu faire. Ils valent qu'on parie sur eux.

Fort de ces précédents, j'ai marié ensuite un Hell's Angel. J'étais tout content... Après quoi j'ai appris qu'il s'en était allé à Vancouver et qu'il avait été arrêté avec des paquets de cocaïne dans ses bagages. Le pari du cœur ne gagne pas à tous les coups.

Et d'ailleurs, sait-on si cet homme-là ne changera pas dans dix ans ? Souvent le pari perdu devient gagnant plus tard : croyez-en mon expérience. Dans le domaine du cœur, on sème pour l'avenir. Et c'est cela qui est beau dans la vie d'un prêtre : elle consiste à semer, sans qu'on sache si ce qu'on sème va germer. La suite ne nous regarde pas. Cette pensée nous garde humbles.

Une jolie fille nerveuse qui venait de Lawrenceville

Il peut se passer de grandes choses dans la vie des gens. Un matin dans mon presbytère (c'est en 1992), je vois débarquer une belle fille mince, d'une vingtaine d'années, en collants, avec un chandail court qui montre son nombril. Elle n'a que deux défauts : elle mâche de la gomme et elle sent la nicotine.

Au premier abord elle me prend pour le concierge :

— Est-ce que je peux voir le curé ?

— C'est moi.

— Ah. T'aurais quelques minutes pour jaser avec moi ?

— Ça adonne bien, j'ai du temps. Viens t'asseoir.

Elle me dit qu'elle arrive de Lawrenceville, qui est un petit village près de Valcourt.

Et pendant trois quarts d'heure, je l'écoute enchaîner des phrases décousues, qui tournent en rond, qui se répètent ; elle se lève, elle se rassied, ou plutôt elle se couche en travers des sièges ; elle mâche toujours sa gomme, généreusement, une grosse gomme rose ; elle fait des gestes en parlant (ses doigts sont jaunes de tabac)…

C'est un verbiage étourdissant.

Je la laisse parler, nerveuse, frondeuse, lançant des petits « tabarnak ! ». Si j'étais un psy à 50 dollars les trente minutes, elle se serait livrée tout de suite ; mais un curé, c'est gratuit. Alors elle parle, elle parle. Je sens aussi qu'elle cherche à s'apprivoiser avant de dire à un prêtre pourquoi elle est venue.

Au bout de trois quarts d'heure, elle me dit :

— Sais-tu où je m'en vais ?

— Je vais le savoir…

— Je m'en vais au CHUS[1], pour me faire avorter.

— Pourquoi as-tu fait ce choix-là ?

— Ça me regarde.

— Tu en as parlé à tes parents ?

— Ça les regarde pas.

Je suis prêtre de l'Église catholique. Donc je suis en amour avec la vie. Je ne suis pas pour l'avortement, ni pour l'euthanasie, ni pour la peine de mort : je suis *pour la vie* ! Je me bats pour elle. Mais en même temps, j'essaie de ne pas être une poule picosseuse. Je ne suis pas là pour dire aux gens : « Vous avez tort, disparaissez de ma vue. » Je suis là pour les soutenir quand ils sont en faiblesse. L'amour chrétien est sans condition, et ce n'est pas facile à mettre en pratique.

---

1. Le CHUS (Centre hospitalier universitaire de Sherbrooke) est le quatrième plus grand hôpital au Québec.

Soudain il me vient un éclair. Je me souviens que le cardinal Newman avait dit un jour à ses prêtres, lors d'une récollection sur le pardon : « Tenez-vous dans l'antichambre de la conscience des personnes humaines. N'entrez jamais jusque dans sa chambre. »

Je dis à la fille :

— Tu as encore une minute ?

Elle me regarde, l'œil fixe :

— Pour quoi faire ?

Je lui réponds :

— J'aimerais que tu viennes t'asseoir avec moi dans la chapelle.

Nous y entrons, nous nous asseyons.

— Avant de partir, regarde Jésus sur la croix. Parle avec lui de ton projet.

Elle s'assied et contemple le grand crucifix. Au bout de trente secondes, elle se lève d'un bond et sort en coup de vent. Je me dis : « Robert, tu ne peux pas réussir chaque fois. »

C'est après que viendra la surprise. Un an après, la fille est de retour, avec un enfant dans les bras.

— Me reconnais-tu ?

— Tu es la fille de Lawrenceville.

— Regarde : c'est mon bébé.

— Tu ne voulais pas te faire avorter, toi ?

Elle me dit :

— Ouais. Mais quand tu m'as demandé de regarder la croix de Jésus et de parler avec Lui de ce que j'allais faire, je me suis sentie toute croche. Au lieu de prendre le bus pour l'hôpital, j'ai pris celui qui retournait chez nous à Lawrenceville. J'ai dit à mon *chum* : « Veux-tu vraiment qu'on le garde ? » Il m'a répondu : « Je te l'ai dit hier : si tu veux le garder, on va l'aimer. »

Ensuite elle est allée voir sa mère et lui a tout raconté. La mère, qui avait suivi une de mes retraites sur l'exclusion, lui a dit : « Tu sais, ton père et moi nous aurions mieux aimé que vous soyez deux avant d'être trois, mais si vous gardez l'enfant, on va vous aider et on va l'aimer aussi. »

La fille me dit :
— Robert, est-ce que tu le baptiserais ?
J'ai baptisé le bébé Jonathan, comme elle le voulait. Savait-elle qu'en hébreu, *Yonatân* veut dire « Dieu a donné » ? Sûrement pas. Mais c'est un fait.
Ensuite je ne les ai plus revus.

Mais quatorze ans plus tard, alors que je flâne au Carrefour de l'Estrie[1], j'entends une voix de femme qui crie : « Curé Jolicœur ! » Je me demande qui peut bien vociférer comme ça en plein milieu du Carrefour. C'est la fille de Lawrenceville. La vie l'a marquée, elle a le visage d'une femme qui a souffert, mais elle est avec un grand gars de 14 ans :
— Tu le reconnais, lui ?
— Je devrais ?
— C'est toi qui l'as baptisé !
Là, elle regarde son gars et lui dit :
— Tu sais, Jonathan, si tu es vivant, c'est grâce à lui.
Il me lance un coup d'œil et me dit d'un ton soupçonneux, avec la voix enrouée du gaillard qui mue :
— *Hey man*, c'est-y toé qu'es mon père ?
Gros malentendu…
Mais – croyez-moi si vous voulez – c'est un des plus beaux compliments que j'aie entendus dans ma vie de curé. C'était la deuxième fois qu'on me demandait si

---

1. Centre commercial de Sherbrooke, construit dans les années 1970. Estrie est le nom de la région des cantons de l'Est.

j'étais le père d'un de ces jeunes (la fois précédente c'était au show de Metallica, à Montréal) ! Nous les prêtres, nous n'avons pas d'enfants, mais nous avons la chance d'aider ceux des autres. Et je trouve beau de savoir que sur la terre des enfants vivent parce que, un jour, leurs parents ont rencontré quelqu'un qui avait compris ce que veut dire la phrase de Jésus : « Ce ne sont pas les bien portants qui ont besoin du médecin, mais les malades. »

En revenant à Saint-Charles-Garnier, ce soir-là, je me dis : tu as bien fait de ne pas être la poule picosseuse et de ne pas entrer dans la chambre de la conscience de cette fille. C'est en prenant le pari de rester dans l'antichambre que tu as permis à une vie de naître.

Dans cette paroisse il y a aussi le Relais Saint-François. C'est une résidence pour les jeunes délinquants : une prison, en fait, mais adaptée aux adolescents de moins de 18 ans.

J'y vais chaque fois qu'un jeune demande à me parler, et j'y rencontre des souffrances.

Comment être prêtre dans un milieu comme celui-ci ?

En ne se bloquant pas sur ce que les « résidents » ont fait dans leur passé (si court), en ne les moralisant pas, en n'essayant pas de leur redresser les idées – mais en appliquant la même méthode qu'avec tous les autres jeunes : s'intéresser à ce qui les intéresse, les écouter, devenir une présence pour eux. Un ami.

Quand ils sortent, ensuite, on les revoit. Et, bien souvent, ils s'agrègent à la communauté paroissiale. Parce que, auparavant, le curé est allé à leur rencontre.

« Hey, le curé, t'embarques-tu ? », me crie le cow-boy au volant du 4x4

Je suis dans la rue, à Sherbrooke ; un énorme 4x4 s'arrête à ma hauteur et le conducteur me crie, par la fenêtre ouverte :

— Hey, le curé, t'embarques-tu ?

— Ça dépend où tu vas...

— Où tu veux !

Je me hisse dans la voiture. Le gars au volant a l'air ravi d'embarquer le curé. C'est une sorte de play-boy musclé, très cool, avec des dents blanches étincelantes, foulard country autour du cou, bottes mexicaines, bouteille d'eau entre les pieds. Une forte musique remplit l'habitacle. Au grand rétroviseur panoramique se balance une statuette de fille pas très habillée. Je lui demande :

— Qu'est-ce que ça fait là ?

— Ça ? C'est du sent-bon !

— Ah ouais, c'est du sent-bon...

On jase de tout et de rien. Et de la fille nue en plastique. On arrive, j'ouvre la portière ; il me dit (guilleret) en décrochant la bimbo du rétroviseur :

— La veux-tu ?

Et il la glisse dans ma poche de chemise.

Puis, sans transition :

— Ma blonde, là, elle dit : « Moi j'aimerais ça, recevoir le curé Jolicœur à souper un soir, on ferait une fondue. » Ça t'intéresse ?

Je lui dis que ça m'intéresse et qu'on prendra rendez-vous quand on se reverra.

— Alors dimanche, on viendra à la messe !

Le dimanche matin vers 11 heures et demie, je le vois arriver à l'église flanqué de sa blonde. Je sors la fille sent-bon de ma poche et la rends ironiquement au gars :

116

— Je pense que t'as oublié quelque chose...

La blonde s'indigne :

— Jean, tu lui as pas donné ça ?

Le gars :

— Ça avait l'air de l'intéresser !

La fille nous regarde l'un et l'autre, ne sachant pas s'il faut rire. Elle m'invite pour le soir même à venir manger la fondue.

Je m'entends bien avec ce type d'êtres humains, pas guindés, qui ne vous donnent pas l'impression de passer un test s'ils vous reçoivent à souper ; quand on est chez eux, on ne se sent pas forcé de surveiller tout ce qu'on dit.

Vous ne le croirez pas, mais c'est ainsi que débute une belle histoire paroissiale de Saint-Charles-Garnier : le cow-boy et sa blonde deviendront les responsables de la pastorale du baptême. Ils le resteront pendant dix ans. Et ils seront excellents dans cette tâche, parce que les gens se retrouveront en eux...

Qu'un coopérateur de Jésus soit un assidu des salles de body-building, ça peut surprendre : mais après tout, l'Évangile ne dit pas : « Bienheureux ceux qui négligent leur physique. » Au contraire, il dit : « Quand tu jeûnes, parfume-toi la tête ! » Que le chrétien soit nécessairement rachitique et lugubre, voilà une idée fausse ; Jean, dans ma paroisse, démontrera le contraire.

Cette démonstration n'aurait pas été faite si je me contentais d'attendre au fond de mon église, au lieu d'aller me faire héler en pleine rue par un conducteur de 4x4 avec une fille nue pendue au rétroviseur.

« On ne meurt pas
en tenant la main de n'importe qui. »

J'essaie d'être partout où l'on a besoin d'une présence. J'ai pris des risques qui pouvaient m'attirer de gros problèmes, soit sur le plan de la discipline, mais j'ai toujours eu le paratonnerre de mon évêque, Mgr Fortier, soit sur le plan de ma sécurité personnelle, mais ça n'a jamais été mon souci principal.

Je dis oui, par exemple, à des gens qui m'invitent à leur fête de mariage civil alors qu'ils ne se sont pas mariés à l'église : je ne leur célèbre rien (ce ne serait pas valide), mais je suis présent. Pas en mon nom : mais au nom du Jésus de l'Évangile, qui n'est pas venu pour les bien portants. Les mal portants ne savent pas qu'ils le sont ; ils sont convaincus d'être en bonne santé. Comment les aider, sans forcer leur conscience ? En étant présent.

Et puis il y a ceux qui sont physiquement malades, à en périr, et qui le savent. Une grand-mère m'invite à venir à l'hôpital où son petit-fils est en train de mourir du sida. C'est au tout début de l'épidémie, on ne sait pas encore comment le virus se transmet ; néanmoins je risque le contact. Le garçon agonise, il ne m'entendrait pas, je ne peux rien faire d'autre que de lui prendre la main et de la serrer.

L'infirmière me dira ensuite :

— Vous êtes chanceux, curé Jolicœur. On ne meurt pas en tenant la main de n'importe qui.

Voilà la pastorale que je mène à Saint-Charles-Garnier. Il est étrange qu'elle fasse courir les médias. Ils n'arrêtent pas de venir m'interviewer sur toute sorte de chose. Je leur parle sans crainte : je ne me sens pas menacé. Au contraire, ça me plaît assez. L'abbé Pierre est passé par là le premier, et il raconte comment il en est venu à ne plus fuir les journalistes : « Pendant des années je disais non quand les journaux me sollicitaient ; et puis j'ai fini par me dire : si tu ne leur dis pas oui de temps en temps, ne te plains pas que ce qu'ils impriment soit négatif. »

Nous les chrétiens, nous sommes là pour être des ponts, non des portes fermées !

Et les effets sont tangibles. À travers ce que je dis aux médias, des contacts se nouent dans le public : des dialogues, des découvertes, des reprises de pratique religieuse… Quelques-uns m'accusent de complaisance ; j'ai envie de leur répondre que seuls comptent les résultats, et qu'un prêtre qui ramène du monde à l'église n'a peut-être pas complètement tort.

Comment j'ai haï mon évêque
– et pourquoi je l'ai aimé

On vous dira que je suis l'ennemi des règles. On n'aura pas tout à fait tort. Je me le fais parfois reprocher (par affection), et je reconnais qu'il m'arrive de le mériter. Cela m'ouvre même des perspectives.

Témoin cette anecdote : je suis en voiture, conduit par ma secrétaire, en route vers une école polyvalente où l'on m'attend pour une conférence. À l'époque je suis allergique à la ceinture en voiture : je ne peux pas supporter cet instrument de contention qui me donne des étouffements de prisonnier. Nous roulons donc vers la ville d'Asbestos[1], à une allure bien raisonnable,

_____

1. Ville minière du sud-est du Québec, sur la rivière Nicolet.

quand une voiture de police nous double, ralentit, allume son gyrophare ; visiblement elle veut que nous nous arrêtions. Ma secrétaire obtempère.

Je descends et je m'en vais voir le policier :

— Je peux vous aider ?

Il me dit :

— Curé Jolicœur...

— Parce que vous me connaissez ?

— Ça ne devrait pas vous étonner.

— On a fait quelque chose de pas correct ?

— Vous n'étiez pas attaché.

— Ah oui...

Le policier me dit, ironique :

— Je ne vous mets pas de contravention. Un avertissement suffit. Mais de grâce ! Vous êtes un curé attachant, alors attachez-vous.

C'est aimable de sa part.

En y réfléchissant, c'est aussi une leçon : je n'avais pas à prendre de risques, parce que je me dois aux paroissiens. La ceinture m'est odieuse ; l'attacher est mon devoir. La police vient de m'apprendre à aimer au moins une loi.

J'aurai plus de mal avec l'archevêché.

Mgr Fortier, qui me patronne depuis mes tempétueux débuts de contestataire à l'université, atteint les 75 ans fatidiques en 1996. Il démissionne le 1er juillet de cette année-là, après vingt-huit ans d'archiépiscopat sherbrookois.

C'est donc son successeur qui aura à décider de mon sort, trois ans plus tard...

Car le diocèse de Sherbrooke a une règle : les curés ne restent pas plus de douze ans dans la même paroisse.

Il y a parfois des exceptions, et beaucoup de gens voudraient que je reste à Saint-Charles-Garnier.

Mais le nouvel archevêque, Mgr André Gaumond[1], s'en tient à la règle en ce qui me concerne. Ainsi, l'année 1999 sera celle de mon départ.

Je vivrai cela dans la douleur et l'indignation. J'aurais tant aimé que le cœur passe avant la norme et que l'on fasse une exception pour moi… Il y a eu des précédents, il y en aura d'autres… L'archevêque ne m'accorde pas ce privilège.

Je vais traverser une expérience de trouble. Notre cœur n'est pas infaillible. Je me persuade que c'est parce que ma pastorale dérange, ou parce que l'église Saint-Charles-Garnier est pleine à craquer tous les dimanches, alors que les autres églises du secteur sont dépeuplées.

— Tu dois aller ailleurs, me dit Mgr Gaumond.

Cet ailleurs sera un exil hors de la vie de paroisse, et qui va durer trois ans.

Je vais haïr l'archevêque. Je vais même le haïr si douloureusement que je m'en rendrai malade. Mes intestins se tordent. Tout cela finira gravement, par une diverticulite aiguë ! Il me faudra subir une lourde opération du côlon.

Le médecin, perspicace, me dira :

— Vous, pour que vos intestins se tordent comme ça, vous avez dû haïr.

Je lui raconterai mon affaire. Savez-vous ce que me répondra ce chirurgien ?

— Notre physiologie est faite pour l'amour, pas pour la haine.

Je le répète à tout le monde depuis.

Puisque notre cœur n'est pas infaillible, il faut le jeter à chaque instant dans le cœur de Jésus. Pierre

---

1. Mgr Gaumond prend en charge le diocèse de Sherbrooke en 1996. En 2005, il sera élu président de la conférence épiscopale canadienne.

Teilhard de Chardin, homme de science mais aussi de prière, durement éprouvé dans sa vie de prêtre par certaines décisions de ses supérieurs (qu'il ressentit comme injustes), donne ce conseil magnifique :

> Je t'en prie, quand tu te sentiras triste, paralysé, adore et confie-toi. Offre à Dieu ton existence qui te paraît abîmée par les circonstances : quel hommage plus beau que ce renoncement amoureux à ce qui aurait pu être !
> Confie-toi. Perds-toi aveuglément dans la confiance en Notre Seigneur qui veut te rendre digne de Lui et y arrivera, même si tu restes dans le noir jusqu'au bout, pourvu que tu tiennes sa main toujours, d'autant plus serrée que tu es plus déçu, plus attristé.
> Sois heureux fondamentalement, je te le dis.
> Sois en paix. Sois inlassablement doux.
> Ne t'étonne de rien, ni de ta fatigue physique, ni de tes faiblesses morales.
> Fais naître et garde toujours sur ton visage le sourire, reflet de celui de Notre Seigneur qui veut agir par toi, et, pour cela, se substituer toujours plus à toi.
> Au fond de ton âme, place avant tout, immuable, comme base de toute ton activité, comme critère de la valeur et de la vérité des pensées qui t'envahissent, la paix de Dieu.
> Tout ce qui te rétrécit et t'agite est faux, au nom des lois de la vie, au nom des promesses de Dieu…
> Parce que ton action doit porter loin, elle doit émaner d'un cœur qui a souffert : c'est la loi, douce en somme…
> Quand tu te sentiras triste, adore et confie-toi.

Ma traversée du désert (pastoral) va durer trois ans : mais nous allons finir – mon archevêque et moi – par devenir des amis, et quasiment des complices.

Quand il s'installe à l'archevêché de Sherbrooke, Mgr André Gaumond est un philosophe de 60 ans, qui a d'abord fait une carrière de professeur. C'est le plus brillant et le plus intellectuel des évêques du Québec.

Il écrit très bien ; il est moins à l'aise quand il s'agit d'exprimer ses sentiments et ses émotions.

Quand vous lui dites une chose qui vient du cœur, il est gêné – et change de sujet.

Et comme il s'aventure peu sur ce terrain, ce sera pour moi une surprise magnifique quand il fera un pas vers moi et que je découvrirai l'homme de cœur qui, en lui, se cache derrière l'homme de cerveau.

J'en aurai la preuve inopinée le jour de 2003 où le chirurgien m'opérera, alors que je serai redevenu curé de paroisse.

Voici la scène. À mon réveil, dans une chambre de l'unité de soins intensifs, émergeant du brouillard de l'anesthésie, je crois apercevoir à mon chevet une silhouette que je connais. Suis-je réveillé ? Le visage qui flotte dans mon champ de vision cesse d'être flou, ses traits se précisent, je vois que je ne rêve pas : un homme est là debout et c'est mon archevêque. Je l'avais maudit pendant trois ans ; l'an dernier, il m'a redonné une paroisse ; et maintenant (alors que je paie d'une souffrance physique mes trois années de détestation envers lui), il est là qui me regarde, gisant tout branché de tuyaux, et a les larmes aux yeux.

Mgr Gaumond se penche vers moi, et me dit :

— Le diocèse a besoin de toi. Ne lâche pas. Ton évêque va te bénir.

Autant je l'avais haï, autant je l'aimerai depuis ce jour-là. Aujourd'hui je lui suis attaché. Je sais qu'il me fait confiance.

J'ai constaté aussi que cet intellectuel aux idées fermes pouvait avoir une conception collégiale, et même fraternelle, de la façon de gouverner ses prêtres : alors que Mgr Fortier en avait une conception un peu « paternaliste », tout chaleureux qu'il soit. En comparant les caractères de ces deux hommes d'envergure, qui tous les deux ont eu un rôle décisif dans mon existence, j'ai réalisé qu'il ne faut pas étiqueter les gens. Résistons au réflexe d'aujourd'hui qui consiste à classer tout un chacun – *a priori* – selon son origine ou sa réputation !

Mais revenons en 1999, au moment où je quitte ma paroisse de Saint-Charles-Garnier, la mort dans l'âme, en maudissant l'archevêque qui m'a appliqué la règle générale – sans vouloir juger que j'étais un cas particulier.

6

Je deviens homme de radio...
et je redeviens curé

Mgr Gaumond est un chef à la parole lente, qui pèse ses mots et qui ne serre pas souvent les mains comme le faisait Mgr Fortier. C'est un homme de justice, de rigueur et de courage : un homme de décisions nettes, qui ne veut pas faire pour l'un ce qu'il ne fait pas pour les autres. Comme il ne peut pas aller aux anniversaires d'ordination de chacun de ses prêtres, par exemple, il choisit de n'aller à aucun. Ses vertus sont grandes ; mais en 1999, elles me donnent une impression de froideur – à moi dont l'idée fixe est de ne jamais faire passer la règle avant les gens.

Quand je dois dire adieu à ma paroisse, je réemménage – pour la troisième fois – dans le grandiose archevêché de Sherbrooke. Mais cette fois, à l'étage noble : celui du vicaire général et des sommités diocésaines... On me loge dans une suite. J'ai même une salle de bains de grand hôtel, équipée d'un bain spa.
Ces somptuosités ne me consolent guère. J'ai l'impression d'être en exil.

Or Dieu écrit droit avec des lignes courbes. Mon exil ne sera pas solitaire. Ma traversée du désert ne sera pas désertique.

En quittant désolé Saint-Charles-Garnier, j'avais demandé une année sabbatique ; mais nous avons les sabbats qui nous ressemblent !

Le *chabbat* est un temps où l'homme ne s'occupe que de célébrer son Dieu : je ne sais pas célébrer Dieu autrement que dans les actes, les paroles et la prière. Mon sabbat ne sera donc pas muet.

En 1999, je commence à devenir animateur de radio.

La station CHLT 630 me propose de prendre une émission de 60 minutes chaque semaine.

L'émission s'appellera (évidemment) « Le Pari du cœur ».

« ... Ce matin, à l'émission "Le Pari du cœur"... »

Cette émission sera une table ouverte. J'aurai des invités québécois et français ; on écoutera des chansons. En voici par exemple un extrait[1] :

... Ce matin, à l'émission « Le Pari du cœur », nous recevons deux jeunes qui étudient pour devenir prêtres. Sont-ils une race en voie d'extinction ? Mais avant, voici votre animateur, Robert Jolicœur...

Ce dimanche-là comme tous les autres, j'ouvre l'émission par ma chronique. Je raconte aux auditeurs comment un prêtre ressent sa vocation et quels malentendus entourent cela aujourd'hui :

---

1. Émission du 27 février 2000.

Si c'était à recommencer, je dirais encore « oui ». Mais autour de moi, les jeunes ne semblent pas intéressés. Ils veulent s'engager dans une voie qui va les valoriser : être homme de science, psychologue, joueur de hockey… Le monde du prêtre leur paraît trop souvent en dehors de la vraie vie : c'est un personnage mystérieux, qui pose des gestes hors de la réalité, alors que le jeune s'attendrait à ce qu'un prêtre soit un guide proche de sa vie, sa vie simple de tous les jours… Et ce goût-là n'existe pas seulement chez les jeunes, mais aussi chez les adultes…

Je témoigne ainsi, pendant quelques minutes. Puis je lance le débat avec les invités qui sont deux jeunes séminaristes[1]. Je leur demande :

Qu'est-ce qui vous a allumés ? Qu'est-ce qui vous fascine dans la personne de Jésus-Christ ? Quelles sont vos joies et vos peines : que beaucoup paraissent vivre sans Dieu, que l'Église ne soit pas assez « servante et pauvre » ? Que voulez-vous dire aux jeunes qui nous écoutent, et qui cherchent un message ?

CHLT prévoit cette émission pour un an (la durée de mon année sabbatique !). Or son succès la fera durer deux ans de plus : elle ne s'arrêtera pas avant 2002, l'année où je n'aurai plus le temps de faire de la radio – parce que Mgr Gaumond m'aura nommé à nouveau curé à Sherbrooke, dans la paroisse de Rock Forest[2].

Pendant ces trois années, je vais recevoir des témoins par dizaines, et nous parlerons à cœur ouvert de tous les grands sujets qui passionnent le public. Y compris la politique : et c'est peut-être dans ce domaine-là que le pari du cœur est le plus difficile à faire, ou même à

---

1. Les invités de ce jour-là étaient Normand Poisson-Rioux et Christian Pichette.
2. Voir page 136.

imaginer, quand on vit en Amérique du Nord après le 11 septembre 2001 !

Je ne cacherai pas, par exemple, mon allergie envers M. Bush et ses façons de faire. Je reproche à « Doubleyou » son attitude envers *the rest of the world*, avec cette façon de considérer les peuples du monde comme un zoo dont la Maison-Blanche serait le gardien et d'habiller cette vision de tout un vocabulaire religieux.

Je lui reproche aussi les innombrables peines de mort qu'il a signées quand il était gouverneur ; et je lui reproche enfin (en prêtre que je suis) son ostentation à dire qu'il « priait » chaque fois avant de rejeter le recours en grâce d'un condamné à mort.

Prié qui ? quel genre de dieu ?

Pas le nôtre, en tout cas : l'Église catholique depuis Jean-Paul II demande à tous les États de renoncer à la peine capitale. Beaucoup de pays y ont effectivement renoncé. Sauf la Chine, qui n'est pas une démocratie. Et sauf les États-Unis…

Qu'est-ce qui pourrait « réveiller » ces Américains-là ? Quel pari du cœur ?

Le 11 septembre, j'ai cru que l'atrocité de l'attentat et les affreuses manifestations d'allégresse que celui-ci soulevait dans plusieurs pays pauvres de la planète allaient faire réfléchir beaucoup d'habitants des États-Unis. Cinq jours plus tard, je consacrais mon émission à cette idée :

Vendredi, les Américains ont suspendu leurs activités pour se livrer à un profond recueillement en mémoire des victimes de l'attentat du 11 septembre. Les citoyens de plusieurs autres pays, dont le Canada, se sont associés au deuil des États-Unis. On a prié, on a médité, on a observé des minutes de silence. Qu'est-ce que ça donne ? Ces gestes de solidarité ne donnent rien, mais ils sont importants… Ils peuvent ouvrir l'âme à des lumières... Ils peuvent provoquer un formidable examen de conscience...

Les Américains se sont toujours considérés comme les plus forts, les plus riches et les plus intelligents. Je ne dis pas que j'approuve ce qui vient de se produire, bien au contraire. Mais je pense que cette catastrophe peut inviter les Américains à faire un examen de conscience.

Il y a une question qu'il faut longuement méditer : *pourquoi ?*

Les États-Unis se sont-ils demandé *pourquoi* tant de haine à leur endroit ? Se sont-ils demandé, après que des milliers d'innocents ont été exterminés, *pourquoi* il s'adonnait que ces innocents occupaient le World Trade Center, symbole de leur richesse si mal partagée chez eux, mais encore plus mal partagée à travers le monde ? Se sont-ils demandé d'où venait cette richesse, et aux dépens de qui elle avait été acquise ? Se sont-ils demandé pourquoi Ben Laden était si versé dans l'art du terrorisme, sinon qu'il avait été formé par eux pour combattre la Russie ? Se sont-ils rappelé qu'ils avaient appuyé Saddam Hussein contre l'Iran ? Se sont-ils rappelé ce qui s'est passé au Chili, au Nicaragua, au Salvador et à combien d'autres endroits ? Ont-ils compté les morts là-bas ? Combien de milliers d'innocents emprisonnés sans raison, torturés, exécutés, à cause d'eux ?

Comme le soulignait cette semaine un Américain : « Arriverons-nous un jour à comprendre que nous serons en sécurité quand le reste du monde ne vivra plus dans la pauvreté et la guerre afin que nous puissions avoir de belles *running shoes* ? »

Ce n'est qu'une partie du problème... mais c'en est une bonne.

Ce jour-là, l'événement exceptionnel du 11 septembre m'a poussé à poser des questions exceptionnelles, que je ne pouvais pas (en conscience) ne pas poser.

Mais ce n'est pas le ton normal du « Pari du cœur ». Durant ces trois années de libre antenne, nous parlons plutôt des petites et des grandes choses de la vie quotidienne, celles qui préoccupent la foule des gens qui écoutent l'émission.

Je parle du printemps, par exemple, avec deux autres invités qui sont des confrères prêtres :

Il y a quelques jours, j'ai téléphoné à ma sœur Claudette qui vit à Laval. Elle était particulièrement joyeuse : elle venait de commencer son grand ménage du printemps. « J'adore ça », qu'elle me dit : « J'ouvre les fenêtres, je secoue les tapis, je lave les vitres, je dépoussière… » Et ensuite ? « J'achète des tulipes et des jonquilles. C'est le printemps ! »

Le printemps est la saison du renouveau et de la délivrance, me dit l'abbé Jean Ravary. La nature se libère. L'homme éprouve une impression de renouvellement possible, désirable. Lorsque viennent les beaux jours, on dirait que coule tout autour une eau douce qui nous donne le goût de la délicatesse, de l'attention, de l'émerveillement. Un appétit de renaissance se met à nous travailler l'âme. Quittant nos lourds manteaux d'hiver, nous voudrions nous aussi nous délivrer du poids des habitudes et redevenir légers. Printemps subtil ! Peut-être nous invite-t-il à faire le grand ménage de ce qui nous empêche d'être heureux ? Peut-être nous invite-t-il à devenir limpides et dégagés comme les eaux des lacs et des rivières enfin libérées ? Le printemps, mes amis, multiplie les instants de communion. Écouter la parole des arbres, sentir l'explosion de la terre, cueillir une tulipe ou une jonquille, ressentir le goût d'un printemps, pour la personne humaine, c'est communier à la racine d'un même arbre, à la sève d'un même tronc dont nous sommes les branches. Le printemps touche aussi les humains. Il n'est pas possible que nous demeurions les seuls dans la Création à n'être pas changés par la grâce du printemps.

Mes amis, il nous faut faire advenir le printemps des humains. Faire advenir ce printemps, c'est croire aux forces qui montent en nous, c'est permettre l'éclosion des zones de notre être demeurées encore endormies. C'est permettre à Dieu de visiter les coins de notre cœur qui n'ont pas encore été touchés par l'amour. Le printemps de la nature arrive tout seul ; le printemps des humains, il faut le faire en offrant sa vie à l'humanité[1].

Ou bien nous parlons de la famille :

Si la famille était un fruit, ce serait une orange, un cercle de quartiers, tenus ensemble, mais séparables, chaque quartier étant distinct.
Si la famille était un contenant, ce serait un nid, un nid durable, tissé large, extensible et ouvert.
Si la famille était un bateau, ce serait un canot qui n'irait nulle part à moins que tout le monde rame.
Si la famille était un sport, ce serait le base-ball : un jeu long, lent et non violent, qui ne finit qu'au moment où la dernière personne est retirée.
Si la famille était un bâtiment, ce serait une structure ancienne mais solide, qui contient une histoire humaine et attire les personnes qui voient les moulures sculptées derrière le plâtre : les possibilités de chacun[2]…

Ou bien nous parlons d'un jeune et de la drogue :

Ce matin vers 4 heures, j'ai été réveillé par un jeune qui criait au secours. Il avait fait une rechute dans cet enfer de la drogue dont il veut tellement sortir ! Je suis allé le chercher. Il a pleuré dans mes bras en criant son désespoir et sa déception d'être retombé après un an de sobriété. Il avait perdu l'estime de lui. Il ne pouvait plus croire ni en lui, ni en personne, ni en Toi, Seigneur. Une petite phrase l'avait un jour sauvé du suicide. Je lui avais

---

1. « Le Pari du cœur », 18 mars 2001, billet de Robert Jolicœur.
2. « Le Pari du cœur », 14 octobre 2001, billet de Robert Jolicœur.

dit : « Je pense que je crois plus en toi que toi-même. » Il s'est accroché à cette planche de salut et d'espérance, pour venir dire son désarroi et essayer de se reprendre[1].

Chaque semaine, les milliers d'auditeurs du « Pari du cœur » vont rêver avec nous : ce sont des personnes seules, qui rêvent d'une présence. Des personnes blessées, dans leur cœur ou dans leur corps, qui rêvent d'espoir. Des personnes qui cherchent Dieu, qui rêvent d'une étoile de Bethléem. Des exclus, des chômeurs, des hommes d'affaires, des immigrés, des religieuses, des jeunes et des vieux, des riches et des pauvres, des croyants et des incroyants…

On m'écrit : « Ton émission me fait prier, parce que ce qui s'y dit est vrai. »

Marc-Antoine me dit : « Connais-tu Socrate ? »

Je comptais passer l'année sabbatique que j'avais prise en quittant Saint-Charles-Garnier à me reposer l'esprit, en lisant beaucoup, et à me reposer l'âme, en allant chez les moines de Saint-Benoît-du-Lac.

Mais voilà : pour une année sabbatique, elle a pris une curieuse tournure. L'année devient deux ans, puis trois ans, et elle est trépidante d'activités.

Les retraites[2], par exemple : on me demande d'en prêcher une. Puis deux. Puis trois. Puis une série d'autres, à travers le Québec.

L'archevêque en entend parler. Il me convoque et me dit, de sa voix lente et posée :

---

1. « Le Pari du cœur », 25 mars 2001, billet de Robert Jolicœur.

2. Dans l'Église catholique, courtes sessions de méditation spirituelle, pour des laïcs ou des prêtres. Un prédicateur est chargé de conduire ces méditations qui durent quelques jours.

— Il paraît que vous avez un charisme pour prêcher les retraites ? Tant que je n'ai pas de paroisse à vous confier, prêchez-en donc. Je vous en charge officiellement.

Et je vais en prêcher par dizaines, durant ces deux années à venir.

Dans ces retraites, je vois toujours ressurgir, à un moment donné, les questions qui travaillent la conscience des catholiques modernes. À Beauharnois, en 2001, un évêque émérite[1] me dit à la fin :

— Tu as dit tout haut des choses que je pense tout bas.

De la part d'un ancien chef de diocèse, la confidence est forte.

Et je me jure que si un jour on me proposait la mitre, je répondrais non. Parce que je tiens à pouvoir improviser ce que je dis à chacun, en toute indépendance, alors qu'un évêque n'est pas libre de tout dire. Sa fonction l'en empêche. Il est là pour ravauder sans cesse le tissu de son diocèse, non pour se lancer dans des expérimentations (surtout à haut risque)…

Je suis d'accord avec la réponse du chanoine Grand'Maison[2] quand Rome lui a offert la mitre :

— Je préfère garder ma liberté de parole.

Cela dit, on ne m'a jamais fait cette offre, et je crois qu'on n'est pas près de le faire. Chacun son charisme ! Tout évêque doit être aussi un « surveillant » (comme son nom l'indique en grec : *épi-skopos*, « celui qui regarde ») : ce n'est vraiment pas dans mon tempérament.

---

1. Retraité.

2. Jacques Grand'Maison, théologien et sociologue, auteur notamment de *Quand le jugement fout le camp : essai sur la déculturation* (Montréal, 1999) et de *Questions interdites sur le Québec contemporain : petit manifeste d'un réac progressiste-conservateur anti-postmoderniste* (Montréal, 2003).

D'autant que certaines normes ne seront peut-être plus longtemps en vigueur, et que certaines étroitesses d'aujourd'hui seront sévèrement jugées demain. Je suis convaincu que, dans dix ou trente ans, on demandera pardon à Dieu pour les péchés que l'on commet dans l'Église actuelle. C'est une idée qui m'est venue après le grand jubilé chrétien de l'an 2000, en lisant l'enquête de Luigi Accattoli, *Quand le pape demande pardon*[1]. Dans les retraites que je prêche, je m'inspire des grandes repentances de Jean-Paul II pour les péchés commis dans l'Église...

Je vous conte aussi l'histoire du jeune Marc-Antoine, le chanteur de Saint-Victor-de-Beauce[2].

Un jour de 2001, j'arrive dans cette ville pour y prêcher une retraite. Huit cents personnes sont là : l'église est bondée, pleine de jeunes. Parmi eux, il y a Marc-Antoine. C'est un beau gars de 23 ans, bien coiffé, en jean à la mode et petite veste de cuir noir. Il vient me voir et me dit :

— Robert, connais-tu Socrate ?

— Pas personnellement, mais je sais qu'on l'accusait de polluer l'esprit des jeunes avec ses idées.

— Moi, plus tard, j'aimerais pas faire comme mon père. Je voudrais faire comme Socrate.

— Qu'est-ce qu'il fait, ton père ?

— Il vit juste pour l'argent.

— Et Socrate, à ton avis ?

— Il ouvrait des chemins de vérité et de vie aux gens... C'est ça que je voudrais faire plus tard.

---

1. Albin Michel, 1997. Ce livre recense toutes les repentances de Jean-Paul II et met en lumière leur objectif : l'appel à la sainteté.

2. Une région du Québec porte le nom de la Beauce. Le long de la rivière Chaudière, elle va des abords de la ville de Québec (sud-est) à la frontière du Maine. Ses habitants sont évidemment appelés Beaucerons...

— Est-ce que tu connais Jésus ?

— C'est justement pour ça que je suis venu à ta retraite. Je me cherche un *coach*.

— Quatre siècles après Socrate, Jésus de Nazareth est venu nous ouvrir des chemins de vie et de vérité. Si tu veux, on va les explorer. Tu vas y trouver du bonheur.

Nous continuons la discussion dans l'un des deux seuls cafés de Saint-Victor. Je découvre que Marc-Antoine chante dans un groupe *heavy metal* (il s'étonne que je connaisse ce genre de musique !). Sa mère est professeur. Je vois aussi que c'est le genre de fils que toutes les mamans rêvent d'avoir ; un garçon *american style*, comme on dit des joueurs de base-ball au Québec : beau look, belle prestance, rêvant de conquérir et d'être célèbre partout. Mais là, dans ce café-terrasse de Saint-Victor-de-Beauce, nous passons la soirée à parler de Jésus de Nazareth. Marc-Antoine se pose des questions sur le sens de la vie.

Je vais le *coacher* pendant quelques mois. Il aurait tout pour devenir prêtre, sans la question du célibat !

Finalement il va tomber en amour avec l'une de mes jeunes paroissiennes, qu'il a rencontrée un soir au spectacle ; et il l'épousera. Aujourd'hui Marc-Antoine enseigne la morale et la religion dans une école beauceronne. Il est venu dîner chez moi à Sherbrooke un soir d'hiver, sous la tempête de neige et la poudrerie.

Quand j'ai ouvert la porte, il m'a dit :

— Tu vois qu'on est de parole, nous les gens de la Beauce ! Je t'avais dit que je viendrais. Je suis venu.

Les gens d'aujourd'hui ont besoin de *coachs* de Dieu : le drame, c'est quand ils n'en trouvent pas.

Dans la petite église de Rock Forest, 5 600 fidèles à mes sept messes de Noël

Mais bientôt je n'aurai plus le temps de prêcher toutes ces retraites à travers le pays, ni d'animer une émission à CHLT.

En 2002, Mgr Gaumond, ayant longuement pesé le pour et le contre, décide que le diocèse de Sherbrooke – finalement – a besoin de moi comme curé.

On me confie l'une des deux paroisses de Rock Forest : Saint-Roch, douze mille familles.

Rock Forest est un grand quartier de la périphérie de Sherbrooke, une agglomération récente qui s'est étirée le long de l'autoroute, à partir d'un vieux village. Le cœur du village est Saint-Roch : belle église en brique brune, fondée à la fin du XIXe siècle mais rebâtie en 1949. Une tornade avait soufflé le bâtiment, seul le clocher était resté debout.

Il n'y a que cinq cents places assises dans l'église Saint-Roch. Bientôt j'aurai 5 600 fidèles à mes sept messes de Noël...

Dans cette ancienne campagne, dans mon trop grand presbytère (entouré d'arbres, moi qui suis un gars né sur l'asphalte), j'aurai d'abord du mal à trouver mes repères. Mais les belles petites choses de la vie vont fleurir et se multiplier.

Par exemple l'histoire de la femme qui haïssait le père de sa fillette !

Cette année-là, leur petite fille fait partie des cent vingt enfants que je prépare à la première communion. La mère m'écoute parler du pardon. Vous connaissez ma citation favorite : « Si tu veux être heureux cinq secondes, venge-toi. Si tu veux être heureux toujours, pardonne. » C'est un conseil tout simple, mais ceux qui l'entendent s'en souviennent.

Le jour de la cérémonie, la mère est dans l'église parmi les premiers rangs, derrière sa fillette.

Le père est quelque part dans la foule. Sidéré, il voit sa femme quitter son banc et venir à lui.

Elle lui dit :

— Si tu veux, viens à la maison tout à l'heure, on partagera le gâteau que j'ai fait pour ta fille…

Des années de haine qui s'évanouissaient, parce que cette femme avait fini par faire le pari du cœur, grâce à l'enfant et à Dieu ! (C'est le miracle du « premier pas », dont j'ai fait souvent l'expérience : je vous en reparlerai[1].)

Chaque cœur se touche individuellement. Depuis deux mille ans, la foi chrétienne se propage d'individu à individu ; le christianisme n'est pas une loi, un code, une règle, une théorie, ce n'est pas une religion « du livre » (contrairement à ce que j'entends dire) : c'est l'amour *personnel* qui peut circuler entre la *personne* de Jésus et chaque *personne* de cette terre.

Les gens, nous les avons perdus un par un. Il nous faut aller les rechercher un par un.

C'est aujourd'hui le moment de la patience. Ne soyons pas pressés… Souvent mes confrères se fient à des méthodes, à des techniques, ils imaginent que la moisson va lever tout de suite ; mais les vraies germinations prennent du temps. (J'en suis une preuve moi-même : pour me mettre à aimer mon évêque, il m'a fallu bien des semestres ! S'il s'en allait maintenant, je peux vous dire que j'aurais de la peine.)

Mais pour toucher les gens un par un, il faut y passer tout son temps. Et voilà le drame : les curés,

---

1. Voir au chapitre 12.

avec toutes les tâches qu'ils ont sur les bras, avec leurs cinq ou six paroisses à couvrir, n'ont plus de temps pour accompagner les gens. Les presbytères d'aujourd'hui deviennent des boîtes vocales...

Ne plus avoir une personne humaine en ligne, quand on téléphone, mais une voix enregistrée qui vous débite des horaires d'une voix machinale : voilà un phénomène d'aujourd'hui. On le subit dans tous les domaines. Auprès des administrations, des chemins de fer, des grandes firmes...

Mais lorsqu'il s'agit de l'Église, les contacts devraient être plus humains qu'ailleurs.

Quand les gens appellent, le prêtre devrait être là, en chair et en os, décrocher lui-même et leur répondre que c'est beau qu'ils aient appelé leur paroisse ! Ils n'ont pas souvent cet accueil-là.

Je sais qu'il y a moins de prêtres. Mais où est le problème ? Accueillir tout le monde, ce n'est pas forcément un job de prêtre : j'imagine plutôt des laïcs préparés à cette tâche. Hommes et femmes, beaucoup sont disponibles ! Les communautés chrétiennes pourraient s'organiser pour assurer ce service du téléphone : répondre aux gens qui cherchent, à ceux qui ont besoin de conseils dans la vie, à ceux qui voudraient connaître un peu mieux Jésus, qui voudraient apprendre comment lire la Bible et comment vivre l'Évangile...

Le concile Vatican II demandait déjà aux croyants de prendre en charge cette tâche de témoins : le document conciliaire est facile à trouver sur Internet, il s'intitule *L'apostolat des laïcs* et leur parle de « leur rôle propre et absolument nécessaire dans la mission de l'Église ».

Combien de laïcs l'ont lu depuis quarante ans ? Bien peu, je le crains. Ne serait-il pas temps de s'y mettre ? Le besoin est immense aujourd'hui. Un abîme de malentendus sépare les gens et la foi chrétienne : jeter des ponts par-dessus, rien n'est plus urgent.

C'est aussi pour cette raison que j'ai rejoint Évangé-lisation 2000[1].

Il s'agit d'un mouvement fondé sur une émission de télévision quotidienne, francophone, diffusée depuis onze ans dans tout le Canada par la chaîne TVA – qui n'est pas spécifiquement religieuse.

J'ai trouvé le temps, en fin de compte, d'y faire une chronique par semaine, diffusée le dimanche, sur des sujets variés. Le public réagit énormément. Je reçois des monceaux de lettres, une quantité digne d'un cour-rier du cœur ! Les gens écrivent pour parler de leurs misères, de leurs souffrances, de celles de leurs proches et des questions fondamentales de la foi ; ou ils expri-ment leur accord, leur désaccord, leurs doutes… Je leur réponds personnellement, par le moyen qu'ils ont utilisé : la lettre ou le courrier électronique. J'aime beaucoup écrire. Et les gens ont un immense besoin de se confier, de faire part de leurs incertitudes : à chacune de mes apparitions à la télévision, je suis impressionné par le nombre d'appels téléphoniques.

L'accueil, c'est l'essentiel. Près de mon téléphone, au presbytère de Saint-Roch, j'ai posé un petit carton où j'ai écrit : « Celui qui t'appelle, fais comme si c'était Jésus qui t'appelait. » J'ai trouvé cette idée dans la Règle de saint Benoît, qui déclare : « Tous les hôtes survenant au monastère doivent être reçus comme le Christ[2]. » Quand le téléphone sonne, j'ai le carton sous les yeux. Et je réponds gentiment, même si je me sens exténué et de mauvaise humeur.

L'accueil est essentiel de la part du prêtre. Il devrait l'être aussi de la part de tout chrétien. « Soyez toujours

---

1. Voir au chapitre 12.
2. Règle de saint Benoît, chapitre LIII, verset 1.

prêts à expliquer, à qui vous les demande, les raisons de l'espérance qui est en vous », dit saint Pierre dans sa première épître. Tout le secret de l'évangélisation est là : donner aux gens le désir de demander au croyant pourquoi il vit ainsi (et pas autrement).

Encore faut-il que notre manière de vivre fasse envie. Et qu'on sache que nous sommes toujours disposés à répondre !

Si l'on découvre que les chrétiens sont des gens qui ont du temps pour les autres, une bonne partie des malentendus disparaîtra.

Quand une famille de ma paroisse a un deuil, je la reçois au presbytère avant la cérémonie, pour passer un bout de soirée avec elle : le temps de se connaître les uns les autres, de s'apprivoiser, pour que la célébration que nous allons vivre soit humaine. Ce souci-là, c'est vraiment de la Règle de saint Benoît que je l'ai reçu. C'est au monastère, loin des gens, que j'ai appris à être un prêtre qui aime les gens !

Je sers les pauvres et j'en suis fier

Ma journée de curé commence par l'eucharistie avec la communauté, à 8 heures et demie. Que je me lève gaillard ou le moral en berne, je me rends à l'église une heure avant l'eucharistie pour la préparer, comme une mère de famille prépare le petit déjeuner. J'accueille les gens qui arrivent.

Et souvent, je vis les plus belles eucharisties lors de ces matins où je me sens le plus fatigué.

C'est l'acte le plus important de toute ma journée, le moment le plus précieux.

Je mets beaucoup de soin à célébrer. J'en mets aussi à préparer mes homélies. Chaque soir avant de me coucher, je lis l'Évangile du lendemain, puis j'essaie d'en faire une méditation pour aller ensuite parler aux gens, dans un langage qu'ils vont pouvoir saisir.

Car les relations avec les gens sont l'autre pôle de ma journée. J'ai deux principes, qui n'en font qu'un : l'amour de Jésus et l'amour du prochain. Je ne peux pas dire que j'aime Dieu si je n'aime pas mon prochain ; et je ne peux pas aimer mon prochain si je ne crois pas que Dieu est là dans son visage. Alors j'essaie de soigner mes rencontres avec les gens.

Quand je les reçois, je fais en sorte de leur offrir toute la disponibilité à laquelle ils ont droit. La porte de mon presbytère est toujours ouverte. Celle de l'église aussi.

Mais l'évangélisation ne se fait pas seulement dans l'église : il faut sortir du temple, aller vers ceux qui n'y viennent pas.

Par exemple, j'aime beaucoup les petites catéchèses qui préparent les enfants à la première communion.

J'aime les rencontres avec les futurs époux pour parler du sens de leur mariage : cette pastorale-là m'enseigne de l'inédit, elle brise les routines. Je me sens transformé par ce qu'ils me disent avoir appris pendant les réunions de préparation au mariage… Ma rencontre avec eux comprend toujours trois parties : dans un premier temps j'apprends à les connaître, je remplis les paperasses administratives ; puis, au moment où on en arrive à la préparation de la célébration comme telle, je leur offre une bière, une limonade, des biscuits, et on choisit ensemble les détails de la cérémonie, dans le climat le plus détendu. Un prêtre doit mettre de la chaleur humaine dans tout ce qu'il fait.

Beaucoup de pauvres viennent frapper à la porte du presbytère de Saint-Roch. Je me dis chaque fois : « Robert, tu le reçois comme si c'était le Christ. »

Ils viennent chercher du dépannage alimentaire. Jamais ils ne repartent les mains vides. Au sous-sol du presbytère est installé le local des Œuvres Saint-Roch : c'est comme une épicerie où les gens peuvent venir chercher de la nourriture et des bons d'alimentation. J'ai aussi un petit budget, pour pouvoir donner discrètement 20 dollars à l'un ou à l'autre… C'est de l'argent que me laissent les visiteurs aisés : « Monsieur le curé, acceptez ça, c'est pour vos pauvres. » Leur générosité me permet, quand je vois un gars ou une fille qui a vraiment l'air d'en avoir besoin, de le (ou la) prendre à part : « Viens me voir deux minutes, j'ai quelque chose à te dire… »

Et je lui glisse un billet, afin qu'il s'achète une bouteille de vin pour agrémenter les aliments en boîte.

Parce que les pauvres ont droit à un verre pour leurs chagrins ! Je laisse aux puritains et aux pharisiens leur atroce façon d'exiger que le pauvre soit « vertueux », qu'il ne boive rien, qu'il ne fume surtout pas de tabac… C'est prétendre forcer le pauvre à renoncer – lui qui a si peu de bonheurs – aux petits plaisirs de la vie : comme si sa pauvreté était un vice à expier…

Une dame vient me voir l'autre jour ; elle me dit qu'elle entre à l'Escale de l'Estrie (c'est une maison pour femmes battues, ouverte en 1977 à Sherbrooke) :

— Vous n'auriez pas quelques sous à me donner, monsieur le curé ? À l'Escale il y a une petite cantine, j'aimerais pouvoir m'acheter du chocolat.

— Madame, voilà 20 dollars et achetez-vous ce que vous voulez.

— Et si c'était un paquet de cigarettes ?

— Aussi.

Bien sûr je pense qu'elle ferait mieux d'employer cet argent à autre chose qu'à des cigarettes ; mais elle est libre, et ce qu'elle décidera ne me regarde pas. On ne sait pas ce dont les gens ont besoin, ni ce que ça signifie pour eux, ni ce que ça peut éveiller. Un verre de vin peut aider un élan du cœur, qui n'aurait pas pu naître au fond de la personne si elle était restée exténuée, démoralisée…

Sur la cinquantaine de bonnes bouteilles que l'on m'offre dans une année, j'en donne quarante aux pauvres qui viennent chercher de quoi manger aux Œuvres Saint-Roch. Les Œuvres ne sont pas censées leur offrir ça ; donc je le fais, moi !

Il y a aussi à Sherbrooke des tables communautaires, des maisons offrant des repas aux gens qui ont faim. J'encourage autant que je peux ces institutions-là, en y allant personnellement, en acceptant de présider leurs campagnes de financement. C'est un instinct chez moi. Il vient du plus lointain de mon enfance, quand la famille Jolicœur était pauvre et que les pères rédemptoristes nous soutenaient avec affection. Je disais à ma mère :

— Pourquoi les pères viennent-ils souvent nous voir ?

Elle me répondait :

— Parce qu'ils respectent les gens qui n'ont pas beaucoup d'argent.

Je ne l'ai pas oublié. Surtout dans la société d'aujourd'hui, où les pauvres deviennent toujours plus pauvres, pendant que les riches deviennent toujours plus riches…

Je m'interroge sur le système économique et mental qui engendre une telle chose : un système de mépris universel, qui traite la masse des gens comme s'ils étaient en trop.

Et je ne suis pas le seul : des centaines de milliers de chômeurs et de futurs chômeurs, dans les pays « riches », ont l'impression que la finance n'a plus besoin de l'économie, et que l'économie se débarrasse des salariés occidentaux ! Je refuse, pour ma part, de faire mes achats dans certaines chaînes de grands magasins américains qui font travailler des enfants-esclaves de l'hémisphère Sud et licencient leur personnel de l'hémisphère Nord.

Si je compte les gens qui sont victimes de cette politique, chez nous, j'en trouve un nombre grandissant, et je me sens très près d'eux.

On m'invite à venir dans les usines qui ferment pour parler avec les salariés.

À Richmond, en 2001, une usine de chaussures est éliminée par la mondialisation et annonce sa fermeture ; les responsables de l'usine me demandent de venir parler aux quatre cents employés qui vont perdre leur emploi dans les semaines qui suivront. Vingt minutes par groupe de trente ou quarante…

De groupe en groupe, je sens la peine et le désarroi :

— Monsieur le curé, ça fait quarante ans que je travaillais ici, c'était toute ma vie, je connaissais la machine par cœur…

Dans chaque groupe, je répète :

— La vie est un combat. Ceux qui vivent sont ceux qui luttent. Misez sur ce que l'avenir vous apportera de beau.

Ce n'est pas du verbiage : ceux qui ne désespèrent pas évitent de couler à pic.

Trois mois plus tard je rencontre une des femmes de Richmond avec lesquelles j'avais parlé ; elle a retrouvé un emploi et me dit :

— Vous aviez raison de nous dire de lutter. Je pensais au suicide quand vous êtes venu. Après, je me suis dit : « Ne désespère pas de l'avenir. »

Il y a la pauvreté. Mais il y a aussi la solitude, qui ne frappe pas que les pauvres. L'année passée, le soir de Noël, un restaurateur de Sherbrooke a invité tous les gens esseulés à venir souper gratis sous la présidence du curé Jolicœur : cent quatre-vingts couverts… La salle était pleine ! Les gens qui sont venus n'étaient pas tous pauvres, mais tous étaient des solitaires, sans âme qui vive à la maison. La chaleur et la lumière de cette soirée les ont ragaillardis.

Avec les malades – et les naufragés de l'esprit

Tous les ans j'accepte, en tant que curé à Rock Forest, de présider une activité ; une seule, parce qu'un prêtre ne doit pas non plus se surexposer.

Ce qui m'a le plus marqué, c'est quand j'ai pris la présidence d'honneur d'une maison qui s'appelle La Cordée[1] : c'est une organisation qui aide les personnes atteintes dans leur santé mentale à rompre leur isolement, à participer à des ateliers de travail, à retrouver une place dans la société… Un milieu de vie pour ces personnes blessées qui ont surtout besoin d'être écoutés, valorisées, aimées.

J'ai d'abord dit oui par respect pour elles. Pour qu'elles sentent leur valeur aux yeux de Jésus…

Puis, au jour le jour, durant cette année-là, j'ai découvert le cœur de ces êtres que plus personne n'écoute sauf la petite poignée des médecins spécialistes et des personnels soignants. J'ai entendu les choses qu'ils avaient à dire. J'ai vu ce qu'ils pouvaient créer, ce à quoi ils pouvaient s'engager.

J'en suis sorti avec une vision tout autre, habité par une découverte : il faut, de toute urgence, que notre société cesse de balayer hors de sa vue, de façon glaciale, ceux qu'elle catalogue comme « inutiles » – c'est-à-dire pesants (au mieux) ou dangereux (au pire) ! Quand quelqu'un souffre dans son psychisme, on le bourre de médicaments pour s'en débarrasser. On le laisse ensuite dans la rue, seul. Parfois sans ressources. Alors qu'il aurait avant tout besoin d'un confident, d'une écoute et d'un guide. Mais il y a, dans cet océan de froideur, des îles

_____

1. Voir page 265.

145

chaleureuses comme La Cordée. Tout doit être fait pour les soutenir.

La résidence Haut-Bois, dans ma paroisse, abrite des personnes âgées frappées d'absences mentales. Vous voir leur fait un grand plaisir sur l'instant, le temps que vous traversiez leur bulle ; cinq minutes après, elles ont oublié.

Certains me disent :

— Tu perds ton temps à aller toutes les deux semaines les rencontrer, leur célébrer l'eucharistie…

Je réponds :

— Elles aussi m'ont été confiées pour que je m'en occupe. Ce n'est pas parce que la société les déclare inutiles qu'elles ont perdu leur valeur.

J'ai accepté de présider une campagne de levée de fonds pour les malades mentaux. Parce que j'avais entendu leur silence, leur prière muette. Ils ont besoin de La Cordée. Ils ont besoin de Haut-Bois. Ces maisons « donnent des mains à l'Évangile ». À la manière de Jésus, elles rouvrent un avenir à des êtres humains fragiles, uniques et beaux.

Les malades en général méritent toute notre attention.

Je vais très souvent les voir dans les hôpitaux, en essayant d'être pour eux une présence affectueuse.

Je leur apporte l'eucharistie. Nous prions ensemble.

Et surtout, je les écoute. C'est ce dont ils ont besoin. Une dame hospitalisée me dit :

— C'est drôle, monsieur le curé : quand vous êtes arrivé je faisais de l'hypotension, depuis que vous venez la pression est meilleure !

Une autre, après une heure passée à l'écouter parler (sans que je dise un mot) :

— Merci, vous avez trouvé les phrases qu'il fallait pour m'encourager.

Quand vous venez voir un malade, la quantité de mots que vous prononcez ne compte pas ; ce qui est important, c'est la qualité de votre présence.

Comme je suis chaleureux de nature, je leur prends la main, je les bénis : ça leur fait du bien. Je leur raconte des petites délicatesses, aussi ; je leur apporte le feuillet paroissial pour qu'ils gardent le contact ; quand je reçois des petits cadeaux, des boîtes de chocolats, je les apporte aux malades qui sont seuls.

À propos de chocolats, le pari du cœur envers le malade peut conduire le visiteur à des situations pittoresques. Il y avait une très, très vieille dame, tout à fait solitaire, qui dépérissait à l'hôpital. Personne ne venait jamais la voir. J'arrive dans sa chambre, et je constate joyeusement :

— Mais vous avez eu de la belle visite, cette semaine !

— Comment vous faites pour savoir ça ?

— Je vois des noix sur la table de nuit…

— Voulez-vous y goûter ?

— Avec plaisir, dis-je. Et je prends trois noix, que je croque, avant de les déclarer les meilleures au monde.

— Je les ai surtout trouvées bonnes quand il y avait encore le chocolat autour, m'explique la très vieille dame, avec un sourire aimable et édenté ; elle avait sucé les noix et les avait remises dans la boîte.

Je m'occupe de tous les malades que l'on me confie. Ça me prend du temps et de l'énergie : mais c'est souvent dans les moments de grande solitude et de grande souffrance que l'on a besoin de la présence d'un prêtre, plus attentive, plus affectueuse, plus charitable. Je me l'impose, croit-on ? Non : je suis fier de le faire. Et mieux que fier : j'en suis heureux. Je suis prêtre depuis trente ans ; pas une seule fois je n'ai regretté d'être allé vers qui que ce soit.

On me dit :

— D'où vient que tu sois heureux ?

Je réponds :

— De tous ceux qui ont besoin du prêtre.

Dans mon église Saint-Roch de Rock Forest, certaines personnes viennent à la messe en fauteuil roulant. Je leur fais beaucoup de place. Je veux qu'elles sentent qu'elles ne dérangent pas.

J'ai aussi été marqué par Jean Vanier[1]. Quel être ! Quand je suis allé le voir à l'Arche, en France, je lui ai demandé :

— Vous ne trouvez pas ça triste, tous ces garçons et ces filles blessés dans leur esprit ?

Il m'a répondu :

— Vous trouvez ça triste, ces jeunes qui sourient ?

La personne est plus belle que son handicap.

Pourquoi les curés sont-ils gênés, compliqués, évasifs ?

La plus belle pastorale est celle des funérailles.

Mais si ! Je sais que c'est paradoxal, à une époque qui voudrait rendre la mort invisible pour tenter d'en

1. Né en 1928, fils d'un gouverneur général du Canada, officier de la Navy, docteur en philosophie de l'Institut catholique de Paris, Jean Vanier fonde en 1964, à Trosly-Breuil (France), une communauté pour handicapés mentaux. Les communautés de l'Arche sont aujourd'hui plus d'une centaine à travers le monde. En 1971, avec Marie-Hélène Mathieu, Jean Vanier fonde Foi & Lumière, un mouvement qui rassemble des handicapés mentaux, leurs familles et leurs amis, pour des temps de partage, de célébration et de prière. Il y a aujourd'hui un millier de ces communautés dans le monde.

oublier l'existence : les plus belles conversions que j'aide à naître, c'est lors de la soixantaine de cérémonies funèbres que je célèbre chaque année.

Aux gens qui viennent me voir, en plein drame, en pleine douleur, j'ai une espérance à proposer. Pas seulement en mots. Pas en « symboles ». Une espérance substantielle. Une promesse tenue par Jésus-Christ.

Devant l'assistance réunie dans l'église, auprès du cercueil, je prends entre mes mains une petite plante verte.

J'explique que chez moi, quand j'étais tout petit, nous avions les plus belles plantes du quartier, et que ma mère me disait :

— Pour qu'une plante soit belle, il faut lui donner de l'eau.

Je leur dis que ce qui nous réunit dans cette église, autour de ce défunt, c'est un moment de pluie et d'obscurité. Mais que l'eau de nos larmes peut faire grandir l'espérance, et que nous espérons la Vie qui nous est promise pour toujours. Nous pouvons apprivoiser cette espérance et devenir capables de dire un matin : je ne pleure plus, je me réjouis d'avoir connu cet homme-là qui est parti, cette femme-là qui s'en est allée. Je me réjouis d'avoir vu passer, dans ma vie, ce fils-là que je viens de perdre. L'écrivain Doris Lussier[1] a écrit : « Un homme qui s'éteint, ce n'est pas un mortel qui finit, c'est un immortel qui commence. Voilà pourquoi,

---

1. 1918-1993. Écrivain, philosophe, humoriste, professeur de sciences politiques, ami de René Lévesque, Doris Lussier est mort d'un cancer après des souffrances atroces. Il avait demandé par écrit qu'on lui évite l'acharnement thérapeutique. Néanmoins, on lui a infligé jusqu'à la fin (par obligation légale) des soins inhumains et inutiles. Ses derniers jours furent irracontables. Son fils Pierre a dénoncé cette abomination dans une lettre qui a été lue à l'émission « Le Pari du cœur » le 15 octobre 2000.

mon fils, ton père ne te dit pas aujourd'hui adieu mais au revoir. »

Au revoir, non adieu : la façon la plus simple, la plus directe, la plus chaleureuse, de dire notre foi dans la résurrection.

La résurrection n'est pas un symbole ou une image, ce n'est pas une figure de style « pour dire » ceci ou cela : c'est notre foi précise, concrète, charnelle, fondée sur la résurrection du Premier-Né d'entre les morts, Jésus de Nazareth.

Ce serait dommage de n'en parler que vaguement pendant les funérailles.

À cet instant l'âme des gens est nue. Leurs mains sont vides. Ils ne sont pas encombrés de caméras comme dans les mariages ! Ils peuvent écouter. Ils attendent une parole : nous la leur devons – et dans un langage qui ne soit pas celui de curés gênés, compliqués, évasifs.

Si les curés sont trop souvent ainsi, ils le doivent peut-être à l'usure de leurs énergies ; cette usure vient (en bonne part) de ces pertes de temps organisées que sont les réunions. Trop de « rencontres », trop de « ressourcements », trop de réunionnite, cette manie du clergé depuis trente ans qui ne débouche jamais sur rien… Je n'y vais donc plus. Cela me fait de la peine de sécher des occasions de rencontrer les confrères : mais les curés d'aujourd'hui ont trop à faire auprès des gens pour se rencontrer si souvent entre eux…

Le résultat de mes absences est un peu attristant : certains de mes confrères me regardent de travers. Ils m'accusent de jouer en solo.

En 2005, mon archevêque me dit :

— Est-ce que tu serais prêt à faire l'unité pastorale ?

C'est-à-dire de réunir les paroisses de Rock Forest, Deauville et Orford en une seule, et les trois curés en une équipe.

Je lui réponds que j'y suis prêt.

— Et à travailler avec tes autres confrères du secteur ?

— Sans problème.

Alors il nous réunit tous les trois… et dès le début de la réunion, on sent que ça va coincer. Mes confrères n'ont aucune envie de travailler avec moi !

Leurs raisons vont un peu loin. Ils trouvent que Jolicœur n'est pas assez « prêtre catholique romain ».

Qu'entendent-ils par là ? On ne le saura pas exactement mais, pendant vingt minutes, ils vont amonceler les objections. Robert n'est « pas assez solidaire des autres confrères »… Sa différence avec eux « est trop criante »… L'unité pastorale « ne marcherait jamais » !

Moi, je ne dis pas un mot. J'écoute. Je me tais. Mgr Gaumond préside cette séance bizarre.

À la fin, tout de même, je dis à mes deux censeurs – sur un ton très modéré :

— Quand vous avez été malades, à l'hôpital, est-ce que beaucoup d'autres confrères prêtres vous ont envoyés un petit message pour vous dire : « Je compatis avec toi » ?

Ils ne me trouvaient peut-être pas assez catholique romain, n'empêche que je suis un prêtre en amour avec l'Église. J'aime mon Église. C'est pour moi comme une vieille mère. Elle pourrait avoir tous les défauts, et même être un peu radoteuse avec l'âge, je l'aime parce que c'est ma mère et qu'elle m'a donné la vie. Je l'aime parce que c'est elle qui m'a permis de connaître le Christ : c'est dans l'Église que j'ai fait cette expérience, et nulle part ailleurs. Entendre les deux autres dire que je ne suis pas un homme qui aime l'Église, donc pas un vrai prêtre de l'Église catholique romaine, c'est tout de même énorme.

Mon évêque me dira, juste après :

— Là, je trouve qu'ils y sont allés assez fort !

— Monseigneur, pourquoi n'êtes-vous pas intervenu ?

(J'aurais aimé qu'il leur dise : « C'est à moi, non à vous, de juger des qualités de prêtre de quelqu'un... »)

Mgr Gaumond me répond :

— Je voulais les laisser aller jusqu'au bout, vider leur sac. Dire tout ce qu'ils ressentaient.

Ensuite Mgr Gaumond tranchera : Jolicœur garde sa paroisse, les deux autres s'occuperont du reste.

Et il me dira :

— Tu n'as pas dû trouver cela facile, ces deux canons qui te tiraient dessus.

Je lui ai répondu :

— Monseigneur, ça dure depuis vingt-neuf ans, je me suis un petit peu habitué.

Mais je peux vous le dire : on ne s'habitue pas à ce genre de choses. Avoir perdu ma paroisse de Saint-Charles-Garnier avait été la première grande épreuve de ma vie de prêtre. Mais la deuxième a été cette séance de vingt minutes avec mes deux confrères et ce que j'y ai entendu, avec le mutisme de l'archevêque.

Ce n'était pas un silence complice, je l'ai compris après ; mais combien pénibles avaient été ces vingt minutes !

Non seulement parce qu'elles étaient dures à vivre pour moi, mais parce que je voyais mes deux confrères saborder, sans raison sérieuse, une unité pastorale qu'on aurait pu mettre sur pied.

Heureusement que, parmi les prêtres, il y en a d'autres avec lesquels j'ai de belles relations humaines, de beaux échanges, une complicité... Moi aussi j'ai besoin de gens qui me disent : « Robert, surtout ne change pas, on serait tellement déçus ! » De la bouche des prêtres, c'est bon à entendre.

Quant à n'être pas « solidaire », c'est vite affirmé. Solidaire de quoi ? Être solidaires dans la foi, c'est un devoir. Mais pourquoi faudrait-il être solidaires de telle ou telle façon de faire, de telle méthode ou de tel procédé ? Chacun agit selon sa conscience et son tempérament ; après tout, seuls comptent les résultats. S'ils sont bons, c'est une preuve. S'ils sont médiocres aussi.

Mgr Fortier, le précédent évêque de Sherbrooke, m'avait averti :

— On devrait être solidaires de tout, sauf de la médiocrité.

Être tous solidaires dans le même Jésus-Christ, qui est l'essentiel et l'unique nécessaire : oui ! Le reste est accessoire, et c'est manquer de foi que de se juger et de s'exclure les uns les autres sous prétexte que nous avons des façons différentes de Le servir et de L'aimer.

Je dis au prisonnier en crise : « Toi, t'es un bon bonhomme ! »

J'aime faire confiance. Non seulement j'aime ça (et c'est le pari du cœur), mais notre foi au Christ nous y encourage. Que serait un croyant qui désespérerait des gens ? Sûrement pas un chrétien.

L'être qui sent qu'on lui fait confiance se transfigure sous vos yeux.

Je vous en cite un exemple. Un jour de 2005, on me demande d'aller visiter un prisonnier. Je dis toujours oui à ces appels-là. J'arrive à la prison ; je trouve l'atmosphère tendue.

Les gardiens me disent :

— Aujourd'hui vous ne pourrez pas le voir, curé Jolicœur. Il est en état de crise.

Je rétorque :

— Je viens de l'autre bout de la ville pour rencontrer ce jeune, et je ne le verrais pas ? Donnez-moi une minute ou deux. Malgré l'état de crise.

Le gardien chef est une vieille connaissance. Il hausse les épaules :

— Bon. Oui. Parce que c'est toi. Et seulement cinq minutes…

On me fait traverser les couloirs sonores de la prison, de claquement de grille en claquement de grille, jusqu'à la porte d'un parloir. Cliquetis de clés : on m'ouvre la porte, on me pousse dans la pièce, le gardien entre avec nous et reverrouille la porte.

Le gars est devant moi, au milieu du parloir. Il a 29-30 ans, son visage est balafré, il porte un jean, un tee-shirt noir, une petite croix de bois autour du cou. Il a les chaînes aux mains ; je le vois tout blême, avec un air si affreusement triste…

Il me regarde approcher.

Je lui dis doucement, en le regardant au fond des yeux et en pesant bien chaque mot :

— Toi, t'es un bon bonhomme !

On ne lui avait jamais dit une chose comme celle-là. Il plie les genoux. Je m'assieds à côté de lui. Il se met à parler en pleurant… Nous n'avons que quelques minutes.

À la fin, je lui demande :

— Est-ce que tu voudrais que Robert te bénisse ?

Je lui prends les mains et je sens ses chaînes. Puis je le bénis. Il lève ses mains enchaînées et fait le signe de la croix. Je lui donne l'accolade. Je sens son cœur battre. Le gardien rouvre la porte. C'est fini.

Le soir, le chef du centre de détention me téléphone :

— Qu'est-ce que tu as fait à ce gars-là ? On ne le reconnaît plus.

À présent le garçon est sorti de prison. Il fait des témoignages partout à travers le diocèse. Il vient rencontrer les enfants de ma paroisse pour leur parler du sacrement du pardon. Lui, il avait haï son père, il avait eu beaucoup de mal à se pardonner à lui-même toutes les erreurs qu'il avait faites, et le voilà témoin de Jésus-Christ. Je trouve tellement belle cette transformation d'un être !

J'ai une autre histoire de prison, qui est superbe aussi.

Je m'en vais à la grosse prison fédérale de Bordeaux[1], à Montréal, visiter un prisonnier – et je vois, dans la salle d'attente des visiteurs, deux personnes âgées. L'une me dit :

— Êtes-vous le prêtre de la télévision ?

— Ça m'arrive d'y être, oui… Qu'est-ce que vous faites ?

— On vient voir notre garçon.

C'était celui que je venais voir, moi aussi. Sa mère me dit :

— Curé Jolicœur, depuis une vingtaine d'années je viens ici tous les dimanches le voir. Et je lui dis chaque fois : « Maman t'aime. Maman te trouve beau. Maman a confiance en toi… »

Quand j'ai rencontré celui-là, je peux vous dire qu'il n'était pas en crise.

Il est sorti de prison. Au bout de quelque temps j'ai reçu une carte de lui. Il avait écrit dessus :

« Te souviens-tu, une fois, tu m'avais écrit à la prison : "Trois ou quatre fois dans la vie, on a l'occasion

---

1. L'un des plus grands centres de détention au Canada.

155

d'être un héros, mais chaque matin on a l'occasion de ne pas être un lâche. " Je me suis dit : quand je vais sortir de prison, chaque matin je vais prouver à la société que je ne suis pas un lâche. »

À sa libération il avait suivi une formation pour devenir ferblantier ; sa mère habitait maintenant Sherbrooke. Il est passé me voir une fois en allant chez elle.

Je vous le dis : personne n'est irrécupérable.

C'est encore le pari du cœur, l'outarde généreuse, qui me fait dire cela. Aussi criminels qu'aient été les prisonniers, si on avait du temps pour les écouter, les relancer, les aider, on en réhabiliterait beaucoup plus.

Dans une émission à ligne ouverte que j'animais à la radio CHLT pendant mon année sabbatique, un auditeur me demandait :

— Est-ce que vous aimeriez ça, vous, curé Jolicœur, être l'ami de ces trois gars-là qui ont violé et tué Isabelle Bolduc[1] ?

J'ai répondu sans hésiter :

— J'aimerais ça, oui. Parce que je suis convaincu qu'à mon contact ils pourraient devenir meilleurs.

Beaucoup m'objectent qu'il y a des gens qu'on ne peut pas récupérer. C'est leur opinion ; à quoi mène-t-elle ? J'aime mieux faire le pari du cœur. On le perd parfois. On le gagne souvent. J'ai toujours été fasciné par le milieu carcéral ; lors d'une de mes premières visites en prison, j'avais avisé un groupe de jeunes et constaté que beaucoup d'entre eux portaient une petite croix au cou. Je leur avais demandé pourquoi. L'un d'eux m'avait répondu :

---

1. Affreux fait-divers de 1996 : il s'agit du viol collectif d'une jeune fille, précédé de tortures et suivi de meurtre. Lors du crime, le principal coupable, Marcel Blanchette, était pour la septième fois en libération conditionnelle, pour des peines allant jusqu'en 2010. À propos de la mort d'Isabelle Bolduc, voir au début du chapitre 8 (à propos du chanteur Garou).

— Tu sais, quand t'es rendu icitte, là, le seul qui te pardonne c'est Lui.

Je vous disais que j'avais sursauté en apprenant que M. Bush, avant de signer l'ordre d'exécuter quelqu'un, prenait le temps de prier, de se recueillir et de relire l'Évangile. S'il lit vraiment l'Évangile, alors il saute des pages !

Est-ce une idée courante, chez les fondamentalistes, qu'il faille se débarrasser des coupables – parce que certaines personnes incarnent « le mal » ? Cette idée est tout sauf chrétienne. Ce qui amène à se demander si les fondamentalistes sont vraiment des chrétiens (quoi qu'ils en disent) ; c'est un autre sujet, qui mériterait un livre à lui seul.

Talal le musulman, c'est mon frère : on a le même Père

Talal est musulman. Son restaurant est libanais et s'appelle Le Sultan. Au lieu du calot blanc des chefs cuisiniers, Talal porte une petite toque brodée de fleurs.

Ce beau gars de 30 ans, avec son air naïf, est un formidable travailleur qui mène avec efficacité son restaurant de Sherbrooke, dans le quartier du palais de justice ; il sert à toute vitesse une clientèle d'avocats, de juges, de notaires et d'hommes d'affaires qui l'apprécient hautement et avec lesquels il bavarde sans cesse.

Talal est un commerçant hors pair : il est ouvert à tout, et il passe de la publicité – lui, musulman – dans mon bulletin paroissial catholique.

Mais dans l'esprit de Talal, l'ouverture n'est pas seulement un pli professionnel. C'est un goût personnel et quasiment un art de vivre : comme à Beyrouth, autrefois, avant sa naissance – et avant l'effroyable guerre au Liban, entre milices chrétiennes et fedayin palestiniens, puis entre toutes les communautés, puis entre les chrétiens eux-mêmes.

Au Québec, Talal a épousé une catholique, dont il respecte la religion.

Il respecte aussi les opinions de tout un chacun…

Enfin, presque toutes : avec une exception pour la politique internationale de George W. Bush, qu'il déteste viscéralement – au point de le traiter de « plus grand meurtrier que la terre ait jamais porté ». Quand on lui parle de Bush et de l'Amérique, Talal les rejette avec une telle vigueur qu'on se dit, pendant quelques secondes : « Il aurait tout pour faire un kamikaze ! » Mais non. C'est une fausse impression. Talal ne confond pas la politique et la religion. Il aime trop la vie, les gens et sa famille pour se rétrécir l'esprit.

Ce musulman est le contraire d'un fanatique ; tout le monde pourrait même en prendre de la graine.

Il a des traditions qui ne sont pas les miennes ? Justement : je prends le temps de m'intéresser à ses traditions à lui. Je veux comprendre, je lui pose des questions sur l'islam, sur le jeûne, sur les prières.

Ce n'est pas moi qui lui parle d'abord de Jésus. C'est lui, à un moment donné, qui m'interroge à son tour :

— Et toi, Robert ? ta religion ? ton carême ? l'entraide, les pauvres ? Ça se passe comment dans ton église ?

Et commencent de belles discussions. Non seulement avec lui, mais parfois avec ses amis. Il lui arrive de me dire : « Ce soir on se rencontre, viendras-tu ? » Et je me retrouve au milieu de quinze ou vingt musulmans. (Rien que des gars, bien sûr, et cet échange religieux en l'absence de femmes semble un peu bizarre aux yeux d'un chrétien.)

Quand j'entre au Sultan et que Talal vient m'accueillir, je fais les choses comme il se doit. Je mets la main sur mon cœur et lui dis :

— *Salam aleikum*, Talal. La paix sur toi !

Ça lui fait plaisir chaque fois. Il me rend le salut… C'est une petite chose entre nous qui n'a l'air de rien, mais relisez l'Évangile : c'est aussi la façon dont Jésus de Nazareth agit envers les gens. Voyez Jésus aller à la rencontre des Samaritains, de tous ceux que la loi du Temple et les super-lois des pharisiens rejetaient comme « impurs » (par leur naissance étrangère par leur métier ou par leur désinvolture envers les prescriptions judaïques de la vie quotidienne)…

Nous n'avons qu'à imiter le Fils de Dieu.

Et pour cela, nous avons toujours à faire le premier pas ! Dans ce domaine, Talal n'est pas en reste. Quand il a décidé – spontanément – de passer des annonces pour son Sultan dans le bulletin catholique de la paroisse Saint-Roch, je lui ai dit :

— Tu es sûr que ce n'est pas un risque pour toi, avec tout ce qui arrive en ce moment chez les musulmans ?

Il m'a répondu :

— Je le fais parce que tu es un frère pour moi.

Entre le curé et le musulman, voilà une fraternité qui peut servir d'exemple à tout le monde. Parier sur le cœur, c'est aller droit au cœur de la nature humaine : là, on est sûrs d'être dans le vrai.

Et contrairement à ce qu'on dit, le « vrai » en l'homme n'est pas différent du « vrai » de Dieu : c'est la même chose… Comment serions-nous tous frères si nous n'avions pas tous le même Père ?

Chaque fois que le curé et le musulman se souhaitent la paix sur le seuil du restaurant de Sherbrooke, ils sentent un bonheur paisible dilater leur cœur. D'où vient ce bonheur ? Faites-en l'expérience : vous m'en direz des nouvelles.

Les enfants sont plus généreux que ceux d'autrefois

Faire l'expérience d'être tous frères, voilà ce que j'ai conseillé pendant des années aux jeunes des écoles publiques, quand j'y allais.

Mais aujourd'hui, les animateurs de pastorale[1] sont en voie d'être évincés des écoles : le gouvernement dit que le Québec accueille maintenant beaucoup de gens qui ne sont pas des chrétiens, et que la religion ne doit plus être traitée dans le cadre scolaire[2]. Il y aura encore des cours jusqu'en 2008, et puis ce sera fini ; aux diverses communautés de se débrouiller pour assurer la formation religieuse des enfants : les catholiques, les protestants, les baptistes, les pentecôtistes, les musulmans, les juifs, etc. Nous pourrons encore aller dans les établissements scolaires, mais seulement sur invitation ; donc bien plus rarement.

Jusque-là, le travail d'animation pastorale scolaire avait pris des journées et des journées de mon temps, et ce n'était pas du temps perdu. En décembre 2000, Mgr Gaumond déclarait aux journaux : « L'évangélisation dans les écoles, comme le fait l'abbé Robert Jolicœur cette année, ou les mouvements comme le scoutisme, sont autant de formules pour amener les jeunes vers les valeurs profondes[3]… »

Sans doute y avait-il un inconvénient : les parents,

---

1. En France, on dirait « les aumôniers scolaires ».
2. L'Éducation nationale française partage d'ailleurs la même analyse que celle du Québec, à propos des immigrés et de la pluralité des origines religieuses des élèves.
3. Dans *La Tribune*.

même catholiques, se déchargeaient sur l'école du soin d'éduquer la foi de leurs enfants, et l'enseignement que nous donnions à ces jeunes n'avait pas d'écho chez eux, à la maison. C'était une situation boiteuse.

J'ai quand même un grand regret de la suppression des animateurs de pastorale à l'école : cet apostolat me fournissait une grande partie de mes occasions de rencontrer les jeunes.

La venue du curé de paroisse à l'école a beaucoup d'importance : il fait saisir aux jeunes ce que c'est, dans la réalité quotidienne d'un quartier, que de vivre avec Jésus de Nazareth. Et cette venue à l'école est d'autant plus nécessaire que les enfants sont moins informés, par ailleurs, de ce qu'est la foi chrétienne.

Depuis vingt ou trente ans, je vois un recul massif de la connaissance du christianisme.

Les enfants en savent bien moins que lorsque j'étais moi-même enfant ; on peut même dire qu'ils ne savent plus rien de nos racines religieuses. Je trouve cela triste.

Aux enfants que je prépare tous les ans à la première communion ou à la confirmation je pose des questions aussi simples que possible :

— Est-ce que vous connaissez le nom des douze apôtres de Jésus ?

Je ne vois pas beaucoup de mains se lever.

Mais à côté de ça, je vois les enfants d'aujourd'hui plus sensibles au caritatif que ne l'étaient ceux de ma génération.

Par exemple, lors de la campagne du « pain partagé[1] », des centaines d'enfants se mobilisent avec leurs parents pour passer dans les rues de Rock Forest afin de vendre avec leurs parents le pain du partage, le

_____

1. Activité de solidarité caritative au Québec.

jour du vendredi saint. Quand vient le temps de Noël et qu'on demande aux enfants de chaque classe de préparer une boîte et d'y mettre des provisions pour les démunis, il faut louer des camions pour aller chercher les dons dans les écoles.

Réalisez bien : l'école dit aux parents d'élèves d'aller avec leurs enfants à l'épicerie et ce sont les enfants qui achètent, avec leur argent de poche, la boîte de conserve ou le sac de biscuits qui seront placés dans les boîtes de Noël à offrir aux plus pauvres...

Et les enfants ne se font pas prier pour donner.

C'est beau, ce partage. C'est nouveau. Et c'est plus fort que de mon temps, parmi les plus jeunes. (Rappelez-vous la grande affaire du tee-shirt Mickey Mouse, que je vous racontais au premier chapitre !)

Il faut dire aussi que les temps ont changé : tout le monde voit aujourd'hui que le système économique peut jeter des gens dans la pauvreté du jour au lendemain. Tout le monde se sent plus ou moins menacé. Tout le monde est concerné. Donc tout le monde se sent solidaire... Dans le panier des pauvres de ma paroisse, à Noël, les gens déposent maintenant beaucoup de bonnes bouteilles : du bordeaux, du château-neuf-du-pape ; autrefois, ils auraient donné de la piquette. Voyant leurs parents agir ainsi (« on ne va quand même pas offrir du *cheap* aux plus pauvres »), les enfants se sentent encouragés à imiter la générosité des adultes.

Je m'occupe beaucoup des petits. Je les considère comme ce qu'ils sont : l'avenir de l'Église. Dans mes homélies, je place toujours des exemples destinés aux enfants qui sont là dans l'église, entre leur père et leur mère.

Je parle aussi des enfants à leurs parents, pour dire aux adultes :

— Attention. Ne brusquez rien. Ne forcez pas. Évitez l'impatience. La vie spirituelle des enfants est comme un brin d'herbe ou une fleur, on ne doit pas la tirer à soi en croyant l'aider à pousser ! Il faut simplement ensemencer et soigner le sol autour. La fleur va éclore au moment que Dieu voudra, pas au moment où nous en aurions envie…

Dire à un enfant : « Il faut que tu viennes à la messe tous les dimanches avec papa et maman », c'est tirer sur le brin d'herbe, un peu fort, un peu vite, avec le risque de le casser – comme ça se passe souvent. Je préfère les parents qui prennent le pari de responsabiliser l'enfant : « C'est important, la vie intérieure ; peut-être devrais-tu avoir, dans ton mois, un moment pour rencontrer ton ami Jésus… »

Et quand l'enfant devient un adolescent, avec tout ce que cet âge suppose de rejets et de mutisme, les parents doivent savoir respecter aussi son silence sur le plan religieux.

Mais il faut qu'il puisse voir à la maison des témoins de la foi, qu'il sente que la religion de papa et maman, c'est sérieux, que ce n'est pas une habitude, un conformisme ou (pire encore) une simagrée « éducative ». Ne faites pas comme ce père que j'ai connu : il allait à la messe avec son fils « pour lui donner l'exemple », mais il a cessé d'y aller le jour où ce fils, à 15 ans, a dit : « J'y vais plus. » Dès cette minute, toute pratique religieuse a été déconsidérée aux yeux de l'adolescent.

Je dis aussi aux parents :

— Évitez de vouloir que vos enfants deviennent ce que vous auriez voulu être. Ne mettez pas ce poids sur les épaules du petit garçon ou de la petite fille, parce qu'à un moment donné ils se décourageraient. Laissez-les devenir ce qu'ils voudraient être, eux…

Les gens ne vont plus au confesseur, mais au psy. Pourquoi ?

2006 fut la trentième année de ma vie de prêtre. Si je devais dire ce qui me donne le plus de ressort, aujourd'hui, je répondrais : Évangélisation 2000. C'est un mouvement catholique et une émission de télévision, quotidienne, sur la chaîne TVA[1]. L'émission est faite de témoignages. Les témoins sont des gens ordinaires : M. et Mme Tout-le-Monde viennent dire comment ils réussissent à surmonter les épreuves de la vie grâce à leur foi dans Jésus de Nazareth.

Depuis que je participe à l'émission le dimanche, je sais que j'ai ainsi rendez-vous, chaque semaine, avec quatre cent mille personnes : voilà une grosse paroisse ! Cette église cathodique brise toutes les routines. D'autant que nous faisons des tournées à travers le Québec, ce qui nous fait rencontrer des foules de gens en chair et en os, qui ont faim et soif d'entendre la parole du Christ.

Mais cette paroisse itinérante ne remplace pas ma paroisse stable, celle de Rock Forest. Le cœur de ma vie de prêtre, c'est la rencontre hebdomadaire avec les fidèles qui viennent écouter la Parole et partager le Pain. L'eucharistie partagée chaque jour, c'est ce qui me fait vivre.

Et ce qui me fait plaisir, c'est d'être fier de mes paroissiens quand je lis dans les journaux que tel ou tel d'entre eux a pris la parole pour dénoncer une injus-

---

1. www.evangelisation2000.org. Il sera question d'Évangélisation 2000 au chapitre 12.

tice commise contre des travailleurs dans les usines, ou contre des citoyens dans la vie politique, ou contre le patrimoine écologique. Je suis fier de mes jeunes quand ils vont à Québec protester contre le G 7 ou la mondialisation. Et je leur dis ma fierté. Je dis à leurs parents : « Peut-être que vous auriez rêvé d'avoir un adolescent tranquille, mais vous êtes chanceux : le bon Dieu vous en a donné un qui a du caractère, des idées, qui est prêt à se retrousser les manches pour la lumière et la justice ! » Bien sûr, je préférerais que ces manifestations se passent dans l'amour et la non-violence, ce qui n'est pas toujours évident. N'empêche que je suis fier de mes jeunes manifestants, que je le leur dis nettement et que je vois leur engagement comme un témoignage de leur foi.

Les laïcs ont à faire vivre l'Évangile dans la vie quotidienne : leur métier, leur chômage, leurs bonheurs, leurs malheurs…

Il n'y a que deux choses qu'ils ne peuvent pas faire, mais qui sont essentielles : célébrer l'eucharistie et transmettre le pardon de Dieu.

Le reste, l'action quotidienne dans la société, tout le monde le peut ; c'est pour cela que le prêtre doit offrir autre chose, et plus.

Y compris dans ses engagements sociaux, lorsqu'il est conduit à en prendre… Dans toutes les situations il est prêtre avant tout.

Ce qui ne veut pas dire que je parle continuellement de Jésus en toutes circonstances, mais que je dois faire sentir, à tous, que toutes mes actions ont Jésus pour moteur. Sinon je ne servirais à rien.

Même lorsque j'accepte d'être président d'honneur d'une équipe de base-ball, le public doit sentir que je suis plus qu'un gars qui vient lancer une balle !

Je suis là aussi pour montrer que si la vie est un combat et s'il faut toujours se battre, on peut perdre autant que gagner – et qu'il n'y a aucune honte à perdre, ni aucune raison de baisser les bras si l'on a perdu. Ne pas se laisser abattre ni hypnotiser par une défaite, c'est une attitude de l'Évangile : parce que le sens de notre vie est bien autre chose qu'un match ! Les Anglais d'autrefois ramenaient au *struggle for life*, la « lutte pour la vie » ; c'était une idée assez trouble qu'ils tiraient de la philosophie de Darwin... Se battre, oui, c'est la loi de la vie ; mais au-delà de cette loi il y a le bonheur infini que Dieu, Père, Fils et Saint-Esprit, nous promet à tous, gagnants ou perdants.

Comment évangéliser ce début de XXIᵉ siècle ? Le prêtre n'a plus d'ascendant. Et les choses de la religion catholique n'attirent plus les esprits. Les gens ont plutôt tendance à les trouver incompréhensibles ou même rebutantes.

Le magnifique sacrement du *pardon*, par exemple : qui en veut, aujourd'hui ?

Combien de personnes, y compris chez les chrétiens, comprennent ce qu'il représente ?

Combien savent à quel point il apporte plus – et autre chose – qu'une consultation chez le psychologue ?

Ce rejet actuel trouve son origine dans un long malaise qui vient du passé. Les catholiques ont l'impression d'avoir été culpabilisés, dans le passé, au nom du sacrement du pardon. Et c'est vrai : on leur a trop parlé d'une « colère » de Dieu envers les pécheurs.

Mais quelle colère ? Où ? Quand ? De quels textes évangéliques tire-t-on l'idée traumatisante qu'il faudrait se confesser pour éviter d'être carbonisés par la « colère de Dieu » ?

La seule colère de Jésus dans l'Évangile de saint Marc[1], c'est lorsque des bien-pensants veulent L'empêcher de guérir un homme pendant le *chabbat*, jour où la Loi de Moïse oblige à n'accomplir aucune action.

Que fait alors Jésus ? « Promenant sur eux un regard de colère, navré de l'endurcissement de leurs cœurs, Il dit à l'homme : "Étends la main." Il l'étendit et sa main redevint normale. »

Guérir un homme en violant une norme pieuse : voilà la seule colère du Fils de Dieu !

Et Il la paiera cher. Les bien-pensants se vengeront de Lui. Voici la fin de cette page d'Évangile : « Une fois sortis, les pharisiens se réunirent avec les partisans d'Hérode contre Jésus, pour voir comment Le faire périr. »

Les pharisiens se prennent pour les plus fidèles des fidèles, et ce sont des idolâtres : car la pire des idolâtries (de la part de gens qui croient au Dieu d'Abraham et de Moïse), c'est d'avoir fondé une norme au nom de Dieu, puis d'adorer cette norme en oubliant Dieu – donc en oubliant aussi les créatures de Dieu…

Cette idolâtrie a existé chez les catholiques : quand des prêtres au XIXe siècle se sont mis à parler de « la haine de Jésus envers le péché » au lieu de parler de son amour envers le pécheur, et quand ils ont érigé des barrières moralistes de plus en plus hautes entre l'eucharistie et les foules, ce contresens a fermé les églises à des milliers de gens.

Comment faire voir aujourd'hui que c'était une fausse idée du christianisme ?

Les gens croient qu'aller se confesser, c'est rencontrer le grand inquisiteur. Il faut dire que la religion du XIXe siècle, qui a largement débordé jusqu'aux années 1950, avait déformé l'image de la confession :

---

1. Marc 2, 23-6.

on était tombés dans des pratiques bizarres, étriquées, tatillonnes, avec des catalogues de péchés, des barèmes de fautes et de pénitences... C'était une déviation du sacrement du pardon : on en faisait une expérience étouffante au lieu qu'elle soit une expérience de libération.

On n'aurait jamais dû oublier que le prêtre n'est pas le juge, mais seulement le canal par lequel Dieu pardonne.

On aurait dû se souvenir que le pécheur ne se confesse pas au prêtre, mais à Dieu (en présence du prêtre). Et qu'il ne se confesse pas pour obtenir le salut, mais pour remercier Jésus de nous avoir tous sauvés...

Pourquoi faut-il le prêtre, dans la démarche de pardon ?

Pour aider le pécheur à s'ouvrir à la guérison : donc à ne pas se chercher des excuses, des alibis et des justifications.

Chacun commet *réellement* des fautes, qui ont *réellement* besoin du pardon de Dieu ; refouler cela, ne pas l'admettre, c'est se mentir – et se faire souffrir psychiquement, sans s'en rendre compte ! Saint Jean nous le dit depuis deux mille ans : « Si nous disons que nous n'avons pas de péché, nous nous égarons nous-mêmes et la vérité n'est pas en nous. Si nous reconnaissons nos péchés, Lui qui est fidèle et juste nous pardonnera nos péchés et nous purifiera de tout ce qui nous oppose à Lui. »

David, dans le psaume, avait chanté la lucidité et la sincérité : « Oui, mon péché, moi je le connais... »

Après le concile Vatican II, le cardinal français Albert Decourtray – tout le contraire d'un passéiste ! – a bien exprimé la démarche du chrétien qui cherche le pardon de Dieu : « Je le reconnais, ce péché, d'une manière concrète et précise. Je ne me contente pas seulement de confesser un péché général auquel je participerais "comme tout le monde" : j'avoue que j'ai bien fait (moi, et moi seul) ceci, ou cela, qui montre bien que je suis ce pécheur-ci, ce pécheur-là. »

Qui pourrait prétendre n'avoir pas de péché, alors qu'il a voulu dominer autrui ? ou qu'il l'a peiné, blessé, humilié ? ou qu'il l'a jalousé, spolié ? ou quand il s'est replié sur lui-même, par peur ou par tiédeur ? quand il a semé la division, la haine ? Quand il a fermé sa porte aux autres ? Quand il l'a fermée au Christ, à l'espérance, à l'amour ?

Reconnaître cela, c'est faire le premier pas, et c'est encore un pari du cœur : je parie sur le cœur de Dieu. Il pardonne toujours. Il me pardonne ce que je ne me pardonne pas à moi-même.

Encore faut-il que je me reconnaisse fautif et que je ne balaie pas ma faute sous le tapis pour ne pas la voir.

Le « parler vrai » de l'âme, avec elle-même et avec Dieu, devant le prêtre, est ce qu'il y a de grand et de beau dans le sacrement catholique du pardon.

Mais à la fin du XXe siècle, les gens n'ont plus voulu de la confession individuelle. Quand les cérémonies de pardon avec absolution collective sont arrivées chez nous, au Québec, ils y sont venus, par centaines et par milliers ; pour autant ils ne seraient pas retournés dans un confessionnal, ou se confesser dans un bureau, même plus spacieux et confortable que la boîte en bois ! Dans le diocèse de Sherbrooke, les absolutions collectives ont été abolies en 2003 et les gens ne viennent presque plus recevoir le pardon : c'est la pression de l'air du temps, le marketing de notre société, qui veut faire croire que tous nos faits et gestes sont bons, que toutes nos pulsions sont « nous-mêmes », qu'il n'y a jamais rien à se reprocher.

À la place du confesseur, les gens vont voir le psychologue, et ils le paient (cher) pour écouter leurs misères, leurs souffrances, leurs limites, leurs pauvretés… Le psychologue les écoutera. Parfois il les conseillera.

Jamais il ne pourra leur apporter la seule vraie guérison de l'âme, qui est de recevoir le pardon de Dieu.

Ce sacrement du pardon a quelque chose d'incomparable. Quand quelqu'un vient le recevoir, c'est comme si on lui disait : « Par-dessus le mal que tu as fait, Jésus te fait le *don* de son amour. »

Entendre cela est un besoin, aujourd'hui d'autant plus profond que les gens n'en ont pas conscience. Ce manque est au fond d'eux, alors que le mal circule sur la terre : en nous il y a des ombres, pas seulement des lumières !

Le pardon est une fête. Il permet de vivre des réconciliations : avec Dieu, donc avec les autres, et d'abord avec soi-même…

Ceux qui fréquentent ce sacrement savent qu'il est riche et beau. L'événement qu'ils vivent, quand ils viennent nous rencontrer, est autrement personnel et profond qu'une démarche collective de petits enfants qui sont là pour raconter tous ensemble les démêlés avec la maîtresse !

Mon propre confesseur est un moine bénédictin de Saint-Benoît-du-Lac. Je vais régulièrement le rencontrer là-bas ; c'est l'occasion de confronter ma vie avec des pages de l'Évangile. Je me sens grandi quand je reçois le pardon. Et quand j'ai la chance d'offrir le pardon de Dieu à quelqu'un, je sens que je fais quelque chose de grand, de sacré. Et c'est très touchant, très émouvant, quelqu'un qui veut recevoir ce sacrement.

Le problème, c'est que ce pardon (tellement beau) a l'air de ne plus être apprécié, à l'heure actuelle, que par un petit reste de croyants : ceux qui connaissent leur religion et qui savent avoir besoin du pardon de Dieu – pas seulement de celui des hommes. Pendant le carême, cette année, j'ai dit aux gens que j'étais disponible pour ceux qui voudraient le recevoir individuellement. Il en est venu deux en une heure.

Oui, c'est Jésus : et Il est vraiment là

Pendant des siècles, la liturgie de la messe avait été éloignée du peuple, comme un mystère qu'il aurait fallu isoler de la foule pour le protéger (de quoi ?).

Après la fin du concile Vatican II, en 1965, on est parti dans l'autre sens avec un sentiment d'urgence. Il fallait rapprocher l'eucharistie du peuple.

On a commencé à dire que c'était « une fête ». C'est ce que les enfants entendaient dire alors au catéchisme... La fête était rarement réussie : les enfants disaient en sortant de la messe : « Maman, est-ce que M. le curé a oublié la fête ? » Mais on faisait tout pour rendre la célébration plus sympathique, avec des chants et des musiques plus entraînants. C'était un effort utile.

Pourtant il lui arrivait de négliger un aspect (vital) de la messe : la présence véritable du Christ dans l'eucharistie.

Ce point-là a été perdu de vue, au point que l'on voit aujourd'hui des gens venir chercher l'eucharistie en mâchant de la gomme. C'est un symptôme : on a l'impression que le sens de l'eucharistie s'est un peu perdu en route.

L'eucharistie, c'est comme un père de famille qui a travaillé dur toute la semaine et qui pose sa paie sur la table en disant aux siens :

— Voilà tout le travail de ma semaine. Je vous le donne.

Je trouve que Jésus, le jour où Il réunit ses apôtres pour la première eucharistie, c'est comme s'Il déposait toute sa vie sur la table pendant le repas.

Quand Il leur dit : « Faites ceci en mémoire de Moi », c'est comme s'Il leur disait : « Chaque fois que vous le referez, Je vous redonnerai ma vie pour que vous donniez la vôtre. »

Quand je célèbre l'eucharistie, je mets toute la semaine des gens sur la table. Leur labeur, les études des jeunes, les tracas du monde : il me semble que j'offre le tout, pour qu'il devienne la Vie.

Je suis convaincu que Jésus est vraiment présent dans l'eucharistie. Lorsque je passe du temps devant le Saint Sacrement et que je prie, je crois que Jésus est là et qu'Il a pris ce moyen de venir me dire : « Je suis toujours avec toi. Je ne te laisserai jamais tomber. »

L'eucharistie, c'est aussi la force qui nous est donnée pour faire face à l'inattendu, aux duretés de l'existence. Je dis souvent aux gens :

— Si vous n'avez plus le goût de vivre, demandez-vous à quel moment vous avez perdu de vue l'eucharistie. C'est elle qui donne le goût de la vie, le goût de proposer partout l'Évangile et de se battre pour que la terre soit plus juste !

Que le sens de l'eucharistie se soit perdu pour beaucoup (quelque part entre 1970 et 1990) et qu'on en soit encore là, c'est trop clair. L'Église en a conscience. Le synode des évêques du monde entier, en octobre 2005, a été entièrement consacré à travailler sur ce sujet. Et c'est de cela que Benoît XVI nous parlera à Québec, en juin 2008, à l'occasion du Congrès eucharistique, quand il viendra célébrer la messe sur les Plaines d'Abraham.

Combien serons-nous à l'entendre ? On attend de 150 000 à 250 000 personnes... Des mouvements de jeunes, ici, se préparent déjà à cette rencontre. Par exemple le groupe Marie-Jeunesse[1], qui va témoigner dans les écoles. Puis-je dire quelque chose ici sans

---

1. La Famille Marie-Jeunesse : mouvement fondé en 1982 par Réal Lavoie, pour « l'évangélisation des jeunes par les jeunes ». Il est surtout implanté à Québec, à Sherbrooke et à Edmonston.

vexer ces jeunes-là ? Leur ton un peu trop « tradition-nel » (leur façon de parler tout le temps de la chasteté, etc.) dissuade d'autres jeunes d'écouter le message de Jésus. Et c'est dommage.

C'est une erreur que d'avoir l'air de ne pas faire partie de l'époque, alors que c'est elle qu'il faudrait évangéliser…

On retombe ici sur le problème lancinant de la « nouvelle évangélisation » : quel langage trouver pour toucher la masse des hommes et des femmes d'aujourd'hui ? Comment les rejoindre dans leurs vraies préoccupations, dans leurs attentes ? Comment ne pas les rebuter en ayant l'air de croyants trop pleins de certitudes ? Le but de l'évangélisation n'est pas de satisfaire l'évangélisateur, c'est de toucher réellement l'évangélisé !

Avez-vous remarqué que Benoît XVI, dans son homélie du dimanche matin aux JMJ de Cologne, devant un million de jeunes de 15 à 25 ans, a étonné les médias en ne prononçant pas un seul mot de morale ? Il a parlé de l'essentiel, c'est-à-dire du Christ et de l'eucharistie.

40 % des couples sont infidèles ? 40 % du clergé (peut-être) aussi

Je me souviens de mes débuts de jeune vicaire à la paroisse universitaire. Quand je me suis rendu compte que des prêtres (et des religieux des deux sexes) ne vivaient pas selon leurs engagements, j'ai été stupéfait comme peut l'être un garçon de 27 ans. Je pensais que la fidélité aux engagements était quelque chose de décisif ; et je constatais, en écoutant mes frères prêtres, mes sœurs religieuses, des souffrances et des incertitudes que je n'aurais pas soupçonnées un an plus tôt.

Je suis allé voir l'archevêque – c'était alors Mgr Fortier :

— Monseigneur, pouvez-vous m'expliquer cela ?

Il m'a répondu :

— Quarante pour cent des couples sont infidèles ; 40 % des prêtres le sont peut-être aussi.

Le chiffre m'a paru énorme.

J'avais cru venir parler de cas exceptionnels à mon évêque, et j'apprenais qu'ils n'étaient pas exceptionnels du tout ! Je commençais à me demander : « Mais dans quoi t'es-tu embarqué ? »

Mgr Fortier m'a dit :

— Mon fils, si tu veux te dynamiser, regarde ceux qui sont fidèles, au lieu de regarder ceux qui ne le sont pas.

J'ai suivi le conseil. J'ai vu que de très nombreux prêtres vivaient bien leur engagement.

Mais dans ma paroisse de stagiaire, le curé ne vivait pas ses engagements ! Je l'ai dit à Mgr Fortier. Il m'a répondu :

— Peut-être que le Seigneur t'a mis sur sa route pour que tu puisses l'aider à changer ?

Si c'était bien là l'idée du Seigneur, Il a dû être déçu. Je ne suis pas arrivé à faire changer de route mon curé ; ou plutôt, la route qu'il avait choisie l'a conduit à quitter la prêtrise.

Le jour où une télévision, m'ayant interviewé pendant une demi-heure, a laissé tomber toutes les idées importantes de l'entretien et n'en a gardé que cette phrase : « Moi, je n'ai jamais fait le vœu de chasteté », ça a fait tellement de bruit que Mgr Gaumond a dû, à son tour, répondre à la presse.

Les journalistes voulaient savoir « si c'était vrai que l'abbé Jolicœur n'avait pas fait le vœu de chasteté » !

L'évêque a dû tout reprendre à la base, en expliquant que les prêtres séculiers ont à vivre chastement (puisqu'ils s'engagent au célibat), mais qu'ils ne prononcent pas de « vœux » comme les religieux. Allez faire comprendre la différence entre les prêtres et les religieux : dans une époque où les données de base de la religion échappent à la plupart des gens, les subtilités du droit canonique échapperont à tout le monde...

En tout cas, le fait est là : n'être pas marié ne me pose pas de problème majeur. Je suis un prêtre qui était fait pour le célibat : j'ai besoin de cette forme de disponibilité pour être au service des gens.

La dernière fois que je suis allé voir ma tante Pierrette à Montréal, elle m'a demandé :

— Est-ce que tu es toujours célibataire ?

— Ma tante, as-tu déjà vu un homme marié sourire autant que moi ?

Ma tante Pierrette n'a que trop bien compris l'allusion : son propre mariage n'avait pas toujours été facile.

Mon célibat est une source d'épanouissement, parce qu'il me permet d'être disponible à de belles amitiés, féminines et masculines, ce qui a beaucoup d'importance pour un prêtre.

Avoir des enfants est une joie. C'est une joie aussi que d'aimer les enfants des autres et d'aider à leur éducation.

Quant au problème actuel de l'Église, qui est la raréfaction des prêtres, j'ai mon opinion. La voici : le vrai problème n'est pas celui des vocations sacerdotales mais plutôt de la reconnaissance de gens qui pourraient nous aider dans l'Église. Beaucoup d'hommes mariés pourraient avoir un rôle pastoral excellent. J'en connais au moins une bonne douzaine dans le diocèse de Sherbrooke, et ce serait une aide appréciable. Peut-être qu'un jour nos évêques reviendront de leur visite *ad limina*[1] avec des surprises ; mais pour l'instant, Rome n'a pas l'air d'en être arrivée là.

---

1. Visite au Vatican des évêques d'une région donnée. C'est l'occasion de faire le point sur les problèmes et les besoins de cette région.

Les divorcés remariés disent souvent : « L'Église est cruelle envers nous. Elle nous exclut. Elle nous tient à l'écart. »

Le mariage est un idéal de vie vers lequel on doit constamment tendre, et je ne manque pas une occasion de le dire à mes paroissiens. Mais quand des divorcés remariés viennent dans mon église, je peux dire qu'ils se sentent accueillis et aimés.

En agissant ainsi, je ne me singularise pas : les évêques sont tout à fait d'accord pour que les divorcés remariés viennent à l'église. Le seul problème est celui de la communion eucharistique. C'est un problème de taille. Mais pour accueillir ces hommes et ces femmes de façon inconditionnelle, il n'y a aucune difficulté.

Je vous ai dit au premier chapitre que j'ai une sœur, qui se prénomme Claudette. Son mariage a été l'événement le plus sacré de sa vie... jusqu'au moment où il n'a plus fonctionné. Quand le divorce s'est annoncé, nous nous sommes demandé comment ma mère allait supporter l'épreuve : cette femme – qui était la générosité même et qui ne pensait qu'aux autres – butait sur la question des divorcés ; il n'aurait pas fallu la pousser beaucoup pour qu'elle dise qu'au ciel ils devraient avoir un quartier à part.

Mais le divorce de sa fille lui a ouvert les yeux sur le drame humain que représente une séparation. Claudette avait raté une page importante de l'Évangile ? Elle en réussissait d'autres : c'était une mère extraordinaire pour ses deux filles ; dans sa vie professionnelle (elle gère une boutique de mode à Montréal), elle était d'une grande humanité avec ses employées. Même si elle vit depuis dix-sept ans avec un compagnon et si elle ne peut l'épouser religieusement puisqu'elle a divorcé, cela ne la prive pas de l'amour de Dieu.

Ce que je dis à Claudette, je le dis à tous ceux qui veulent bien m'entendre :

— Vous avez raté une belle page d'Évangile ? Mais rater un projet, aussi sacré soit-il, ne vous prive pas d'être aimé de Dieu.

Parler ainsi aux gens n'est pas les encourager à vivre dans le péché. Il s'agit juste de leur manifester l'accueil de Jésus. Que Dieu ne cesse jamais de nous aimer tous, c'est irréfutable ! Chacun peut entendre cela et le comprendre.

Je vous l'ai dit plusieurs fois déjà : la personne doit passer avant la loi.

De plus, il y a des cas où rompre la vie commune est une question de survie. On ne peut pas vivre enfermé dans une sorte de huis clos, avec une personne qui vous détruit et que vous détruisez. Je ne suis pas sûr que le fait que des époux finissent en psychiatrie soit le rêve de Dieu ni sa gloire !

Saint Irénée le dit dans une phrase très célèbre : « La gloire de Dieu, c'est l'homme vivant ; la gloire de l'homme, c'est de voir Dieu. »

« Voir Dieu », c'est adhérer à l'alliance de Dieu, en suivant sa parole.

C'est Jésus, dans l'Évangile, qui fonde le mariage indissoluble : avant Lui, le judaïsme – comme toutes les civilisations antiques – pratiquait la répudiation. Mais comment concilier cet idéal et les faiblesses humaines ?

Comment ne pas donner aux hommes et aux femmes l'impression qu'on les sacrifie à une loi ?

Comment leur faire sentir que Dieu leur offre son bonheur infini, s'ils veulent bien Le suivre ?

Les chrétiens orthodoxes et les protestants ont réintroduit le divorce, avec des modalités variables, par égard pour la faiblesse humaine…

Tout cela se mêle et s'embrouille aujourd'hui dans l'esprit des catholiques : ils ne voient pas pourquoi l'Église maintient une règle qui contredit l'esprit de la société moderne et qui a l'air de nier les souffrances des individus.

Que peut faire le prêtre face à ces êtres en souffrance, face à ces couples remariés qui viennent le voir ? Comment leur expliquer ce qui ne se comprend que par la théologie ?

Et face à sa propre conscience, qu'est-ce que le prêtre peut se dire à lui-même ?

Si l'on veut que le mariage ait une chance de durer, il y a un art de vivre qu'il faut apprendre et que j'indique aux nouveaux époux chaque fois que je célèbre des noces[1]. Mais si ça ne dure pas (et très souvent ça craque), le prêtre n'a qu'une seule attitude possible devant les couples naufragés, ou même remariés : l'attitude de Jésus Lui-même, à qui les pharisiens et les grands prêtres reprochaient de « faire bon accueil aux pécheurs ».

Il est vrai que Jésus disait aussi aux pécheurs : « Ne pèche plus. » Ce qui n'est pas toujours simple à entendre, et encore moins à mettre en pratique.

---

1. Voir au chapitre 9.

7

La rue aussi, c'est mon église

Je suis né sur l'asphalte de Montréal, je vous l'ai dit : la rue est mon univers. Je marche dans la ville, je fais des rencontres, je jase avec les gens ; la rue m'a appris le monde.

La rue est mon église. Et l'Église doit être dans la rue. Mais c'est encore loin d'être le cas !

Je vous raconte un souvenir, qui m'a laissé une impression de désolation. Nous avions un très grand joueur de hockey qui s'appelait Maurice Richard[1]. On le surnommait « Le Rocket » (« la fusée ») : c'était l'un des meilleurs du club des Canadiens de Montréal ; Félix Leclerc avait dit de lui :

Quand il lance, l'Amérique hurle.
Quand il compte, les sourds entendent.
Quand il est puni, les lignes téléphoniques sautent.
Quand il passe, les recrues rêvent.
C'est le vent qui patine.
C'est tout le Québec debout,
qui fait peur et qui vit !

---

1. « Le plus grand pur buteur qui ait jamais foulé les patinoires de la Ligue nationale », dira-t-on de Maurice Richard. Un film à sa gloire est sorti en avril 2006.

« Quand il chargeait vers vous, le palet collait à sa crosse et ses yeux clignotaient et scintillaient comme les lumières d'un flipper, c'était effrayant », racontait le gardien de but de l'équipe américaine de Chicago.

« Sa seule présence suffit à électriser les foules », avait dit un gouverneur général du Canada.

Maurice Richard, fils d'un menuisier de Gaspésie, était devenu le symbole du Québec : lorsque le président (anglophone) de la Ligue – en pleine série de la coupe Stanley de 1955 – s'était permis de suspendre Richard pour avoir bousculé un arbitre, il y avait eu une vraie insurrection dans les rues de Montréal pour exiger son retour en compétition. Le suspendu était intervenu lui-même à la radio pour rétablir le calme ! L'événement est passé à l'histoire sous le nom de « l'Émeute Maurice Richard »…

Cet homme était le champion total : record de buts, record de points. C'était aussi un bagarreur terrible. L'idole du peuple.

Quand Maurice Richard meurt d'un cancer, à 78 ans, le 27 mai 2000, on lui fait des funérailles quasi nationales. J'y prends part – je vous parlerai plus loin de ma passion pour les sports, hockey et base-ball.

La belle église Notre-Dame de Montréal est pleine à craquer. La foule vibre d'émotion.

Et c'est là que j'entends la pire chose de mon existence. Quelques instants avant la communion, le curé prend le micro et dit à cette foule :

— La communion est réservée seulement à ceux qui en ont *l'habitude.*

« L'habitude » ? Quel mot révoltant ! Je regarde le cardinal Turcotte[1]. Il a l'air malheureux.

Je regarde les jeunes joueurs de hockey se rasseoir :

---

1. Jean-Claude Turcotte, archevêque de Montréal depuis 1990.

José Théodore, Benoît Brunet, Patrice Brisebois. Ils ne vont pas pouvoir communier. Ils n'ont sans doute pas « l'habitude » de l'eucharistie…

Ce jour-là, lors du départ de leur grand homme, autour de la table de l'eucharistie, Jésus attend les jeunes pour leur offrir le Pain. Et le curé le leur refuse !

Et ce refus, il ne cherche même pas à le justifier : il n'invoque pas les complications théologiques, il ne parle pas d'état de grâce, de sacrement du pardon, comme il aurait pu le faire s'il tenait vraiment à placer un filtre entre l'eucharistie et la foule.

Non, il a simplement ce mot atroce : « l'habitude ». Un mot qui non seulement n'a rien à voir avec la théologie, mais constitue une offense à Jésus. Comme si l'on pouvait *s'habituer* à l'eucharistie, cette « explosion nucléaire au cœur de celui qui la reçoit », ainsi que Benoît XVI le dira aux jeunes des JMJ en 2005 !

Ne privons jamais personne de la parole de Dieu. Ne privons jamais personne de l'eucharistie. « Je ne suis pas venu pour les bien portants, je suis venu pour les malades, les pécheurs, les pauvres… » N'entrons jamais dans la chambre de la conscience humaine, tenons-nous dans l'antichambre.

Cela peut faire des miracles.

Et puisque nous parlons de sport, laissez-moi vous en dire un peu plus.

Comment le base-ball rend un curé meilleur

On vous dira que le curé Jolicœur a une passion, le base-ball, qui lui vient de son père.

Voilà comment les choses ont commencé. Dans ma jeunesse, aller aux matchs de base-ball est pour moi un moyen d'être avec papa. Près de la maison où nous habitons à Montréal, il y a un petit stade tout neuf, le Parc Jarry, qui peut accueillir douze mille spectateurs.

J'entends encore mon père me dire :

— J'ai deux billets, viens-tu avec moi ?

Au début, le base-ball en soi ne me parle pas beaucoup. Mais l'idée d'aller passer quelques heures avec mon père, voilà un objectif. Je le vois rarement en ce temps-là : son travail le dévore. Quant à moi, je termine mes études secondaires à Cap-Rouge, chez les rédemptoristes ; je ne suis pas souvent à la maison. Raison de plus pour sauter sur l'occasion quand je suis là et que mon père m'offre de l'accompagner au Parc Jarry.

Sans oublier que le base-ball, en ces années-là, est en train de devenir un sujet de fierté nationale pour les Québécois. À Montréal, une équipe de base-ball majeure a vu le jour en 1968 : elle s'appelle *les Expos* (en souvenir de l'Exposition universelle de l'année précédente). Les joueurs de cette équipe québécoise sont les seuls professionnels canadiens capables de rivaliser avec les Américains. Vous voyez l'ampleur de l'événement ! En 1969, c'est au stade Jarry qu'ils vont disputer leur premier match. À ce moment je suis sur le point d'entrer au noviciat des rédemptoristes. Je reverrai jouer les Expos l'année suivante, avant d'entrer chez les moines de Saint-Benoît-du-Lac. Je les verrai jouer de nouveau en 1972, avant d'aller m'inscrire à l'université de Sherbrooke... Ma vie spirituelle est jalonnée de matchs de base-ball.

Oserai-je l'avouer ? Pendant que je suis novice bénédictin à Saint-Benoît-du-Lac, j'attends les visites de mon père, ou de ma sœur avec son mari, pour parler base-ball pendant des demi-heures entières.

Je garde même clandestinement une petite radio pour pouvoir écouter les résultats des matchs. Et les autres

moines viennent, sur la pointe des sandales, me demander en catimini : « Est-ce que les Expos ont gagné ? »

Je ne suis pas le seul mordu, dans cette abbaye. Le
frère D. a lui aussi une miniradio, pour écouter le
hockey. Mais on lui en a donné le droit, à lui ! Alors
qu'en ce qui me concerne, le père maître des novices
jette à la corbeille les coupures de journaux sportifs
que ma mère m'envoie dans ses lettres.

Quand je constate le privilège inouï dont jouit le
frère D., je n'hésite pas (moi qui ne suis qu'un novice)
à demander la pareille au père abbé.

Eh bien non : lui aussi refuse…

Mais il m'explique :

—J'ai donné la permission au frère D., qui est
moine depuis longtemps, parce que c'est nécessaire à
son équilibre. Comprenez bien, frère Jolicœur : j'aime
mieux un moine qui écoute les résultats sportifs dans
sa cellule plutôt qu'un moine en psychiatrie à longueur
d'année…

J'ai trouvé l'abbé très humain. Et je vous livre cette
toute petite histoire pour que vous saisissiez qu'au
monastère il y a de la compréhension – n'en déplaise à
Voltaire.

Lorsque je suis ordonné prêtre, en 1976, les paroissiens de l'église du Saint-Esprit à Sherbrooke m'offrent
comme cadeau une semaine à Hawaï ; j'en profite pour
faire des escales de base-ball à Los Angeles, à San
Francisco et à San Diego.

En 1977, l'équipe des Expos déménage : elle quitte
le stade Jarry pour le Stade olympique de Montréal. À
cette date, je suis jeune prêtre dans une paroisse de
Sherbrooke ; de plus en plus mordu de base-ball, je
vois autant de matchs que je le peux, jusqu'aux États-
Unis. On me voit passer trois ou quatre jours sur les
stades d'Atlanta, de Cincinnati, de Chicago… Je fais
partie de la famille, je connais tous les joueurs, tous les

journalistes sportifs : on me voit un peu partout en leur compagnie, à travers l'Amérique du base-ball.

Dans mes presbytères successifs s'empileront les balles dédicacées, les photos, les casquettes, les gants, les maillots, les blousons ; je m'habille comme un joueur de base-ball, et les gens finissent par me demander mes pronostics comme à un expert.

Quand je me retrouve à Saint-Louis pour voir jouer l'équipe de la ville, qui se nomme les Cardinals, les journalistes s'amusent : « Le curé Jolicœur aspire à devenir cardinal. »

Quand je m'embarque pour l'Arizona dans le même avion que le chroniqueur Rodger Brulotte, du *Journal de Montréal*, la presse s'amuse encore plus : « Le curé Jolicœur jusqu'en Arizona pour sauver l'âme de Rodger Brulotte – s'il doit entendre sa confession ça va être très long, on risque même de manquer les matchs… » Brulotte a une mère protestante qui m'adore et qui vient à la messe dans ma paroisse quand elle passe à Sherbrooke. Son fils ironise, en ce temps-là : « Ma mère t'adore. Elle t'adorerait encore plus si tu te faisais couper les cheveux. »

Pourquoi le base-ball me plaît-il autant ? Parce qu'il amène peu de violence. Parce qu'il déploie toutes sortes de stratégies. Et parce qu'il détend magnifiquement le spectateur ! C'est important pour un prêtre de se donner des espaces hors de son ministère pour décompresser, pour respirer autrement.

Et je fais de belles rencontres au Stade olympique, en allant voir jouer les Expos. J'ai de bonnes relations avec les joueurs, qui me connaissent en tant que prêtre catholique. J'en aiderai quelques-uns quand ils auront des mésaventures familiales ou judiciaires. Un ex-lanceur des Expos, Claude Raymond[1], me demandera de célébrer le mariage de sa fille…

---

1. Le Québécois Claude Raymond, venu des Atlanta Braves, joue chez les Montreal Expos de 1969 à 1972.

Je me souviens aussi de Dennis Martinez[1] : le premier Nicaraguayen à être entré en ligue majeure, celui que ses fans appelaient *El Presidente*, et qui avait réussi à se libérer de l'alcool pour reconquérir sa place en compétition. Il allait devenir pour moi un ami.

Au camp d'entraînement des Expos, en Floride, il me dit :

— Voudriez-vous recevoir ma confession ?

Je m'assieds sur le banc des joueurs. Martinez s'inquiète :

— Je peux me confesser en espagnol, ou préférez-vous l'anglais ?

— Le bon Dieu comprend toutes les langues.

Et j'écoute la confession du lanceur latino-américain le plus gagnant de tous les temps : en principe je ne parle pas espagnol mais, là, j'ai l'impression de comprendre tout ce qu'il dit. Et je lui donne l'absolution. En français. Du coup, chaque fois que nous nous rencontrerons dans l'avenir, il ne m'appellera plus que *Frenchie*. En souvenir de cette confession, il me fera cadeau d'une balle, dédicacée par lui, de son célèbre « *perfect game*[2] » de 1991 : 2-0 contre les Dodgers de Los Angeles. Je l'ai toujours, cette balle, ornée de son paraphe aux grandes initiales à boucles joliment désuètes. Un objet de collection comme celui-là vaut des milliers de dollars aujourd'hui ; il vaudra encore plus cher lorsque Martinez ne sera plus sur cette terre. Je conserve la balle précieusement : elle servira à aider une œuvre sociale en difficulté.

---

1. José Dennis Martinez Emilia : né en 1955 au Nicaragua, joueur professionnel de 1976 à 1998 (lanceur droitier), il joua pour cinq équipes majeures successives, dont les Expos de 1987 à 1993. Ultérieurement ministre des Sports du Nicaragua. Il parraine une fondation pour le soutien à l'enfance défavorisée.

2. Un exploit rare. Le « *perfect game* » de Martinez en 1991 fut le 15e de toute l'histoire de la *Major League*, et le 2e de l'histoire du Dodger Stadium de L.A.

Vite connu de tout le diocèse, cet « amour du curé Jolicœur pour le base-ball » contribuera beaucoup à me rendre attachant auprès de mes paroissiens :

— Le curé est comme nous. Il a des passions hors de son travail. Dans ses homélies, il nous parle d'expériences qu'il a vécues au base-ball !

Il m'arrive même, un jour, de prêcher avec la casquette des Expos sur la tête ; l'assistance est en joie. On sait que lorsque j'arrive sur un stade, j'oublie tout ; la seule différence entre la foule et moi, c'est que je n'aime pas la bière.

Pour le reste, je suis exactement comme tout bon Québécois : fier de l'équipe de Montréal.

Quand une grève subite est organisée dans le base-ball majeur international, sabotant ainsi la saison alors que les Expos étaient en première position, nous en déduisons instantanément que « c'est un tour des Américains pour nous empêcher de gagner la série mondiale ». Est-ce de là que date ma méfiance envers eux ? En tout cas, l'année suivante, nos meilleurs joueurs commencent à déserter pour aller jouer dans les équipes de New York ou de Chicago, et se faire payer en billets verts. Impardonnable ! Je vais même prendre la parole à ce moment-là, dans les journaux et à la radio, pour dénoncer le sort que l'on faisait à la seule équipe canadienne du base-ball majeur ! (Ça ne durera pas, puisque l'équipe de Toronto fera surface ensuite ; on se consolera en se disant que dans tous les domaines, Toronto arrive toujours après Montréal.)

Voilà le climat du base-ball. Il est robuste. Mais quand je reviens dans ma paroisse, je suis plus détendu, plus accueillant, plus patient…

Et cette passion base-ballistique a fait naître entre mes paroissiens et moi des rapports fraternels que je n'aurais jamais eus sans elle. « Si tu veux être leur ami, intéresse-toi à ce qui les intéresse… »

Feu Roland Beaudoin, paroissien de l'église du Saint-Esprit de Sherbrooke, était un banquier, ce qui ne l'empêchait pas de partager ma passion du base-ball. Nous nous connaissions depuis le temps de mes études à l'université de Sherbrooke ; il avait déjà la soixantaine à cette époque-là. Un jour de 1976 – j'ai 28 ans, je viens tout juste d'être nommé vicaire –, il me dit :

— Robert, c'est le match des étoiles...

Ce match-là a lieu à Montréal une fois tous les trente ans : on en voit deux au maximum dans une vie entière ! Beaudoin ajoute :

— Est-ce que c'est vrai que tu as deux billets pour ce match ?

— C'est vrai.

À l'époque, ce billet vaut 100 dollars.

— Je t'offre 1 000 dollars si tu me cèdes un de tes deux billets, et si je t'accompagne au match.

Je me dis : « Ah ! un homme comme ça, déjà âgé, un grand financier taciturne, qui tient absolument à aller au base-ball ! »

Nous y sommes allés ensemble. La suite de l'histoire, c'est que ce sont les époux Beaudoin (Roland et Normande) qui m'ont emmené en avion aux grands matchs à Cincinnati, à Philadelphie, à New York. Beaudoin était parfaitement bilingue : c'est lui, au début, qui m'obtenait les autographes des stars américaines du base-ball.

Et les Beaudoin se sont faits, en quelque sorte, mes parents adoptifs à Sherbrooke... Quand est venu le temps de financer la construction de ma nouvelle église Saint-Charles-Garnier, en 1994, Roland Beaudoin fut l'un de ceux qui m'ont le plus aidé. C'est d'ailleurs lui qui m'a initié au langage de l'argent, de la gestion, des placements, de la Bourse, des taux de change : mystères dont j'ignorais tout et qui ne me fascinent toujours pas, mais qu'un curé doit connaître s'il veut être un bon administrateur. Quand mon évêque posait ses lunettes sur le relevé de comptes et qu'il me disait : « C'est ta paroisse qui a les meilleurs revenus de l'année dans ce diocèse », j'avais une pensée émue pour le défunt banquier qui aimait le base-ball.

Mais si un prêtre fréquente des hommes riches, c'est pour pouvoir aider les gens pauvres. Un jour de 1978, étant vicaire à l'Immaculée-Conception, qui est une paroisse moins favorisée, je vois arriver au presbytère un père et son fils. Ils viennent chercher un dépannage alimentaire. Le jeune s'appelle Louis. Il a 16 ou 17 ans, et l'air triste. Il me dit :

— On dit que tu aimes le base-ball ?

— On ne t'a pas menti.

— Moi, mon rêve, ça aurait été de voir jouer les Mets[1] à New York.

Je garde cette conversation dans ma mémoire. Quelque mois plus tard, un homme d'affaires – de la paroisse du Saint-Esprit – me dit : « Robert, j'aimerais te faire plaisir… » Et il m'offre le voyage de New York pour aller voir jouer les Mets. Je lui demande : « Tu n'offrirais pas deux billets ? » Et je téléphone au jeune Louis. Dans l'avion, il en a les larmes aux yeux.

Beaucoup de personnes riches m'ont aidé à soutenir des gens démunis. Ce qui est significatif, c'est que le base-ball ait servi de trait d'union : ma passion, mon évasion finissait toujours par se traduire en rencontres spirituelles et en aides matérielles pour les pauvres que je soutenais.

Mes confrères me disaient : « Tu es chanceux, toi, tu as une passion ! » Leurs loisirs à eux, c'était d'aller se

---

1. Franchise de la Ligue majeure de base-ball, dans le district (multiethnique) du Queens à New York.

bercer au chalet[1], passe-temps qui n'a rien de répréhensible mais qui n'ouvre tout de même pas sur grandchose. Le meilleur loisir est celui qui nous met en relation avec encore plus d'êtres humains... Le 13 mai 2006, on m'a choisi pour être le président d'honneur des Expos de Sherbrooke[2] : quand je lance la première balle de leur saison, je sais que, dans le stade, une foule de gens vont dire : « Ça c'est un curé humain, qui ne vit pas enfermé dans son presbytère. »

Un jour l'évêque m'a fait prêtre. Mais c'est le peuple de la rue qui me fait, chaque jour, un meilleur prêtre. C'est là que j'ai appris à durer, à lutter, à aimer et à regarder à la manière de Jésus. C'est dans la rue que j'ai compris les pages d'Évangile que je partage avec vous ici.

Quinze punks anar à Sherbrooke...

Nous sommes en 2002, j'ai une émission de radio le dimanche matin sur CHLT ; je marche dans les rues et il est près de minuit. Un jeune m'aborde dans la rue :

— Hey, c'est-tu toé le curé *fucké*[3] ?

Quand un jeune vous aborde sur ce ton, c'est bon signe et ce n'est pas fréquent. En m'appelant « curé *fucké* », mon interlocuteur me donne un brevet de non-conformisme. Il veut dire que je suis spécial, que je sors de l'ordinaire.

Le gars est entièrement vêtu de noir : il a le genre gothique, avec un capuchon noir trop grand pour sa tête ; un look à faire peur... Mais il faut savoir dépasser les apparences ; c'est un pari dont j'ai l'habitude.

---

1. En France on dirait « d'aller se mettre au vert ».
2. Équipe de base-ball.
3. En France on dirait « déjanté ».

Je lui renvoie la question :

— Le curé comment ?

— Ça serait-y toi le curé Jolicœur ?

Il ajoute :

— Je sais pas si t'es au courant : si je suis vivant aujourd'hui, c'est grâce à toi.

— Ah oui ? Je ne te connais même pas...

Et là, j'entends une histoire dont je me souviendrai longtemps. Le garçon est un prisonnier en permission. Il raconte :

— Au centre de détention, le dimanche, on nous branche sur l'émission « Le Pari du cœur » avec Robert Jolicœur. Un jour tu as dit : « Chaque personne est plus belle que le mal qu'elle a pu faire. » Au moment où j'ai entendu cette phrase, je venais de déchirer ma camisole pour me pendre avec... J'ai tout arrêté et je me suis dit : « Tu vas le montrer à ta famille, que t'es plus beau que ce que t'as pu faire un jour. »

Il me regarde en face :

— Je m'appelle Simon. Est-ce que ça te tente qu'on aille jaser quelque part ?

On s'est assis sur un banc, comme ça, en pleine nuit. Deux mille ans plus tôt, Jésus de Nazareth n'avait pas peur de risquer le contact avec les inconnus. Et puis j'ai une impression de paternité à l'égard de ce Simon qui me doit la vie à cause d'un mot à la radio...

Le gars donnait l'impression de se foutre de tout ; je constate (comme je m'y attendais) qu'il est riche en idées. Il se pose une masse de questions ! Et il me les pose à moi. J'y réponds comme je peux. Tantôt bien inspiré, tantôt niaiseux.

À un moment donné, je lui dis machinalement :

— Dieu t'aime, tu sais...

Dire cela à un détenu, ça manque de pédagogie. Il me rétorque :

— Dieu m'aime ? Qu'est-ce que tu veux que ça me fasse ? Moi, ce qui m'intéresse de savoir, c'est : *toi,* m'aimes-tu vraiment ? Si toi tu m'aimes, peut-être que j'aurai le goût de te croire quand tu me dis que Dieu « est amour ».

Je lui dis, en pesant mes mots :

— Bien sûr que je t'aime, *toi.*

Le froid tombait. Je l'ai emmené prendre un café avant qu'il ne regagne sa prison, et je ne l'ai jamais revu. Mais j'ai souvent eu l'occasion de l'entendre, le petit v'limeux[1] ! Savez-vous à quoi ça mène, de dire à un prisonnier qu'on l'aime ? Dix fois par semaine, le téléphone sonne chez vous, et on vous demande si vous acceptez de payer la communication : « C'est Simon, du centre de détention… » Vivre l'Évangile allonge les notes de téléphone. C'est facile de dire aux gens qu'on les aime ; ensuite il faut le leur prouver. Je ne sais plus quel écrivain français l'a écrit : l'amour sans preuves n'existe pas. C'est une idée chrétienne, quand on y pense.

Il y a un quartier chaud à Sherbrooke, dans le centre-ville. Je le traverse un jour, et voilà qu'une jolie femme m'accoste :

— On sort ce soir ?

C'est évidemment une prostituée. Je lui dis :

— Veux-tu t'asseoir avec moi ? On va prendre une limonade.

Au début elle ne sait pas que je suis un curé. Je m'imagine Jésus de Nazareth assis avec elle dans ce petit café, en train de jaser comme nous le faisions.

— Est-ce que tu sais ce que je fais dans la vie ? Je suis prêtre. Ce que je peux t'offrir, c'est beaucoup plus beau que ce que peuvent t'offrir les hommes que

---

1. « Se dit d'un être qui a de la ruse, de l'habileté, de l'audace pour se tirer d'embarras ou réussir », *Dictionnaire du français québécois*, Presses de l'université de Laval.

tu rencontres. Je peux t'offrir du temps. Je peux t'écouter.

Elle commence à me raconter qu'elle a eu trois enfants avec différents hommes, et que si elle fait ce métier-là c'est pour nourrir ses enfants, pour leur assurer une éducation.

Ce jour-là, dans la rue, je pleure avec elle. Je souffre pour elle.

Par la suite je lui trouverai un petit emploi dans une manufacture, où elle pourra gagner sa vie autrement. Et c'est encore une rencontre qui justifie le pari du cœur. Personne n'est irrécupérable !

Le centre-ville de Sherbrooke a aussi une petite gare désaffectée. Je passe un soir le long de ce bâtiment et je tombe sur une bande de punks. Ils sont une quinzaine. Sur leurs vestes ils arborent le A dans un cercle – le logo international des anarchistes. Cette fois, c'est moi qui ouvre la conversation :

— Tu peux m'expliquer ce que ça veut dire, ce A ?

— Toi, t'es le curé Jolicœur, riposte un des jeunes.

Il ajoute :

— Ma grand-mère, elle t'aime beaucoup. Elle me dit toujours : « Moi je te comprends pas, mais va voir le curé Jolicœur. » Quand je vais lui dire que je t'ai vu... Viens dans la petite gare de trains, on va jaser.

Je m'assieds dans l'ancienne gare avec les quinze punks anarchistes... et la nuit entière va passer en discussion, de minuit à 6 heures du matin. Et je me dis : « Ils sont punks mais pas niaiseux, ils ont beaucoup d'idées ! » Ils s'enlaidissent autant qu'ils peuvent, c'est une façon de lancer un message au reste de la société : « Vous me regardez, madame, et vous trouvez que je suis laid ? Mais la société où vous vivez présentement, elle est encore plus laide que ce que je vous projette comme image ! Prenez le temps de comprendre que ça ne pourra pas durer longtemps comme ça, qu'on est en train de détruire la terre ! »

C'est ce qu'ils nous disent dans leurs chansons, leur musique, si on prend le temps et le pari de les écouter. Décodez-les, vous les apprécierez : vous découvrirez que ce laid cache du beau.

À Montréal, en sortant d'un show du groupe de punk rock Conflict, je discute avec un jeune à crête rouge qui porte un rat blanc sur l'épaule. Il est comme toute la jeunesse d'aujourd'hui : il trouve angoissants le monde qu'on nous impose, la grosse machine du profit qui saccage la planète, la société où même les diplômés ne trouvent pas d'autres emplois que des jobs précaires, très au-dessous de leur qualification...

Mais lui, avec ses copains anar, il ne se résigne pas à vivre dans la peur. Il rêve de tout bazarder. Il veut changer le monde. Je lui dis :

— C'est grand, comme idée. Comment feras-tu ?

— Ça, j'en sais rien !

On est allés manger un poulet grillé au Saint-Hubert ; il avait mis le rat blanc au fond d'une poche de sa parka.

... et cinq clochards en Abitibi

Quand j'arrive dans une nouvelle ville, la première chose que je fais est d'aller marcher dans ses rues. Me voilà en tournée dans l'Abitibi[1] avec Évangélisation 2000. La première ville que nous visitons est Rouyn-Noranda.

C'est une cité minière – « la capitale du cuivre canadien » –, mais ici le nombre de pauvres a augmenté

1. L'Abitibi-Témiscamingue : région de l'est du Québec. Rouyn-Noranda (fondée en 1926) a 46 000 habitants.

dans ces dernières années : 17 % des habitants vivent au-dessous du seuil de pauvreté – pire que dans le reste du Québec.

Je me mets à explorer les rues. Je m'assieds un instant sur les marches d'une église ; un groupe de cinq clochards est là aussi. Extrêmement crasseux, ils ont les doigts bruns à force de cigarettes, les dents cassées, et sont affublés de vêtements trop petits ou trop grands. L'air de punks malgré eux… Ils sont tellement spectaculaires qu'ils ont l'air de sortir d'un épisode des *Bougon*[1]. En me voyant m'asseoir à côté d'eux, ils regardent mon vieux jean, mon vieux tee-shirt, ma vieille casquette, et ils me demandent si je postule moi aussi à la clochardise :

— T'es nouveau dans la place ?

— Je suis nouveau, mais je suis curé.

Et je leur explique que ce soir, je ferai un témoignage avec Évangélisation 2000 dans la grande salle des fêtes rouynorandienne. Les gars me disent qu'ils sont « allés sonner tantôt au presbytère », mais que le curé les a éconduits en leur disant : « Vous ne savez pas lire ? C'est écrit sur la porte : *le bureau est fermé.* »

Ils me questionnent :

— Est-ce que toi tu es un curé comme ça, avec des heures de bureau ?

Je n'en revenais pas. « Le bureau est fermé »… Répondre cela à quelqu'un, quand on est un prêtre ! Les pauvres qui viennent sonner au presbytère, c'est la richesse de notre Église : la moindre des choses est d'avoir de la compassion pour eux. Ils n'attendent certainement pas de nous qu'on leur dise de revenir aux heures d'ouverture.

---

1. Série télévisée satirique qui met en scène une famille vivant de l'aide sociale.

Il y a un petit dépanneur[1] de l'autre côté de la rue ; j'y achète à manger pour mes clochards et moi. En les quittant, je leur laisse cinq billets gratuits pour la réunion du soir.

Quand j'arrive à la grande salle où se tient la rencontre d'Évangélisation 2000, je trouve mes cinq pouilleux à l'entrée : ils viennent participer. Ils ne sont pas ton sur ton avec le reste de la foule… À la fin de la soirée, ils me disent :

— Le curé qui n'a pas voulu nous recevoir ce matin, il était là ce soir.

Ils sont pliés de rire : j'ai raconté leur histoire au micro pendant la réunion, ignorant que le héros de l'affaire était là, assis au premier rang.

Je dis à mes clochards :

— Même les curés peuvent être évangélisés. Si un curé meurt et qu'il a un million de dollars en placements, c'est qu'il a dû sauter des pages d'Évangile au cours de sa carrière : quelques occasions de partage ont dû échapper à son attention.

Quand je dis que la rue m'a profondément marqué, ce ne sont pas des mots en l'air. À ma naissance à Montréal je n'ai pas ouvert les yeux sur des grands champs de blé, je n'ai pas senti le parfum des fleurs, je n'ai pas entendu le chant des oiseaux : j'ai vraiment été un fils de la ville. Aujourd'hui, au Québec et dans d'autres pays occidentaux, on ferme des églises, mais on est en train de redécouvrir que la rue – aussi – est le temple où Jésus nous attend. La rue ne m'a jamais déçu.

---

1. En français du Québec et de l'Ontario : magasin d'alimentation.

8

Je regarde peu la télévision : la vraie vie m'occupe trop !

Je n'ai pas le temps de naviguer sur Internet. Mes réseaux réels – les personnes réelles, les êtres humains en chair et en os – prennent toutes mes journées.

Je n'ai guère de temps non plus pour regarder la télévision... Je regarde les informations tous les jours, pour rester connecté au monde, et je peux regarder de temps en temps un bon match de base-ball en mangeant des croustilles, comme tout un chacun ; mais si on sonne pendant ce temps-là pour me demander d'aller m'occuper de quelqu'un, je laisse tomber instantanément le match.

Au fond, je ne suis pas très télé : et je ne crois pas qu'un prêtre puisse l'être s'il fait vraiment bien ce qu'il doit faire.

Ces dernières années, on a vu déferler partout dans le monde les émissions de « télé-réalité » : les « Loft Story » et tout ce qui s'ensuit. Des millions de Québécois suivaient chaque semaine ces histoires fabriquées, et je me disais : « Faut-il avoir du temps à perdre ! »

Bien sûr je comprends les téléspectateurs : ils rêvent de grandes amours, de beauté, de richesse, de célébrité.

Mais ce que le prêtre peut leur apporter est autrement plus fort et plus vrai. La tendance de la société de consommation est la suivante : de plus en plus de

196

temps pour le spectacle (consommé en solo, chez soi) et de moins en moins de temps pour autrui ; le prêtre va en sens inverse : tout son temps pour autrui, très peu pour la consommation.

Mais si je n'aime pas trop la télévision, j'aime beaucoup la musique de variétés ; et c'est un goût que je partage avec la masse des Québécois. Les shows de *heavy metal*, c'était avec mes élèves, pour m'intéresser à ce qui les intéressait ; et puis dans ces concerts-là, l'effet de foule a quelque chose de soulevant, d'irrésistible… Mais l'âge venant, j'évite, je commence à trouver que ça fait du bruit ; quand j'y vais maintenant (une fois par an), je mets cinq jours à m'en remettre. Il y a un temps pour chaque chose, dit l'Ecclésiaste.

Aujourd'hui je préfère aller entendre Yves Duteil. Ou Lynda Lemay, la Québécoise aux deux *y*, avec ses beaux textes.

Je suis fier de Céline Dion, cette fille de chez nous qui a conquis le public mondial : une star internationale née à Charlemagne, un village près de Montréal, dans une famille de quatorze enfants… Un de ces jours, j'irai la voir à Las Vegas.

Je suis aussi fier de Garou[1]. Je fredonne souvent sa chanson *L'Adieu* :

Adieu, aux arbres mouillés de septembre
À leur soleil de souvenir
À ces mots doux, à ces mots tendres
Que je t'ai entendu me dire…
L'adieu
N'est que vérité devant Dieu
Tout le reste est lettre à écrire[2]…

---

1. De son vrai nom Pierre Garand, né en 1972 à Sherbrooke.
2. Paroles et musique de Didier Barbelivien.

La chanson est archiconnue, mais ce qu'on ne sait pas dans le monde, c'est que le chanteur est le fils d'un garagiste de Sherbrooke !

Son attachement aux gens d'ici est émouvant. Je le lui dis, quand je le rencontre au Pavillon Rock Forest que je visite chaque semaine, où vit sa grand-mère de 90 ans. Garou m'émeut chaque fois que je le vois là. On ne peut pas décrire sa gentillesse. C'est comme s'il était le petit-fils de toutes les vieilles personnes qui vivent dans cette maison ; ses visites sèment la joie. Qu'un garçon comme lui prenne autant de soin des anciens, avec une telle délicatesse, c'est une merveille – de nos jours.

C'est à une cérémonie de deuil qu'on s'est rencontrés pour la première fois, Garou et moi… En 1996, je célébrais les funérailles de mon amie Isabelle Bolduc[1] : cette jeune fille qui travaillait dans un petit bar de Sherbrooke et qui avait été violée, tuée et jetée dans un ravin par trois hommes de la ville ; une horreur qui avait traumatisé la région. Garou est venu aux funérailles. Et le drame d'Isabelle lui a inspiré une chanson. Elle s'intitulait *Demande au soleil* :

Qu'est-ce que j'ai fait pour qu'on m'enlève
Ma vie, mon amour, et mes rêves
Je te rejoindrai
Mais dans quelles contrées…

J'aimais Garou comme chanteur ; j'ai appris à aimer en lui l'être humain. Entre lui et moi, il y a une autre histoire de messe de funérailles. En septembre 2003, quelque temps avant que mon amie la chanteuse Claire Jolicœur[2] – qui était de Sherbrooke – ne meure à la maison Aube-Lumière, il était allé la voir ; elle se savait mourante.

1. Voir au chapitre 6, *Je dis au prisonnier en crise...*
2. Voir au chapitre 12, *L'art de faire le premier pas.*

Garou lui avait apporté ce jour-là quelque chose qui l'avait touchée aux larmes. C'était un grand poster sur lequel il avait écrit : « Votre vie est comme vos chansons : éternelle. » Quand j'ai dû prononcer l'homélie aux funérailles de Claire, j'ai apporté ce poster dans l'église, et c'est par les mots de Garou que j'ai commencé.

Puisque nous parlons de chanson, laissez-moi vous parler d'un autre chanteur…

L'extraordinaire histoire du petit Jeremy

Jeremy Gabriel est un petit garçon de 9 ans.

Il est gravement handicapé : atteint d'une maladie génétique rare, le syndrome de Treacher-Collins[1], Jeremy est né sourd, le visage déformé, avec un déficit du système immunitaire.

Sa mère, Sylvie, me disait :

— Quand je portais Jeremy et que je savais qu'il serait infirme, un tas de gens me disaient : « Fais-toi avorter ! Fais-toi avorter ! » Mais j'ai pris le pari que cet enfant-là deviendrait ma joie.

Jeremy a été opéré. À plusieurs reprises. La chirurgie d'aujourd'hui fait des prodiges : aujourd'hui ce petit garçon peut entendre, et il peut même chanter. À force de travail, et grâce au soutien de l'École oraliste du Québec pour les enfants sourds…

Il y a du rêve et de l'héroïsme dans son histoire ; mais bien autre chose aussi.

Car Jeremy, après que la chirurgie et l'école lui eurent donné le moyen d'entendre et de chanter, avait trois rêves : chanter l'hymne national à un match des

---

1. Ou syndrome de Franceschetti-Klein. Il s'agit d'une dysostose mandibulo-faciale, accompagnée de difficultés respiratoires.

grands Canadiens, à Montréal ; visiter Céline Dion à Las Vegas ; chanter à Rome pour le pape Benoît XVI.

Les trois rêves du petit gars vont se réaliser.

À l'automne 2005, le public de Montréal découvre Jeremy lorsqu'il vient chanter *Ô Canada* sur la glace du Centre Bell[1], avant un match du Canadien, devant plus de vingt mille personnes. Le public, bouleversé, lui fait un triomphe ; l'auteur du premier but du match, le Finlandais Saku Koivu, lui offre le palet en hommage.

Ensuite Céline Dion prend Jeremy sous son aile. Elle lui offre sa peluche fétiche (une grenouille, que quelqu'un lui avait lancée lorsqu'elle était montée sur scène pour la première fois). Et il la visite à Las Vegas.

Mais ce que Jeremy veut maintenant, c'est chanter devant le pape :

— Je veux lui dire merci : il représente Jésus, et sans Jésus je ne serais pas là, me dit le petit au cours d'une émission d'« Évangélisation 2000 ».

Ce jour-là, il a un livre sous le bras.

— Qu'est-ce que tu lis ?

— *Les plus belles histoires de Jésus.*

— À ton âge, les enfants jouent plutôt au gameboy…

— Je lis ces histoires maintenant pour reconnaître sa voix quand je serai rendu dans le paradis.

Je me suis dit : « Quelle leçon à tout le monde ! Quand je pense aux gens de 90 ans qui passent leurs journées à jouer aux cartes en attendant la fin, au lieu d'apprivoiser la parole du Christ et mieux Le connaître… »

En mai 2006, partant pour Rome en visite de travail,

---

1. Stade de hockey, domicile du club Canadien de Montréal depuis 1996. On y donne aussi des spectacles grand public (*Notre-Dame de Paris*, été 2005) et des shows musicaux (U2, Madonna, Céline Dion, Metallica, etc.). C'est le Fonds pour l'enfance du club Canadien qui avait invité Jeremy Gabriel.

le cardinal Marc Ouellet[1] et les évêques du Québec invitent Jeremy à les rejoindre. Il chantera au Vatican, devant Benoît XVI. Ce sera pendant la cérémonie où le pape bénira l'Arche de la Nouvelle Alliance, symbole du Congrès eucharistique international qui va se tenir en 2008, à Québec, pour le 400e anniversaire de la ville…

La mère de Jeremy, dont les téléspectateurs ont pu mesurer le courage et la foi, confie alors :

— Les enfants ont des rêves et on ne les écoute pas toujours. Quand ils nous en parlent, on devrait dire : « Pourquoi pas ? ». Voyez tout ce que Jeremy a réussi au cours de ces dernières années !

C'est elle qui a transmis à son fils l'amour de Jésus.

Et le 11 mai, Jeremy, tout petit, tout frêle, avec ses cheveux blonds et ses grosses lunettes, chante pour Benoît XVI *Je louerai l'Éternel.* Le pape lui dit merci, le félicite et l'encourage.

À son retour à Québec, Jeremy dit aux journalistes : « Je suis un garçon bien ordinaire. » Ce qui n'est pas exactement le cas…

« C'est évident que ce garçon a Dieu dans le cœur : il touche profondément les gens », dira le musicien Robert Doyon, producteur du Salon des générations[2].

Aujourd'hui tout le Québec appelle Jeremy par son prénom. Sauf un très petit nombre, qui s'efforcent de ricaner : on me dit qu'ils font circuler, par Internet, des réflexions agressives sur l'aventure du petit garçon. Ceux-là parient contre le cœur… Comment peut-on se moquer d'un enfant handicapé qui vit ses rêves – et qui dit sa foi ? Une telle beauté intérieure mérite plutôt

---

1. Archevêque de Québec et primat du Canada depuis novembre 2002.

2. Manifestation itinérante, axée sur les valeurs de la famille et de la foi.

l'enthousiasme ; et c'est bien ainsi que les Québécois réagissent. Eux font le bon pari. Je ne résiste pas au plaisir de vous citer cet article de *La Tribune* (lundi 10 juillet 2006) :

> L'église Saint-Roch était pleine à craquer en ce beau dimanche matin. Le curé Robert Jolicœur accueillait le temps de deux messes le jeune Jeremy Gabriel, qui a chanté pour le pape il y a quelques semaines. Alors qu'environ mille personnes assistent aux célébrations dominicales dans la paroisse, le curé Jolicœur évalue qu'ils étaient plus de 1 500 dimanche. « Jeremy ravive notre foi en la vie, dit le prêtre. Il nous montre qu'on peut être bon et beau en offrant sa différence pour le bonheur des autres. » Au cours de la célébration, le curé a parlé d'un « petit prophète qui nous ramène vers le bon Dieu ». Le « petit prophète » ne se met pas cette pression : « Je suis un gars bien ordinaire qui veut rendre l'amour », affirme Jeremy. La messe a débuté par le chant *Je louerai l'Éternel*, que Jeremy avait chanté pour le pape.

Évêques et curés, sur les barricades !

Les jeunes sont portés par des rêves, ils sont capables de descendre dans la rue pour dénoncer le Sommet des Amériques[1], la mondialisation, l'exploitation des enfants que l'on fait travailler pour des salaires de misère pour produire et produire toujours, et toujours à moindre coût…
On a du souffle, à 25 ans !

---

1. Réuni à Québec en avril 2001, le Sommet des Amériques avait donné lieu à des manifestations de la jeunesse contre la mondialisation ultralibérale.

Hélas, quand on vieillit, les rêves pâlissent. Ils s'engluent dans le matériel, les objets, la marchandise. On accumule. On entasse.

On a 50 ans, 60 ans, on achète des REER[1], et puis, quand on va mourir, nos descendants vont rire de nous...

Nous sommes très matérialistes. Mais rendez-vous compte : si nous, les prêtres et les évêques, nous étions avec les jeunes sur les barricades en train de dénoncer le Sommet des Amériques ! Si nous étions dans la rue avec les jeunes pour rêver les rêves de Dieu : rêves de vérité, rêves de justice ! Rendez-vous compte que la jeunesse serait secouée par notre témoignage. Les jeunes diraient : « C'est vrai, ce qu'on dit dans les églises, parce que les gens le vivent quand ils sortent des églises. Ils sont dans les combats du quotidien. Ça nous donne le goût d'y croire. »

Je vous le dis : si les jeunes sentaient que nous sommes authentiques, on ne fermerait plus d'églises dans ce pays. On en bâtirait de nouvelles, et elles seraient remplies.

Je vous parle de jeunes qui protestent contre le système économique, ce qui m'amène à parler de notre monde et de la nature, que le système menace. Je sais bien qu'aux États-Unis et en Europe, le souci écologique fait sourire les dirigeants de grande firme, les commentateurs financiers et la plupart des politiciens. Mais je vois aussi que ce souci travaille de plus en plus l'opinion publique. Les gens n'acceptent plus qu'on leur dise, comme G.W. Bush : « Laissez faire l'industrie, tout finira par aller mieux. » Au Québec, il y a un

---

1. REER : régime enregistré d'épargne retraite. Fonds de retraite personnel, au Canada, dont les cotisations sont déductibles du revenu imposable fédéral et provincial.

parti des Verts qui s'occupe vraiment d'écologie : à chaque élection il augmente son nombre de voix.

Je vous disais que je suis un pur citadin ; mais j'avais des racines lointaines... Ma grand-maman Édith (rappelez-vous : celle à qui je revendais les bonbons que me donnaient les dames anglaises, à l'époque où, petit gars, je leur livrais *The Gazette*) nous avait dressés, ma sœur et moi, à ne jamais laisser traîner un papier par terre ; elle avait inventé le recyclage des déchets, à une époque où personne ne faisait encore attention à ce genre de choses. Et quand j'allais passer mes vacances d'enfant chez ma tante Bernadette (rappelez-vous : celle avec qui on cueillait des framboises), elle nous apprenait à ne jamais gaspiller l'eau... Après quoi je suis devenu scout, et même chef scout, pendant quatre ans : et là, le respect de la nature était un absolu, un des piliers de la vie selon Baden-Powell.

Ensuite j'ai visité des villes aux États-Unis et j'ai été étonné de les trouver crasseuses. Certains quartiers de New York m'ont frappé par leur saleté. Atlanta m'a fait le même effet.

Je me disais : « Les villes où l'on fait vivre les hommes mériteraient plus de respect que ça. »

Quand j'ai lu Hubert Reeves – ce grand pessimiste, qui pensait que c'était déjà trop tard et que l'activité humaine avait dépassé la ligne rouge –, je savais déjà depuis longtemps que la terre était fragile, qu'elle ne nous appartenait pas, qu'elle nous était seulement confiée pour que nous en prenions soin.

Mais lorsque certains accusent la Bible de justifier le saccage de la planète par l'homme (on l'entend beaucoup dans les milieux de la *deep ecology*), je fais un bond et je leur demande :

— Où voyez-vous que Dieu donne le feu vert au saccage de l'environnement ? Lisez le livre de la Genèse : il est question d'habiter la terre et de s'en nourrir, pas de la détruire ! Le Dieu qui nous crée crée le monde : à nous de soigner ce qui nous est confié.

Respecter le monde qui nous entoure, le comprendre, lui être reconnaissant d'exister, ce n'est pas seulement descendre dans la rue et faire de grandes actions spectaculaires au moment des conférences internationales. Cela commence par les plus petites choses de la vie quotidienne. Par exemple, un de mes voisins vient de se bâtir une maison. Il me dit :

— Robert, tu vois l'arbre ? Il m'agace. Il gêne ma vue. Je crois que je vais le couper demain.

— Est-ce que tu es conscient qu'un arbre, c'est précieux ? C'est de la vie, et c'est du temps. Tu vas vraiment détruire ce cadeau de la nature pour mieux voir les voitures qui passent dans ta rue ? Tu vas raser par impatience ce qui a mis des années à pousser ?

Le surlendemain est un dimanche. Le voisin entre dans l'église et me dit :

— Me croiras-tu ? Je n'ai pas coupé l'arbre. Je lui laisse sa chance. Je me suis souvenu que quand j'étais petit gars, j'avais construit une cabane dans un arbre exactement pareil.

Mon histoire est niaiseuse ? Réfléchissez : elle ne l'est pas tant que ça. J'admire les gens qui changent d'avis quand ils ont discuté avec quelqu'un et entendu son avis contraire.

De nos jours, chacun est tellement recroquevillé sur ses envies, ses pulsions, ses réflexes… Chacun est tellement persuadé d'avoir tous les droits…

Avec les défenseurs des arbres du mont Orford

Quand je faisais mes études secondaires, une affaire qu'on m'avait apprise à propos de l'Éthiopie m'avait beaucoup frappé : quarante ou cinquante ans plus tôt, des industriels américains du bois s'étaient emparés d'une région de ce pays qui portait de grandes forêts, dont ils avaient obtenu la concession d'exploitation. Ils avaient rasé les forêts. Et toute la province était devenue une terre de sécheresse où les gens s'étaient mis à crever de faim et où l'espérance de vie s'était effondrée.

Regardez aussi ce qui se passe en Amazonie, la grande forêt qui se rétrécit sous les bulldozers…

Et chez nous ? Évidemment le Québec ne serait pas menacé par une sécheresse, mais qui peut garantir que nos forêts ne seront pas menacées par une exploitation aussi violente ?

Quand je suis arrivé à Sherbrooke, c'était une ville verdoyante, entourée de forêts. Aujourd'hui on est en train de peler les espaces verts pour en faire des espaces commerciaux. Sur le plateau Saint-Joseph, des milliers d'arbres ont été rasés pour permettre l'implantation de grandes surfaces comme Wal-Mart. J'y étais l'autre jour, pour passer la soirée chez de vieux amis ; en sortant, quand je les ai quittés, j'avais l'impression d'entendre les arbres qui pleuraient.

Près de chez nous il y a le magnifique parc national du mont Orford, avec de grandes forêts d'érables, où l'on vient faire du ski. Voilà qu'il est question de vendre à des promoteurs une partie de ce parc exceptionnel, grâce à un acte législatif spécialement fabriqué pour contourner la loi ! Le but de la manœuvre est de construire des condo[1] à l'intérieur du parc. Ce qui implique d'y amener l'eau, l'électricité, d'y creuser des égouts… Ce serait ravager un domaine naturel préservé. La population est très hostile à ce projet ; une coalition « SOS Parc Orford » a été mise sur pied

---

1. Appartements en copropriété.

pour coordonner la résistance… Les gens résistent, les artistes résistent.

Mais les politiques sont du côté des promoteurs.

Je trouve cela navrant et très symptomatique d'une époque. Il n'y a pas qu'au Québec que l'on voit des pouvoirs publics fermer les yeux sur la mise à sac de zones soi-disant protégées…

J'ai dénoncé le projet Orford dans des homélies : le christianisme est une foi incarnée, et le monde naturel fait partie du monde humain ; quant à l'effet ravageur de l'argent sur le monde, il me semble que Jésus, dans l'Évangile, a dit là-dessus des phrases sans équivoque.

Je sais aussi qu'Il dit à ceux qui Le suivaient, et à tous ceux qui Le suivront jusqu'à la fin des temps : « Nul ne peut servir deux maîtres, Dieu et l'argent. »

Toute cette affaire de promoteurs au mont Orford est un triste gag : les climatologues indiquent que, d'ici à vingt ans, on ne pourra plus skier sur ce mont à cause du réchauffement de la planète (produit par les gaz industriels à effet de serre) ! En somme, le même système économique qui, demain, va supprimer la neige sur les montagnes, pousse en ce moment à y construire des appartements pour skieurs ! Le tout dans un parc naturel « protégé » qu'on va saccager pour une opération qui ne sera payante que pendant quelques années… C'est trop absurde.

Cette absurdité indigne en moi le citoyen, l'ami de la nature et le prêtre. Souvenez-vous avec quelle émotion Jésus parle des lys des champs, des vignes, des moissons qui blanchissent. Le monde était le jardin que le Père nous avait confié ; qu'en faisons-nous ? Pourquoi laissons-nous faire ?

Quand j'apprends que l'Amérique du Nord est le pire pollueur de la planète, ça me fait mal.

Quand je vois que nous ne sommes pas prêts à faire des efforts, ça me fait encore plus mal.

Quand je vois que les États-Unis refusent d'entrer dans le protocole de Kyoto[1], ça me fait honte face aux peuples pauvres. En Amérique, la valeur numéro 1 n'est ni l'environnement ni la qualité de vie : c'est l'argent. On en veut plus, on en veut toujours plus, et on lui sacrifie tout le reste.

L'Église ne reste pas silencieuse devant ce saccage du monde : des encycliques du pape, des textes d'évêques dénoncent le profit aveugle et sa machinerie qui exténue le monde. Mais c'est trop discret. Seuls les catholiques le savent (et seulement une partie d'entre eux, c'est-à-dire les rares qui se tiennent informés). L'Église pourrait parler beaucoup plus fort, poser des actes plus visibles, montrer à l'humanité entière qu'elle se considère comme sa protectrice – et comme le jardinier du monde. Après tout, n'est-ce pas comme un jardinier que Marie Madeleine a vu Jésus ressuscité, dans le petit matin verdoyant du jour de Pâques ?

En 2005, peu avant le conclave qui devait élire le successeur de Jean-Paul II, Chico Whitaker, le fondateur du Forum social de Porto Alegre, a lancé un appel « au futur pape quel qu'il soit ».

Nouons une alliance entre la planète des catholiques et les défenseurs de toute la planète, disait-il :

> Saint Père, pour moi il est évident que l'Évangile pousse à l'exercice du pouvoir-service : celui du dernier des serviteurs qui lave les pieds des plus pauvres des pauvres. Or, le moment est arrivé où, pour affronter les défis gigantesques du monde, vous devrez prophétiquement vous appuyer sur ceux qui cherchent à exercer ce

---

1. Convention internationale patronnée par l'Onu depuis 1997 pour la réduction des gaz à effet de serre. Les États-Unis refusent de la signer.

nouveau pouvoir. En vous associant à eux et en les encourageant dans la construction de celui-ci... Les citoyens actifs et solidaires de la planète, liés par de multiples réseaux qui font naître une société civile sans frontières, seront les seuls capables d'empêcher les gouvernements et les porteurs de capitaux d'agir contre l'humanité.

Dieu ? Il pleurait avec tous, sur le bord de la mer

En écologie, il faut commencer aussi par les petites choses et balayer devant sa porte. Venez faire un tour sur le parvis de mon église de Rock Forest : vous ne verrez pas un papier par terre, pas une canette de Cola, pas un sac en plastique. Rien qui traîne. Je ramasse tout. Ça m'oblige à avoir l'œil... Cinq ou six enfants sont assis sur le perron de l'église en train de manger des chocolats et de boire des sodas ; je suis assis là avec eux, comme je le fais souvent, pour parler avec les plus jeunes. Je dis à l'un d'eux :

— C'est quoi, le cours à l'école que tu aimes le plus ?

— C'est l'écologie !

— Ah oui ? Et pourquoi l'aimes-tu ?

— On apprend à faire attention à la terre, tout ça...

J'entends alors le téléphone sonner ; je rentre dans le presbytère quelques minutes.

À mon retour, je constate que les six enfants – qui aiment tellement les cours d'écologie à l'école – ont laissé par terre, devant les marches de l'église, toutes les canettes et tous les papiers de chocolats.

Les jeunes croient aimer la nature parce que l'école et les médias les font baigner dans le discours écologiste ; mais ils ne font pas le lien entre ces mots-là et leurs habitudes de tous les jours. On jette, on évite les efforts, on ne se soucie pas des conséquences…

Le lendemain, je revois mon groupe d'élèves. C'est l'occasion de leur faire voir que ce qu'ils *font* ne va pas avec ce qu'ils *disent*. Je leur explique :

— Quand vous venez à l'église et que vous voyez traîner un papier, ramassez-le. Si tout le monde avait le souci de la planète, la vie irait mieux.

Ils ont l'air de m'avoir écouté. Est-ce un succès durable ? Dans les semaines qui suivent, j'aurai l'impression que ces six petits gars font un peu plus attention à leurs actes.

Finalement, la seule pédagogie est celle des petites choses concrètes. Tout est lié. On avance pas à pas… On commence par apprendre aux petits à respecter les fleurs. Ensuite ils apprendront à faire fleurir la justice et l'espérance dans le jardin du monde.

Reste, bien sûr, notre stupeur devant les catastrophes de la nature : celles devant lesquelles l'humanité ne peut rien, celles que même les scientifiques ont du mal à comprendre.

Le lendemain du tsunami de décembre 2004 qui a fait 200 000 morts sur les côtes de l'océan Indien, quelqu'un m'a dit :

— Où était-Il, votre Dieu ?

J'ai répondu :

— Sur le bord de la mer, avec tous ceux qui pleuraient. Il pleurait avec eux.

Dieu n'envoie pas de calamités pour punir les gens ! C'est ce qu'on croyait dans l'Antiquité. On voit cela dans l'Ancien Testament. Mais Jésus, le premier, va détromper ceux qui L'interrogent : Il leur explique que les catastrophes, le massacre des Galiléens par les soldats romains, la maladie de l'aveugle-né, l'effondrement de la tour de Siloé qui tue dix-huit personnes[1] ne sont pas des châtiments divins...

Cette idée est une vraie libération pour l'esprit. Elle paraît révolutionnaire à l'époque.

Pourtant aujourd'hui, deux mille ans après, il y a encore des croyants pour raisonner à la façon d'avant le Christ. Comment peuvent-ils croire que Dieu puisse vouloir se venger de l'homme ? N'ont-ils pas lu l'Évangile ?

Mme Morel, ma Parisienne athée, me disait quant à elle :

— À quoi sert votre bon Dieu, si ce n'est pas Lui qui fait trembler la terre, exploser les volcans, et qui nous prend nos enfants ?

Cette image d'un Dieu terrible, une sorte de Moloch, est l'une des deux questions que se posent les gens devant la foi chrétienne, depuis que cette foi existe et qu'elle dit : « Dieu n'est pas le Grand Punisseur. »

Ensuite vient toujours l'autre question : si le Dieu des chrétiens n'est pas le Grand Punisseur, pourquoi n'est-Il pas non plus le Grand Protecteur, Celui qui empêcherait toutes les catastrophes naturelles et aussi tous les crimes humains ?

C'est que Dieu a créé les hommes libres. Ils peuvent choisir d'être des criminels. Ou des saints. Si nous n'étions pas libres, il n'y aurait pas de crimes, mais nous ne serions pas des êtres humains : seulement des marionnettes dont Dieu tirerait les ficelles.

Quant aux tremblements de terre, aux tsunamis, aux volcans, à toutes les calamités naturelles... Leur existence ne prouve rien contre la foi en Dieu, parce que le Créateur du monde n'est pas (non plus) un paratonnerre ou un assureur tous risques. Il nous promet à tous le bonheur infini, absolu – avec Lui et

---

1. Luc 13, 1-5.

en Lui – au-delà de la mort, qu'Il a vaincue par la résurrection de son Fils ; nous aurons tous à traverser la mort physique pour entrer dans la joie inouïe du Royaume.

Voilà la foi chrétienne !

Et cette promesse est là, quelle que soit la façon dont nous traversons la mort : c'est pour cette raison que nous ne disons pas « adieu », mais « au revoir », à ceux que nous accompagnons au cimetière.

9

Tomber est humain – se relever est divin –, rester à terre, c'est sans dessein

Combien ai-je marié de couples, depuis trente ans que je suis prêtre ? Je ne saurais pas les compter. Mais je les revois dans mon église, à Saint-Charles-Garnier ou à Saint-Roch, devant moi, tout émus. Et leurs familles et leurs amis en rangs dans la nef, encore plus émus...

Que leur dire ? Qu'est-ce que le prêtre peut semer dans leur cœur ? Comment les encourager à prendre ce pari du cœur : s'engager à deux pour toute la vie ?

C'est un défi au bon sens, dans la société d'aujourd'hui où tout le monde est poussé à esquiver les engagements, à fuir ce qui dure longtemps...

Aux deux derniers jeunes qui se sont mariés devant moi, à Rock Forest, j'ai dit ceci :

— Le curé Jolicœur n'est pas là pour vous donner des recettes. Tout ce qu'il peut faire, c'est vous proposer ce qu'il a reçu de plus précieux en héritage à propos de l'amour. Mais avant ça, je vous raconte une petite histoire. C'est un couple dont je célébrais le cinquantième anniversaire de mariage ; à un moment donné, madame demande à monsieur (avec qui elle vit depuis cinquante ans) : « Sais-tu la différence entre *exciter* et *énerver* ? » Le monsieur ne sait pas... Alors la dame : « Quand je t'ai rencontré il y a cinquante ans, tu étais *excitant*. Cinquante ans après, tu es *énervant*. » Tout le monde a ri. Mais vous deux qui allez vous marier, vous vous trouverez encore excitants dans cinquante ans, si vous vivez deux ou trois petites choses que je vais vous conseiller... »

J'ai toujours trois fleurs dans les mains, pendant cette homélie : une fleur par conseil. Quand j'aurai fini de parler, je poserai les trois fleurs sur l'autel.

Et voici les trois conseils :

Quand vous serez en train de vous bercer sur la galerie de vos rêves...

Le premier conseil que je donne à mes jeunes mariés, c'est la communication.

— Communiquez, tous les deux. Ne vous endormez jamais le soir sur une tristesse. Dites-vous les choses. Inventez des petits égards, l'un pour l'autre. Quand je vais au restaurant, je m'installe toujours de façon à voir les gens, leur façon d'être, leur manière d'entrer dans la salle ; si je vois un homme qui tient la porte à une femme, je me dis : « Ils ne doivent pas être mariés. » Parce que, avec les années – je l'ai remarqué –, les couples deviennent comme immunisés en face du devoir de tendresse. Et lorsque le mari et la femme cessent d'avoir des égards l'un pour l'autre, il n'y a que trop de vautours, aux environs, qui chercheront à en profiter ; il n'y a que trop d'hommes prêts à tenir la porte du restaurant à votre femme, ou trop de femmes qui ont l'œil sur votre mari ! Ayez des égards tout de suite l'un envers l'autre, et pratiquez-les longtemps, et réinventez-en d'autres, souvent ; ça vaudra mieux que d'en avoir trop tard, qui auront l'air factice et qui n'abuseront pas le conjoint… Quand un homme se croit obligé tout d'un coup de faire un cadeau tapageur à sa femme, c'est qu'il a des choses à se faire pardonner. Mieux valent les petites attentions de tous les jours que les cadeaux subits…

Quand je parle de communiquer, ce n'est pas forcément avec des mots. Et quand je parle de « tous les jours », c'est surtout dans les petites choses.

Une épouse me dit par exemple :

— Quand mon mari revient à la maison, épuisé, il va prendre sa douche. Moi, pendant ce temps-là, je vais au séchoir chercher une grande serviette, et quand il sort de la douche, je l'enveloppe dedans.

Vous pouvez supposer que de se faire envelopper dans une grande serviette par des mains affectueuses, ça ne m'est jamais arrivé en trente ans de prêtrise ! Mais j'aime beaucoup l'idée : à cause de l'attention et de l'affection qu'elle suppose dans la vie d'un couple.

Le deuxième conseil que je donne à mes jeunes mariés, c'est la fidélité :

— Quand le mari et la femme se retrouvent le soir et qu'ils ne sont pas capables de se regarder dans les yeux, c'est que la fidélité est malade. Le langage des yeux dit tout. Celui qui n'arrive plus à croiser le regard de l'autre, inutile de lui faire un dessin : il comprend où en est la situation. Mais pour que les regards ne se fuient pas, pour que l'amour dure longtemps, la fidélité est le prix à payer. Celle du corps, et celle du cœur.

Je dis toujours aux nouveaux mariés :

— Tomber, c'est humain. Se relever, c'est divin. Rester à terre, c'est sans dessein. Ça n'a pas d'allure.

Je dis aussi :

— L'essentiel est de pardonner à l'autre : ses fragili-tés, ses limites, ses erreurs. Lui tendre la main plutôt que de lui taper sur la tête pour le caler davantage.

Troisièmement, je leur parle de Jésus :

— Laissez une place à Jésus-Christ dans votre vie de couple. Le soir, prenez-vous la main et faites une prière ensemble. Avec le temps, vous changez, comme tout être humain : la femme, l'homme changent avec les années, et pas toujours pour le meilleur ; si vous voulez rester ensemble longtemps, il vous faudra être capables de vie intérieure. Une vie spirituelle est indis-pensable. Ça ne veut pas dire : des idées, des rêveries, des chimères ; ça veut dire : une relation *personnelle* avec la *personne* de Jésus. Marcher avec Lui, c'est la seule façon d'aller loin ensemble dans la vie d'époux. Se tourner vers Lui, dans l'instant présent, à la minute où l'on se sent des envies de laisser tomber et de se recroqueviller sur soi…

Je me souviens d'un jeune que je préparais à sa profession de foi. On est en visite à l'abbaye de Saint-Benoît-du-Lac. Il discute avec un moine et lui dit :

— Est-ce que ça vous arrive, des fois, d'avoir le goût de tout laisser là ?

Le moine lui répond :

— Depuis trente-cinq ans que je suis moine, j'y ai pensé tous les jours. Mais j'ai toujours remis ça au lendemain.

Alors je dis aux couples :

— Ce qui vous appartient, à vous aussi, c'est le présent. Pour le passé, c'est trop tard. L'avenir sera ce que vous sèmerez dans le présent.

J'ai dit à ceux qui se sont mariés l'autre jour, à la fin de mon homélie :

— Qu'aujourd'hui, jour de votre mariage, soit le jour où vous vous serez aimés le moins ! Pour que, dans cinquante ans, quand vous serez en train de vous bercer ensemble sur la galerie de vos rêves, vous puissiez vous regarder et vous dire : « Te souviens-tu comment je t'aimais il y a cinquante ans ? Ce n'était rien à côté de ce que c'est devenu aujourd'hui. Je t'aime avec les yeux de mon cœur. »

Je suis un curé allumeur, pas un curé éteignoir

Vous savez que je ne suis pas un homme de théories. Je suis un homme de rencontres. Ces couples que j'ai mariés, je les revois, souvent. Un an, cinq ans, dix ans, trente ans plus tard… Parfois leur mariage est un beau succès. Parfois, ça n'a pas marché.

Un étudiant de Sherbrooke arrive au presbytère :

— Robert, je voudrais me marier le plus vite possible. C'est pour le dossier des Prêts & Bourses[1].

— Pour improviser un mariage rapide, je trouve ça faible comme motivation ! Je t'invite à suivre une session de préparation.

— On n'a pas le temps, répond-il.

Et il tourne les talons.

Il s'en va et trouve un autre curé, qui accepte de leur bâcler le mariage.

Quelques années plus tard, je rencontre le gars au Carrefour de l'Estrie. Il me dit :

— Je ne suis plus avec ma femme. C'est toi qui avais raison. J'aurais dû prendre le mariage plus au sérieux.

Pour moi, le mariage est un très grand sacrement, quelque chose d'infiniment sérieux.

---

1. Le programme Prêts & Bourses, géré par l'Aide financière aux études du ministère de l'Éducation, s'adresse aux étudiants résidents du Québec et citoyens canadiens ou résidents permanents. Avoir un conjoint est l'un des critères d'admissibilité.

Les mariages insignifiants, je ne les célèbre pas. Je suis connu pour cela dans le diocèse : « Le curé Jolicœur est très exigeant pour les mariages. »

Et finalement, en fin de compte, les couples qui arrivent à l'église le jour de la célébration du mariage me remercient d'avoir été aussi exigeant, parce qu'ils ont pu ainsi réaliser l'importance de ce qu'ils allaient faire.

J'insiste pour que les couples préparent vraiment leur mariage. Ce n'est pas toujours évident pour eux, ni facile à comprendre : certains, au début, ne voient pas le mariage comme l'événement le plus important de leur vie. Ils ne sentent pas ce que ça engage pour eux, ni les répercussions d'un échec humain, sur eux et sur leurs enfants éventuels.

Il faut dire que dans le siècle où l'on vit, les couples ne prennent plus le temps de se savourer ni de parler ensemble : ils vivent côte à côte mais ne traduisent pas beaucoup en mots ce qu'ils ressentent. Finalement c'est la communication entre mari et femme qui est la chose la plus fragile, aujourd'hui – plus fragile et plus décisive que les problèmes de fidélité. Le travail envahit tout : l'homme et la femme travaillent beaucoup et dur ; ils sont minés par le stress professionnel. Quand ils se voient, ils n'ont plus d'énergie pour se parler. Ils vivent sous le même toit, mais pas « ensemble ».

Le pire, c'est que l'arrivée du premier enfant aggrave souvent cette distance – ce manque de communication – entre le mari et la femme.

Quand je rencontre un couple que j'ai marié et qui fonctionne mal, la première chose que je veux savoir c'est si les époux *se parlent*.

Souvent c'est la femme qui vient me voir la première. Elle me dit son malaise, voire sa souffrance. Elle me parle de l'absence de communication :

— J'ai l'impression de vivre avec un étranger…

Quand c'est l'homme qui vient me voir, il me parle de problèmes de fidélité :

— C'est bizarre, je trompe ma femme, mais en même temps c'est à elle que je pense... Je ne veux surtout pas briser ma vie de famille... Je vais chercher des petites aventures, je ne sais pas pourquoi...

Là aussi on sent de la souffrance : celle de l'être qui n'arrive pas à s'expliquer ce qu'il fait, ni à comprendre pourquoi il le fait, et qui a peur que ça ne conduise à une destruction – qu'il ne veut surtout pas.

Le plus étrange, c'est que souvent l'homme prend l'initiative de devenir infidèle, avec toutes les conséquences dont pourtant il a peur.

Et quand il est tombé, il croit que les chances de se relever (les chances de « résurrection ») sont plutôt minces.

Or elles sont grandes, mais à une condition : que l'autre conjoint, s'il est au courant de l'infidélité, accepte de pardonner et de tendre la main.

C'est à ce chemin, à cette croissance, que j'invite les couples. Je les envoie souvent à des spécialistes – conseillers conjugaux, psychologues, sexologues – qui peuvent les aider mieux que moi.

Une chose me surprend de plus en plus, chez ces couples qui explosent : à 20 ans on investit beaucoup de temps pour aimer quelqu'un, et si ça ne marche pas, on investit deux fois plus d'énergie pour le haïr. Des gens qui s'aimaient avec passion quand je les ai rencontrés et mariés reviennent me voir séparément et me disent leur haine réciproque...

Quand un couple en crise vient me voir, j'essaie de souffler sur la braise pour tenter de rallumer des étincelles. Je me suis toujours vu en allumeur plutôt qu'en éteignoir. Mais ce que je vois trop souvent chez ces couples, c'est un désir, sombre, d'éteindre les projets de l'autre conjoint : une envie d'étouffer ses rêves.

Un homme prend sa retraite et dit à sa femme :

— Ça fait trente-cinq ans que je travaille, maintenant que je suis libre je voudrais acheter un petit magasin. Il y a longtemps que j'en ai envie.

Elle lui répond :

— Ça fait trente-cinq ans que tu travailles ? Maintenant tu vas rester à la maison.

Et la haine sourde s'installe entre eux.

Une femme travaille dans une boutique de mode à Montréal ; on lui offre une promotion ailleurs, dans la même chaîne de magasins. Son mari refuse :

— Ça fait vingt-sept ans qu'on vit ici, on ne va pas déménager.

Il reste là, mais elle partira. Et ils divorceront…

Combien de couples, aujourd'hui, éclatent après vingt, trente, parfois quarante ans de mariage ?

J'essaie d'empêcher cela en soufflant sur la braise. Je me dis aussi : « Si chacun de ces deux-là avait eu une vie intérieure, ça n'aurait pas tourné ainsi. »

« Curé Jolicœur, te souviens-tu des trois fleurs ? »

Mais quand je tombe sur un couple heureux que j'ai marié dix ans plus tôt, ça ne rate jamais, ils me parlent de mon homélie de ce jour-là.

Ils me disent que même leurs amis non croyants avaient compris mes paroles et qu'elles les avaient laissés rêveurs :

— Te souviens-tu des trois fleurs ? C'est tellement vrai, ce que tu nous avais dit.

Une femme me raconte :

— On a été un mois sans se parler, Pierre et moi. On a failli divorcer. Mais on s'est reparlé. Tu nous l'avais dit : « Communiquez, sinon ça ne dure jamais. »

Un homme avoue que ça ne fonctionne qu'à demi :

— Tu nous avais parlé de la fidélité en nous disant : « Je sais que ça ne vous arrivera pas et que vous serez fidèles toute votre vie, mais je vous en parle quand même, au cas où... » Ça m'est effectivement arrivé. Élise m'a pardonné, mais à moitié seulement, aujourd'hui je sens sa méfiance dès que je quitte la maison...

Beaucoup me disent :

— On prie, oui, mais chacun de notre côté. Par pudeur.

Et puis les petites choses :

— Le jour du mariage, tu nous avais dit d'inventer des petits égards pour faire plaisir à l'autre... de ne pas rester assis sur notre contrat de mariage... On s'offre souvent des fleurs : c'est important de se les offrir de notre vivant, sans attendre le salon funéraire !

Il y a des couples qui ont très bien compris ce symbolisme des petites choses : tellement bien qu'ils m'envoient à moi aussi des fleurs pour l'anniversaire de mon ordination.

Deux jeunes m'ont même invité chez eux pour la Saint-Valentin, la première année de leur mariage :

— C'est normal, tu nous as dit d'inviter le Christ chez nous.

D'autres sont plus classiques : ils me montrent une croix au mur, comme pour dire : « On a compris. Il est dans la maison avec nous. »

En parlant de la croix, il y a aussi des cas inverses et surprenants.

Notre époque a une répulsion envers le crucifix.

Comme s'il y avait des vies sans souffrances. Comme si la souffrance de l'Homme-Dieu en croix n'était pas un signe d'amour et de solidarité. Comme si la mort de Jésus n'était pas aussi sa résurrection et le salut de l'humanité. Comme si la croix n'était pas le lieu où Dieu montre qui Il est !

Par exemple, je me rends une fois dans une famille, dont je prépare le petit garçon (9 ans) à recevoir le sacrement du pardon à l'automne, et à faire sa première communion à Pâques suivantes.

J'entre, nous nous asseyons tous autour de la table. C'est une famille tout ce qu'il y a de plus classique.

Le père me dit alors :

— Avez-vous vu ? Ici, il n'y a pas de crucifix.

— Et pourquoi ?

— Je ne veux pas montrer une souffrance aux enfants.

Je reste coi. Puis je lui murmure :

— La vie va s'en charger.

Sept mois plus tard, ce père vient à l'église pour la première communion du petit gars. Il me dit :

— Curé Jolicœur, j'ai beaucoup réfléchi. Quand vous ferez un tour à la maison, vous verrez que maintenant il y a une petite croix.

J'ai trouvé que c'était un bel événement. « L'amour du Christ nous saisit quand nous pensons qu'un seul est mort pour tous[1] », dit saint Paul. L'amour du Christ : à la fois l'amour qui vient *de Lui*, et celui que *nous* Lui adressons… C'est le même, puisque tout amour vient de Dieu !

Je le dis aux jeunes futurs époux, pendant la préparation au mariage : quand vous vous sentez dépassés par les événements, agenouillez-vous devant la croix, dans votre chambre. Déposez à ses pieds vos souffran-

---

1. Deuxième lettre aux Corinthiens 5, 14-17.

ces, vos infidélités, vos limites, vos fragilités, vos erreurs. Parlez avec Jésus de tout ce qui vous nourrit, de tout ce qui vous arrive de beau, des amitiés que vous tissez.

Faire entrer Dieu dans votre maison, c'est aussi important que de venir à l'église. Mère Teresa disait : « Le plus dramatique, c'est que les couples n'ont plus le temps maintenant d'être ensemble avec Jésus. C'est la plus grande tristesse de l'humanité. »

À propos de mariages, un événement nous a beaucoup marqués. Quand Céline Dion – la plus grande vedette québécoise de tous les temps – a voulu épouser René Angelil[1], celui-ci a obtenu rapidement l'annulation de son précédent mariage. Malgré la grande popularité de la chanteuse, cette affaire a fait mauvais effet dans l'opinion au Québec.

Les gens n'arrêtaient pas de dire à leurs curés :

— Quand on est riche et célèbre, on a une annulation plus vite et plus facilement que quand on est pauvre et inconnu…

Pendant plusieurs années, nous avons été obligés d'expliquer aux gens ce qui s'était passé, en fait, dans le cas de Céline Dion et de René Angelil, et quelle procédure l'Église catholique applique envers toutes les demandes d'annulation de mariage.

Déclarer un mariage « nul », ce n'est pas une façon hypocrite de pratiquer le divorce. L'Église ne peut pas « annuler » le mariage : c'est un sacrement, fondé par Jésus Lui-même dans l'Évangile. Mais elle peut constater qu'un mariage, apparemment valide, était nul (en réalité) dès le départ. Parce que quelque chose viciait le consentement d'un des deux époux : « Immaturité, manque de liberté, défaut de discernement, immatu-

---

1. Le mariage a eu lieu en 1995.

rité affective, troubles psychiques, incapacité à assumer les obligations conjugales, refus de la procréation, de la fidélité ou de l'indissolubilité... » Le code de droit canonique est très précis.

Quand le tribunal ecclésiastique constate une nullité du sacrement, ce n'est pas une faveur accordée : c'est le résultat d'une enquête.

Et ce n'est pas d'abord une question d'argent ! Mais le fait est que cette procédure coûte cher, inévitablement, comme toutes les procédures, et c'est cela qui choque ; on voudrait que tout ce qui est religieux soit gratuit. Il y a aussi l'aspect chicanier de l'enquête, avec les témoins qui viennent raconter des choses pénibles, ce qui ne paraît pas très évangélique...

Les gens disent : « Le mariage c'est pour la vie, il ne devrait pas y avoir de causes de nullité. »

Les juristes de l'Église répondent : « Au contraire, c'est respecter le sacrement que de dire qu'il est nul si on l'a mal appliqué... » Mais ce genre d'argument ne peut toucher que les croyants.

Quant aux couples qui fonctionnent mal et qui tentent une requête en nullité, ils supportent mal d'être déboutés : c'est douloureux. Et ce refus est difficile à admettre après des mois, voire des années, de démarches qui ont coûté cher.

D'autant que l'air du temps est hostile à ce genre de complication. Dans la société d'aujourd'hui, la tendance est à tout faciliter, à tout simplifier, à tout rendre instantané : il faudrait ne plus dire non à personne, en aucun domaine. Alors, quant aux procédures de l'Église, à ses raisonnements compliqués, appuyés sur du droit canonique et sur de la théologie... On dirait du chinois, pensent certains.

Ils en concluent que l'Église-institution cherche à cacher des choses. Et de là à dire que l'Église est hors de la vie réelle, hors du monde moderne, il n'y a qu'un pas.

224

Comment empêcher ces malentendus ? Comment jeter des ponts par-dessus l'incompréhension ?

Peut-on faire que le message de Jésus devienne perceptible par toute l'humanité, dans tous les domaines de la vie, au siècle où nous sommes ?

J'en ai pris le pari et je le reprends tous les matins quand j'ouvre les yeux.

Si je lis les études des sociologues, j'y apprends que « jamais le métier de prêtre n'a été aussi difficile ». Je ne le pense pas. D'abord parce que la barque est dans la tempête depuis deux mille ans : la difficulté, c'est notre régime normal.

Ensuite parce qu'être prêtre serait un métier difficile (voire impossible)... si c'était un métier. Mais c'est autre chose ! On ne se fait pas prêtre pour le job : mais par amour de Jésus, donc par amour des gens.

Et d'ailleurs personne ne se « fait » prêtre : cette vocation n'est pas un choix. C'est un appel. On n'y répond pas en se donnant un plan de carrière : on y répond en faisant le pari du cœur.

10

Parents, aimez mieux vos enfants

L'été est le temps où les parents peuvent vivre avec leurs enfants de belles rencontres. Je me souviens d'un père de famille, un peu froid, un peu coincé, qui me disait :

— Ma fille a 16 ans. J'ai perdu le contact avec elle.

Je lui répondais :

— Vous avez les vacances ! Profitez-en pour prendre du temps avec elle. Et tâchez de vous décoincer les sentiments.

L'été vient. Le père emmène l'adolescente faire un tour en bateau, sur le petit lac. À un moment donné, il cesse de ramer, il la regarde et il lui dit :

— Je ne te l'ai jamais dit, mais je te trouve belle et je suis fier de toi…

Dès cet instant, leurs relations ont été transfigurées.

L'adulte a du mal à sentir à quel point les adolescents sont sensibles au langage de l'amour. Ils sont forts quand on veut les affronter ; ils sont vulnérables dès qu'on va sur les terrains de l'émotion. Le père prend le temps d'emmener son adolescente en canot, de lui dire son sentiment, et tout change. Et il reconquiert une amitié avec elle…

Quand j'ai revu cette étudiante-là, elle m'a confié :

— Robert, tu ne me croiras pas, mais mon père, pour moi, c'est devenu *quelqu'un*.

Les vacances ont une saveur de septième jour de la Création, et même une saveur d'éternité : on se sent hors du temps – et c'est pour cette raison qu'on se sent, soudain, si proches les uns des autres.

Être proches ne signifie pas dire forcément oui à tout, ni tout le temps !

Il y a aussi des priorités. Les parents ont parfois le droit de se préférer à leurs enfants… adultes.

Je les étonne quand je leur explique cela, mais le cas se présente chaque jour. Un père et une mère louent un chalet sur l'eau ; ils voient arriver leur fille avec ses quatre enfants ; ils accueillent ce petit monde et, après le repas, la fille demande à sa mère :

— Est-ce que tu garderais les quatre au chalet cette semaine ?

Les parents échangent un regard. Et, pour une fois, la mère refuse :

— Comprends que cette semaine-ci, c'est du temps à nous pour ton père et moi.

Accueillir et garder les petits toute l'année, c'est un devoir ; mais il a comme contrepoids un autre devoir, entre les deux grands-parents : se garder quelques jours à eux, au fil des saisons. Sans quoi leur accueil lui-même en souffrirait.

« Je n'aime pas ce que tu as fait
– mais je t'aime, toi. »

Dire non est aussi un devoir pour les parents plus jeunes, face à leur enfant ou à leur adolescent. Être capable de lui dire :

— Je n'aime pas ce que tu fais. Je n'aime pas que tu rentres à une autre heure que celle que nous avions fixée. Je n'aime pas que tu me répondes brutalement. Je n'aime pas qu'on me dise que tu as eu des comportements déplacés en buvant trop avec tes copains, ou en fumant des choses illégales. Tout ça tu l'as fait, et je n'aime pas ça, et je souhaite que tu te tiennes autrement. Mais si je te dis que je n'aime pas ce que tu as fait, c'est parce que je t'aime, toi personnellement !

C'est le langage, à la fois, de la fermeté et de l'amour inconditionnel. Il est fondamental pour l'éducation d'un enfant.

L'inverse serait destructeur… C'est saboter une éducation que de dire au jeune : « Si tu fais ceci ou cela, papa et maman ne t'aimeront plus ! » Or ces mots-là je ne les invente pas, ils sont réellement prononcés, parfois ; et ils font des blessures empoisonnées. Les parents qui parlent ainsi peuvent s'attendre à voir leur enfant tourner au délinquant. Car tout est lié.

L'erreur contraire est tout aussi funeste. Je connais des parents qui se sont lessivés financièrement pour pouvoir payer à leurs enfants tout ce que ceux-ci exigeaient. Y compris de la drogue. À la fin les parents étaient ruinés, et les enfants ravagés.

Aimer un enfant, c'est être capable de lui dire :
— Maman ne te donnera pas d'argent pour que tu

t'achètes de la drogue, mais je veux que tu saches que chez nous, la maison te sera toujours ouverte.

Rappelez-vous l'outarde généreuse, qui porte l'outarde faible ou malade… Mais elle ne la porte pas indéfiniment. C'est la même chose pour le père ou la mère vis-à-vis de l'enfant.

Et pour le prêtre.

Dans ma vie j'ai rencontré beaucoup de gens attachants, envers qui je sentais une grande affection. Mais j'essayais toujours de me dire : « Robert, cette personne-là ne t'appartient pas. Elle appartient à Dieu et à la vie. Accepte de la porter pendant un petit bout de temps, mais ne la garde pas pour toi, redonne-la à sa liberté, c'est-à-dire à Dieu. »

C'est ce qui m'a aidé à mieux vivre mon célibat : j'aurais pu avoir envie de garder pour moi telle ou telle personne qui croisait mon chemin et que j'avais eu à soutenir un peu ; j'ai veillé à toujours la redonner.

Je dois dire que j'en suis très fier. Et ce n'est pas différent, au fond, du devoir des parents : ne pas garder leurs enfants pour eux, mais les porter, un temps, pour les donner à la vie. Une tâche parfois crucifiante…

Dans les familles du Québec et dans celles de France ou d'ailleurs (c'est le même problème dans tous les pays d'Occident), on voit des enfants partir à 17 ou 18 ans, croyant se rendre libres, quand ils entrent à l'université… Puis on les voit revenir chez papa-maman parce qu'ils se sont aperçus que vivre là est plus économique, plus facile et plus confortable. Vous avez vu le film *Tanguy* ? C'est cette histoire-là. Elle est très actuelle.

Et les parents me disent :

— On avait aménagé toute notre résidence pour une nouvelle vie, à deux, et maintenant notre fils revient vivre à la maison et il faut tout défaire ! Qu'est-ce que vous feriez, vous, curé Jolicœur ?

Je suis embarrassé pour leur répondre. C'est *avant* d'être dans cette impasse qu'il aurait fallu faire autrement ! Garder les jeunes à la maison le temps de leurs études ; les laisser s'installer ailleurs quand ils sont mûrs pour cette expérience-là. C'est une maturité qui vient à des âges différents, selon les caractères... J'avais 17 ans quand j'ai quitté mes parents pour aller au séminaire Saint-Augustin à Cap-Rouge, et je ne suis jamais retourné vivre dans ma famille à temps plein.

Lorsque j'y reprenais pied un moment, c'était pour repartir et continuer ma route.

Mais il faut que le jeune sache qu'il peut toujours revenir faire un tour à la maison, que sa famille reste un lieu où il peut toujours venir confier ses secrets, se laisser porter un jour ou deux par papa et maman ; à tout âge cette idée fait du bien. Et son absence fait du mal. L'histoire du jeune Adam, que je vous avais racontée à propos de mes élèves du séminaire salésien, est le cas limite d'un enfant qui ne se sentait pas désiré ni aimé.

Je me souviens aussi d'une discussion entre élèves de ma classe de secondaire 3. L'une s'appelait Marie-Pier ; elle racontait que sa mère était fatigante à force de la harceler :

— Quand je ne rentre pas le soir, elle s'inquiète, elle en fait une maladie...

Alors une autre élève, dans la classe, lève la main et dit :

— T'es chanceuse, Marie-Pier. Moi, la mienne, quand je ne rentre pas, ça ne la dérange pas.

D'autres voix s'étaient élevées dans la classe : chez X. et chez Y. aussi, les parents se fichaient de savoir à quelle heure leurs rejetons rentraient à la maison ; ou s'ils rentreraient...

C'était une discussion terrible, derrière sa banalité. Elle révélait une société qui refuse aux enfants ce dont ils ont le plus besoin : sentir que l'on s'inquiète pour eux.

Une société dont le produit le plus caractéristique était ce père d'élève dont je vous ai parlé, et qui me disait de son fils : « Depuis que je lui ai acheté un ordinateur, je suis bien, je ne l'entends plus… » Un monde qui ne cesse de parler de « communication », mais où les pères et les fils ne communiquent plus. Un monde malade.

Ce garçon de 19 ans est à l'université. Il s'angoisse sur l'absence d'emploi qui l'attend à la sortie de ses études ; sa mère vient me voir et me demande de prier pour lui.

Puis elle me dit :

— Il aimerait ça, vous rencontrer pour jaser avec vous.

Voilà le grand gars en face de moi. Je l'écoute s'interroger, comme moi quand j'avais son âge, sur le sens de sa vie :

— Pourquoi j'existe ? Pourquoi je vis ? Pourquoi j'étudie ?

J'essaie de lui dire de se retrousser les manches, de se battre.

Il me répond que ce n'est pas facile « et que peut-être ça ne sert à rien ».

Les jeunes ont l'impression que l'avenir est bouché. Leurs parents ne savent plus quoi leur dire ; les idées toutes faites qui avaient cours dans leur jeunesse sont démonétisées aujourd'hui. Voilà papa et maman dans le désarroi : ils se demandent si la vie qu'ils ont donnée à leur fils ou à leur fille est un beau cadeau. Le courant ne passe plus très bien entre l'adolescent et eux. Ils ont déjà du mal à le persuader que les diplômes ne sont pas un billet de chômage et qu'il ne faut pas laisser tomber les études. Alors, le persuader aussi de ne pas laisser tomber la religion leur semble dépasser les forces humaines !

— Monsieur le curé, il ne veut plus aller à la messe le dimanche… Quand il disait que ça l'ennuyait d'aller à l'école, on trouvait le moyen de le remotiver ; mais quand il nous dit que ça l'ennuie d'aller à l'église, où est le moyen ?

Ils ont l'impression d'être en panne d'imagination.

S'occuper de la vie intérieure d'un jeune, ce n'est pas évident aujourd'hui. Autrefois trois idées avaient l'air solides sur leurs bases, et on ne pouvait pas les discuter :

— « Chez nous ce n'est pas un hôtel, il y a des heures à respecter. »

— « Chez nous les enfants n'amènent pas dormir leur blonde ou leur *chum*. »

— « Chez nous, on va à la messe le dimanche. »

Ce dernier point n'était pas plus discutable que les deux précédents. À tel point que, dans mon enfance, mon père nous conduisait jusqu'à l'église… dans laquelle il n'entrait pas ! Il allait lire *Dimanche-matin* sur un banc en attendant la bénédiction finale et les cloches de la sortie. C'était un cas limite. Mais son attitude, qui aurait dû nous rendre perplexes, ne nous choquait pas. L'autorité du père existait encore…

Ce monde-là a disparu. Aujourd'hui, les valeurs ne sont plus assez évidentes pour que les parents les infusent ainsi à leurs jeunes, par la voie hiérarchique.

Les enfants sont comme des fleurs : ils ne pousseront bien que s'ils ont des racines. La foi est une racine. La culture, la langue, les traditions en sont une aussi (et elle était importante au Québec). Pourquoi avons-nous l'air gênés de parler de ces racines aux enfants ? Cette gêne est une des causes de leur déracinement, que nous déplorons ensuite !

Il y a des psy et des éducateurs pour le regretter. Ils se demandent si les adolescents n'auraient pas besoin, simplement pour leur croissance, de pouvoir s'affronter à des valeurs solides que leur proposeraient les parents.

Mais il faut se rendre à l'évidence : dire aux enfants « voilà sur quoi notre famille se fonde, et tant que vous vivrez ici vous suivrez le mouvement » n'est plus un langage admis à notre époque.

Que faire devant ce flottement général des consciences dans le monde occidental ? Devant ce désarroi de nos sociétés où les adultes ont l'air de n'avoir plus rien à transmettre aux jeunes ? Et même : où les adultes attendent que les jeunes leur disent ce qui est dans l'air du temps ? Inversion des rôles qui est, d'ailleurs, l'une des causes de l'anxiété de la jeunesse...

Tout ce que je peux dire, parce que mon expérience et ma foi me l'indiquent, c'est que toutes les racines de l'éducation n'ont pas disparu : il en reste une, c'est la tendresse des parents.

Je sais aussi que le jeune d'aujourd'hui peut rencontrer sur sa route des *témoins*, c'est-à-dire : des êtres qui vivent de l'essentiel : la foi chrétienne, qui a engendré autrefois les valeurs dont nos anciens ont vécu. Cette foi peut les réengendrer. Mais il faudra savoir les proposer, non les imposer : je l'ai déjà dit, « imposer » est devenu aujourd'hui une attitude incompréhensible, vouée à l'échec total.

Témoigner et proposer suppose de se faire comprendre. Donc de savoir communiquer et d'oser le faire, malgré le courant contraire, celui de notre société qui pousse au repli sur soi, au recroquevillement, à l'autisme.

L'absence de communication peut être meurtrière. Ou suicidaire, comme nous l'avons vu avec l'exemple de Philippe[1].

---

1. Voir au chapitre 4. Il s'agit du jeune homosexuel qui avait fini par se tuer à force de solitude.

Si ce garçon avait senti qu'il pouvait parler de sa différence avec son père et sa mère, il n'aurait pas choisi de s'ôter la vie. Mais ses parents lui avaient donné l'impression de ne pas être capables de l'entendre.

Pourquoi ? Parce que leurs valeurs étaient trop fortes ?

Non. Au contraire : parce qu'ils n'avaient pas assez de points de repère pour parler paisiblement de sexualité avec leur fils...

La tempête et la grand-mère – Une jeune vandale – « Papa, j'existe ! »

Je dis souvent aux parents :

— Pourquoi les jeunes ne parlent-ils pas avec vous ? Pourquoi ne vous confient-ils pas leurs secrets ? C'est parce que vous n'êtes pas capables de les porter. Vous voudriez trop qu'ils pensent et agissent « comme vous », qu'ils mettent leurs pas dans vos pas ! Mais l'être humain n'est pas ainsi ! Et si vous déclenchez la Troisième Guerre mondiale chaque fois qu'ils ouvrent la bouche, alors ne vous étonnez pas qu'ils ne l'ouvrent plus. Ou pas chez vous, en tout cas.

Je baptise un bébé ; après la cérémonie, ses jeunes parents me déclarent :

— Ce qu'on aimerait, c'est que plus tard il dise : « Papa, c'est mon meilleur ami ; maman, c'est ma meilleure amie. »

Qu'est-ce qui fait que ce rêve-là devient, avec les années, un échec pour beaucoup ?

Comment se fait-il que les jeunes parents font ce rêve quand l'enfant est tout petit, mais que, plus tard, celui-ci se mette à cacher un tas de choses à papa et maman ?

Peut-être parce que papa et maman n'étaient pas tellement sincères quand ils disaient vouloir être à l'écoute de l'enfant. Peut-être qu'en fait, ils préféraient ne pas savoir.

L'enfant flaire très vite ce manque de sincérité.

Devant les jeunes couples qui rêvent d'être les meilleurs amis de leur enfant plus tard, je me demande : « Est-ce que cet enfant, à l'enterrement du père, dira (comme tant d'autres avant lui) : "Il n'a jamais pris le temps de m'écouter ?" »

Je vous raconte une autre histoire de baptême. Ce jour-là, je lis aux jeunes couples la lettre d'un enfant à ses parents. Il leur disait : « Apprenez-moi à aimer. »

La demande s'adresse aux pères autant qu'aux mères ; mais on sait que les pères ont des problèmes avec les sentiments.

Alors je demande à mes jeunes papas :

— Ces enfants que nous baptisons aujourd'hui, comment comptez-vous leur apprendre à aimer ? Comment leur montrerez-vous que vous les aimez ? C'est la couche de fond que vous lui donnerez, et vous la leur donnerez très jeune, quelle qu'elle soit, et attention : si elle n'est pas bonne, vous ne vous en rendrez pas compte…

Et les trois pères répondent, chacun à son tour.

Le premier dit :

— Quand le petit pleure, le soir, je prends du temps pour aller le consoler, même si je suis rentré exténué de mon travail.

Le deuxième dit :

— Dès que j'ai fini de travailler, je reviens le plus tôt possible à la maison pour passer plus de temps avec lui.

Et le troisième père – une sorte de macho, mais qui tient le bébé dans ses gros bras :

— Moi, je sens qu'il sent que je l'aime quand je le tiens comme ça.

Belles réponses. J'en profite pour élargir le sujet :
— N'oubliez pas que la femme que vous avez épousée est comme un petit enfant. Ce qui lui fera le plus plaisir, au fil du temps, c'est que vous fassiez pour elle ce que vous aurez fait pour les petits : revenir tôt à la maison pour passer du temps avec elle. Écouter son chagrin quand elle en a un. La prendre dans vos bras, quel que soit votre âge... C'est curieux à dire, mais c'est vrai (et vous, les hommes, vous n'y faites pas attention) : votre femme a besoin que vous lui disiez vos sentiments.
J'ajoute, devant ces six jeunes parents qui m'entourent à côté des fonts baptismaux :
— Et vos belles réponses d'aujourd'hui, est-ce qu'elles suffiront à l'enfant, dans l'avenir ? Que le père rentre tôt, qu'il prenne le bébé dans ses bras, qu'il montre de l'affection pour sa femme, c'est bien. Mais il devra sans cesse, au fil du temps, penser que tout ce qu'il fait, tout ce qu'il dit, se grave dans la mémoire du petit garçon ou de la petite fille. Même ce qu'il croit anodin et qui (en fait) ne l'est pas ! Les enfants ont des antennes pour ces choses-là. Laissez-moi vous raconter l'histoire de la tempête, de la grand-mère, de l'enfant et du papa...

Je leur dis cette histoire toute simple, un peu triste.
C'était au moment de la grosse tempête qui avait frappé l'est du Canada, la Nouvelle-Angleterre et le nord de l'État de New York, en janvier 1998. Cinq jours de pluie verglaçante : une vraie catastrophe naturelle, des dégâts pour plusieurs semaines. Dans le sud du Québec, Montréal et la région de Montérégie avaient été particulièrement touchées. Il n'y avait plus l'électricité. Seuls les cantons de l'Est avaient été protégés par le mont Orford.

À ce moment-là j'étais animateur de pastorale à l'école, en troisième année, pour des enfants de 8 ou 9 ans.

Un petit gars me dit :

— Ma grand-maman, elle demeure à Saint-Paul d'Abbotsford[1], elle n'a plus d'électricité, alors elle est venue vivre chez nous à la maison, je lui ai prêté ma chambre et moi je couche dans le salon.

— Tu dois avoir hâte que ta grand-maman s'en aille ?

— Non, parce qu'elle me fait des galettes à la mélasse. C'est papa qui a hâte qu'elle s'en aille !

Le petit, comme tous les enfants, se sentait bien auprès de sa grand-mère : les grands-parents écoutent les enfants, ils jouent avec eux, ils essaient de faire ce que souvent ils n'ont pas eu le temps de faire avec leurs propres enfants. Le petit était heureux de prêter sa chambre à sa grand-mère...

Mais le père était pressé de récupérer son salon.

Qu'avait-il dit devant l'enfant ? Qu'il était temps que la belle-mère rentre chez elle ?

Et qu'en avait déduit l'enfant ? Que son père ne sentait pas les choses familiales comme lui ?

Un enfant est marqué par ce que ses parents font et disent devant lui sans y penser ; bien plus que par les discours que lui font papa et maman.

Je vais dans une famille préparer un petit enfant au sacrement du pardon. À un moment donné, je lui dis :

— Combien de fois Jésus a-t-Il dit à Simon-Pierre qu'il fallait pardonner ?

— Soixante-dix fois sept fois, répond le petit, qui avait bien appris sa leçon d'Évangile.

— Et ça veut dire quoi, « soixante-dix fois sept fois » ?

— Toujours, toujours, toujours, toujours.

---

1. En Montérégie.

— Ça, c'est une bonne réponse.

Le père écoutait. Il intervient :

— Tu entends, Michael ? C'est important : il faut toujours pardonner.

Le petit regarde son père. Puis il lui demande :

— Alors pourquoi, depuis deux ans, tu ne parles plus au voisin ?

Le père tousse et me dit, gêné :

— C'est parce qu'il avait un chien qui venait faire ses besoins sur ma terrasse... On a eu une engueulade et depuis on ne se parle plus.

Cette histoire n'est pas minuscule, contrairement aux apparences. Pour le petit garçon, elle est énorme : elle est aussi grande que son papa. Un père qui dit une chose, mais qui fait le contraire ! Les enfants voient ces contradictions-là instantanément. Et il y a de quoi saper une éducation, dans leur esprit...

L'éducation ne passe pas seulement par de la théorie : elle passe surtout par du témoignage.

Je vous donne un autre exemple, vécu en mars 2006. Je célèbre des funérailles dans mon église. Après la cérémonie, une fille de 12 ou 13 ans, maquillée en Madonna, me dit en mâchant de la gomme :

— Maman est partie au cimetière à Waterville[1], pour déposer le corps de sa sœur[2]. Est-ce que je peux rester dans l'église avec ma meilleure amie ?

— Bien sûr. L'église est la maison de tout le monde.

Je m'en vais. Et voilà que pendant mon absence, la petite vandalise le sanctuaire, rafle et allume tous les lampions[3] qui étaient sur les présentoirs, dérègle la sono, pique-nique sur l'autel avec des crudités qu'elle

---

1. Ville du Québec située dans la région administrative de l'Estrie.

2. Il sera question de celle-ci plus loin ; voir page 253.

3. Bougies de prière que l'on allume devant les statues ou les autels d'une église catholique.

est allée prendre au sous-sol de l'église ! À mon retour, je trouve le sol de l'église constellé de bouts de carotte, la sono qui grésille, et pour 40 dollars de bougies en train de se consumer.

Le soir, j'appelle le mari de la défunte et je lui décris l'adolescente.

— Oui, me dit-il, ça correspond à la fille de la sœur de ma femme… Je vais téléphoner.

Cinq minutes après, il me rappelle consterné :

— Curé Jolicœur, je n'aurais jamais pensé qu'elle pouvait faire ça. Que va-t-on faire, pour que ça lui serve de leçon ?

— Il y a plusieurs possibilités. On pourrait appeler la police, mais ça lui ferait un petit début de casier judiciaire[1]. Une autre méthode serait de se rencontrer tous les trois, elle, sa mère et moi, et que la petite rembourse elle-même les 40 dollars sur ses économies. Ça l'aiderait à prendre conscience de ce qu'elle a fait.

La jeune vandale arrive à l'église avec sa mère. Elle a maintenant l'air d'une petite fille, triste comme tous les enfants dont on a découvert le jeu. Elle ne nie rien. Mais elle me dit :

— Je ne sais pas pourquoi j'ai fait ça.

Nous prenons le temps de parler un peu :

— Si d'autres faisaient comme toi, il faudrait que je barre[2] l'église tout le temps, et les gens ne pourraient plus venir ici se recueillir…

Elle continue à dire :

— Je ne sais pas pourquoi j'ai fait ça…

— Serais-tu d'accord pour rembourser ce que tu nous as fait perdre ?

Ça, oui : elle sort l'argent de sa poche. Franchement, elle veut réparer.

---

1. Le droit pénal canadien prévoit pour les mineurs un casier judiciaire provisoire qui s'efface à 18 ans.

2. Que je ferme à clé.

Et enfin, en partant, l'explication jaillit. La petite se jette dans mes bras comme l'enfant prodigue :

— Quand je fais des choses bien, j'en entends jamais parler. Quand je fais des choses pas correctes, mes parents me remarquent. Voilà !

Je regarde sa mère, qui est là avec nous. Visiblement elle adore la petite. D'où vient ce malentendu ?

Quelques semaines après, je reçois une carte de cette femme, qui me remercie d'avoir réussi à faire parler sa fille. « J'ai compris le message », m'écrit-elle.

Il était simple : *écoutez-vous toutes les deux.*

L'amour ne consiste pas seulement à couvrir l'autre de cadeaux, ou de réprimandes...

Certains adolescents ne trouvent qu'un seul moyen de forcer leurs parents à les écouter : ils jouent les délinquants. Quand j'étais professeur au séminaire salésien, dans les années 1980, un de mes élèves ne cessait de se faire arrêter. C'était comme s'il le faisait exprès : parce que, chaque fois que le garçon finissait au centre de détention, il fallait que son père – un hôtelier connu – vienne personnellement l'y chercher. J'ai vite compris que cette provocation était la façon dont le jeune criait : « Papa, j'existe ! »

Il y a du divin chez l'enfant, mais pas là où vous le cherchez

Ma sœur Claudette a toujours cru que nos parents l'aimaient moins que moi. C'est terriblement fréquent : combien d'enfants sont persuadés d'être moins importants que leur aîné ? ou que leur cadet ? Mais pourquoi ont-ils cette impression ?

Pour une phrase malheureuse d'un de leurs parents ?

Souvent, oui. Une mère avait dit à sa fille : « Au moins, un de mes enfants (elle parlait de son garçon) a réussi dans la vie ! »

Quand le mot est lâché, il fait son chemin dans la tête de l'enfant, quel que soit son âge. Ne pas avoir été aimé comme on l'aurait souhaité, ou croire qu'on ne l'a pas été, envenime toute une existence.

Dans mon travail d'éducateur, j'ai toujours été sensible aux enfants qui réussissaient moins que les autres et qui avaient l'air de porter des secrets, des mystères, des drames familiaux. J'ai toujours passé du temps à les écouter (ou simplement à essayer : ce genre d'enfant est taiseux).

Lors de ces cérémonies de baptême dont je vous ai parlé, je finis en disant aux jeunes parents :

— Dans votre enfant il n'y a pas seulement de l'humain. Il y a du divin. Vous devez apprendre à le reconnaître et à le respecter. Et si vous n'arrivez pas à le reconnaître, c'est que vous n'aurez pas cherché à la bonne place. Écoutez cette histoire :

… Quatre mères sont en train de prendre un petit café dans un bar de la rue Wellington à Sherbrooke. Elles parlent de leurs enfants. La première dit : « Moi, mon garçon, il est curé à Rock Forest, et toutes les femmes l'aiment ; quand elles le croisent elles lui font des belles salutations et des "monsieur le curé, monsieur le curé"… » La deuxième dit : « Moi, mon garçon, c'est un évêque. Quand les femmes le rencontrent, elles lui font des révérences et des "monseigneur, monseigneur"… » La troisième dit : « Moi, mon garçon, c'est un cardinal ; les femmes font des prosternations et lui disent : "Votre Éminence, Votre Éminence"… Ça me fait tellement de joie quand j'entends ça… » La quatrième mère ne disait rien. Les trois autres lui demandent : « Mais tu n'as pas eu un fils, toi aussi ? » Elle répond : « Si. Il est danseur nu. Quand il se déshabille, toutes les femmes disent : "Mon Dieu, mon Dieu !" »

… La morale de cette histoire, c'est que si une mère est capable de découvrir ce qu'il y a de beau dans son gars, imaginez que Dieu, qui est un père avec un cœur de mère, va découvrir combien il est précieux, cet enfant-là que vous baptisez aujourd'hui.

C'est un discours de baptême qui peut surprendre. Mais il fait son effet. Ceux qui l'entendent comprennent qu'il y a du divin dans leur enfant, et que ce divin se manifestera de la façon la plus inattendue, et que les enfants ne grandissent pas forcément comme on l'aurait voulu, et qu'on n'a jamais raison de tirer sur le brin d'herbe en croyant le faire pousser plus droit…

11

Faire le pari du cœur
avec les personnes âgées

J'ai parlé souvent de la jeunesse dans ce livre. Mais je suis un prêtre qui donne aussi beaucoup de son temps aux personnes âgées. Je suis très proche d'elles : je suis certain qu'elles peuvent être un actif pour notre société.

Chez les Inuits du Grand Nord canadien, les vieux sont vus comme un poids mort pour la petite tribu de chasseurs ; on les installe sur un iceberg, avec une bouteille d'eau et une boîte de sardines, et on les abandonne à leur sort.

Notre société technologique sophistiquée est-elle tentée d'en revenir à ces coutumes de la nuit des temps ? Elle traite les aînés comme un passif ; c'est une lourde erreur.

Quand je vais visiter des personnes âgées dans les résidences – j'en ai deux dans ma paroisse –, je constate chaque fois leur solitude.

Elles ont dû quitter leur grande maison, et c'est une douleur pour elles que de s'en aller vivre dans une petite pièce, à l'étage d'une habitation pour vieilles gens.

Certaines le vivent avec spiritualité : — Monsieur le curé, je fais l'expérience du détachement. Un jour il va falloir me détacher de tout ; je commence par me détacher de mon chez-moi. C'est difficile. Mais c'est nécessaire, si je veux être libre le jour où je m'en irai pour de bon.

Mais ensuite, une autre expérience les attend : celle de la solitude.

Une dame de 90 ans me dit :

— Curé Jolicœur, croyez-moi : je passe des journées entières à me bercer à côté de mon téléphone en espérant qu'il va sonner. J'ai neuf enfants, vingt-six petits-enfants. J'attends qu'ils m'appellent. Il y en a du monde qui pourrait appeler ! Mais le téléphone ne sonne qu'une fois par semaine. Et quand ça sonne, c'est la compagnie du téléphone qui veut m'abonner à Internet haut débit.

Une autre, moins âgée mais tout aussi seule, me dit :

— Ma devise c'est : je garde les mains ouvertes. Quand ça passe – la tendresse, la visite, la présence –, je ramasse. Quand ça ne passe pas, je garde les mains ouvertes et je me dis qu'un jour ça va finir par passer.

Une autre encore :

— J'ai l'impression qu'ils m'ont amenée ici pour se débarrasser de moi.

L'isolement : voilà ce qui guette beaucoup de personnes âgées à la fin de leur vie... Je trouve cela triste et injuste.

Aussi injuste que cette histoire, dont j'ai été quasiment le témoin.

Il y a dans ma paroisse un veuf de 80 ans qui vivait dans une solitude totale, crucifiante : ses six enfants ne venaient jamais le voir, ne lui téléphonaient jamais.

Cet homme rencontre une femme de 55 ans et lui demande de l'épouser.

Il invite les six enfants à souper le soir de Noël. Au moment où il leur déclare que la dame assise avec eux est sa future épouse, les six se lèvent d'un bond – blêmes de colère – et quittent la table ! Comme s'ils lui disaient : « Tu n'as plus le droit d'être heureux. »

Le lendemain, il vient me raconter cette scène odieuse.

Je lui dis :

— Vous avez droit au bonheur. Vos enfants ne vous y ont pas aidé jusqu'ici. S'ils n'approuvent pas votre idée de remariage, c'est tant pis pour eux.

Souvent les enfants sont comme jaloux du bonheur que leur vieux père ou leur vieille mère voudrait avoir ; et si cette jalousie se développe, c'est lié à une question d'héritage. Le diamant que le vieux monsieur avait acheté à sa future femme, c'était autant d'argent que les six enfants n'auraient pas. Devenir ainsi des téteux d'héritage et vouloir sacrifier le bonheur d'un vieil homme : quelle tristesse…

Un ancien chef d'entreprise, que j'allais voir à l'hôpital au printemps 2006, me disait :

— Ça fait du bien de vous voir et de parler ensemble. Vous venez me voir parce que je suis une personne. Mes deux enfants aussi sont venus me voir ; mais, eux, ils ne m'ont parlé que d'argent. Ils voulaient que je leur signe des chèques. Le moment était venu pour eux de profiter un peu de ma fortune…

Les vieux parents sont comme les petits enfants : ils ont des antennes. Tout les impressionne. Rien ne leur échappe.

« Grand-maman me trouve belle avec mes anneaux dans le nez. »

D'où l'affinité émouvante entre les grands-parents et les petits-enfants jusque dans leur adolescence. Quand, par hasard, les petits-enfants vont voir leur grand-mère dans sa maison de personnes âgées, ils en ressortent ravis : « Grand-maman prend le temps de m'écouter, grand-maman me trouve belle avec mes anneaux dans le nez, grand-maman trouve que mon tatoo est tabou alors que mon père dit que je suis laide avec ça ! »

On dit que les gens âgés sont conservateurs : mais ils sont si contents de voir leurs petits-enfants qu'ils applaudiront des choses que le père et la mère jugent beaucoup trop modernes.

Mon paroissien Shawn est un petit gars qui adore son grand-père. Il dit à sa mère un soir :

— Maman, j'aimerais ça, aller me faire faire des mèches blondes dans les cheveux.

La mère est parcourue d'un frisson d'agacement à cette idée. Elle cherche une esquive :

— Va en parler à ton grand-père. Si lui, il est d'accord, tu auras tes mèches.

La mère est sûre de son affaire : tel qu'elle connaît son père, il va répondre : « Non, mon garçon. De quoi aurais-tu l'air ! »

Shawn revient, hilare :

— Grand-papa est d'accord.

Je vous l'ai déjà dit plusieurs fois : les grands-pères ont le désir d'être avec leurs petits-enfants ce qu'ils ont négligé d'être avec leurs enfants.

Mon père, sur le tard de sa vie, était devenu grand-père. Ma sœur lui avait donné deux beaux petits-enfants, Nathalie et Isabelle, qui ont aujourd'hui plus de 20 ans.

Et j'ai vu mon père faire avec ses deux petites filles ce qu'il n'avait jamais fait avec ma sœur et moi : s'asseoir sur le tapis, jouer avec elles pendant des heures. Il avait l'air tellement heureux ! Et je me disais : « Il n'a pas été un père froid avec nous – mais ça, il ne l'avait jamais fait ! Il ne sait pas tout ce qu'il a manqué. »

Je me disais aussi : « Ma grand-mère de 80 ans qui vivait au rez-de-chaussée de la maisonnée, quand nous étions enfants, elle nous gardait, nous étions vraiment proches. » Les grands-parents ont un bagage d'humanité à offrir.

Je parlais de l'expérience du détachement. Certaines personnes âgées la font avec courage.

D'autres la refusent et se crispent. Sur l'argent, notamment…

Je rencontre l'autre jour dans la rue une dame de 85 ans que je connais de longue date ; elle possède une certaine fortune et n'a pas d'héritiers. Elle m'explique qu'elle va à la banque placer son argent :

— Je veux être sûre de ne pas en manquer plus tard, pour mes vieux jours.

L'idée ne lui vient pas que, ses vieux jours, elle est déjà en train de les vivre. Et qu'avant de devoir tout laisser, elle pourrait faire quelques beaux gestes de partage avec ceux qui en auraient besoin.

À l'inverse, je connais des gens âgés qui ont une vie spirituelle intense. Ils vont prier pour leurs enfants, leurs petits-enfants ; ça semble inutile à la société d'aujourd'hui, mais une vieille dame me dit :

— Quand je dis mon chapelet, c'est comme si je disais cent fois « je t'aime ».

Dire « je t'aime », est-ce inutile ? Ne répondez pas trop vite : ce n'est pas une question, c'est un pari. Celui du cœur.

La vieille dame ajoute :

— Vous savez, le chapelet, c'est aussi toutes les émotions de notre vie : il y a les mystères joyeux, les mystères douloureux, les mystères glorieux. Et le dernier pape a ajouté les mystères lumineux[1] : c'est comme une lumière sur le chemin.

Voilà des gens qui sont de plus en plus compréhensifs envers les autres, en vieillissant, au lieu d'imiter ceux qui jugent et qui condamnent. Quand je visite cette sorte de personnes, c'est un bonheur pour moi. Je les encourage du mieux que je peux.

J'ai une paroissienne octogénaire qui a été professeur toute sa vie. Retraitée, elle s'ennuyait. Et je connaissais, moi, un petit écolier de 10 ans qui avait besoin d'aide en français. Je parle de lui à la dame. Son œil brille aussitôt derrière ses lunettes :

— Mais ça pourrait être sympathique, ça !

Le petit va maintenant chez elle quatre fois par semaine ; il fait des progrès en français ; et entre le gars de 10 ans et la vieille enseignante de 80 ans, il y a une amitié émouvante : je pense même qu'il parle avec elle (et qu'il est écouté par elle) plus qu'il ne le fait chez lui avec sa propre mère.

Une autre de mes paroissiennes était cuisinière dans sa jeunesse ; aujourd'hui elle s'est mise à confectionner des petits pâtés, qu'elle nous donne pour que nous puissions les offrir à des familles démunies.

Une autre encore tricote pour les plus pauvres…

À Rock Forest, une maman tombe dans le *baby-blues* : c'est une dépression passagère de l'accouchée, avec des mélancolies, des crises de larmes, des pertes d'appétit, des insomnies, une incapacité à se concentrer. Elle n'arrive pas à supporter les cris de son bébé. En face de chez elle, dans ma paroisse, habite une vieille dame solitaire. Le

---

1. Jean-Paul II a ajouté au rosaire cette nouvelle série de « mystères ». Les « mystères » du chapelet sont des événements de la vie du Christ ou des points de la foi catholique proposés à la méditation des fidèles.

mari de l'accouchée lui raconte ce qui se passe chez lui. La vieille dame réagit aussitôt par une offre :

— Si vous voulez, tous les matins, à l'heure où vous partez au bureau, apportez-moi le bébé. Je m'en occuperai jusqu'à midi. Pendant ce temps, votre femme pourra se reposer et se rétablir.

Le mari, interloqué :

— D'où vous vient cette idée de prendre notre problème en charge ?

— C'est une idée de saison ! On entre en carême : à la paroisse, l'abbé Jolicœur nous a dit de trouver de « belles petites choses » à faire pour aider le prochain. Je me suis dit que cette petite chose-là serait belle.

Cette vieille dame n'a plus été solitaire jusqu'au matin de Pâques : pendant les quarante jours du carême, elle a gardé le bébé pendant que la jeune femme épuisée retrouvait son équilibre nerveux.

Et pour celle-ci et son mari, ce fut un rayon de lumière ; ils ont découvert une autre dimension, dans la vie, que celle des fatigues et des énervements quotidiens : l'entraide, le dévouement. La charité.

Ce que cette paroissienne âgée a pu faire, je ne l'aurais pas pu. Il y a des choses que seule peut faire une femme, et une laïque[1] !

J'ai aussi une amie, prénommée Micheline, qui a dépassé les 70 ans. Retraitée de l'Éducation depuis dix ans, elle s'ennuyait et se trouvait inutile. Or il existe à Sherbrooke la maison Aube-Lumière qui s'occupe des malades du cancer en phase terminale. J'ai suggéré à Micheline de s'y intéresser. Elle y a pris tellement d'intérêt qu'elle y est entrée comme bénévole. Elle me dit aujourd'hui :

---

1. Au sens catholique, « laïque » veut dire « non-prêtre ». (Ne pas confondre avec le sens politique : en France, le substantif « laïque » peut vouloir dire aussi « non-chrétien ».)

— Ces grands malades ont une richesse humaine que les bien portants n'imaginent pas. On la découvre en prenant le temps de les écouter, de les accompagner…

« J'étais malade et vous M'avez visité », dit Jésus dans l'Évangile[1]. Toutes ces vieilles personnes ont transformé leur vie en service des autres. Leur grand âge ne rend pas leur vie inutile : elles offrent leurs dernières forces aux autres, avec la plus grande générosité.

C'est beau. Et ça devrait interdire à notre société de balayer les aînés hors de la scène, en les accusant (sans le dire trop fort) d'être des inutiles. Inutiles à quoi ? À la consommation, au business, comme si la vie sociale se résumait à cela ?

Je dis à la vieille sœur : « La souffrance est recyclable. »

En 2001, après mon opération chirurgicale et pendant ma période de convalescence, j'ai vécu trois mois entiers avec les vieux prêtres en retraite du diocèse de Sherbrooke. Ce choix a beaucoup surpris plusieurs confrères de mon âge ; ils n'auraient jamais fait ce choix.

Et ce fut pour moi une saison extraordinaire. On ne peut pas savoir à quel point les vieux prêtres sont

---

1. À Martinville, un village de l'Estrie, des petites sœurs âgées – les Filles de la Charité du Sacré-Cœur de Jésus – ont voulu courageusement ouvrir un centre pour les malades du sida. Les habitants du village, plus jeunes que les sœurs, ont fait une pétition contre le projet et l'ont intitulée : « On ne veut pas devenir Sidaville ». Les premiers à signer cette infamie ont été les plus pieux, ceux qui ne manquaient pas la messe du dimanche. Aller chaque semaine écouter l'Évangile, mais commettre un acte pareil : bel exemple de contre-témoignage de la part de gens baptisés ! D'autant que le seul langage qu'un sidéen comprend, c'est celui de l'accueil et de la tendresse, qui se trouve être aussi le langage de l'Évangile.

riches de culture et d'expérience. Si on leur demande de parler de ce qu'ils ont vécu, d'abord on leur donne du bonheur, et puis on apprend une infinité de choses. Je les écoutais me raconter leur arrivée dans le diocèse, leurs débuts dans les paroisses... Il y avait chez eux une sagesse qui m'impressionnait.

Entre eux et moi, d'ailleurs, le courant passait bien :

— On avait beaucoup entendu parler de vous, mais on ne vous aurait pas cru si sympathique ! me disaient-ils.

Ce sont des mots qui font plaisir. Mais en réfléchissant à cette phrase de pure gentillesse, on y trouve le symptôme de ce qui se passe trop souvent, dans l'Église et dans toute la société : les gens sont catalogués d'après les rumeurs qui circulent sur eux. Souvent ces rumeurs sont exagérées. Parfois elles sont fausses. Dans certains cas elles sont d'une injustice noire. (Pas forcément par volonté de nuire : plutôt par ignorance et désinvolture.)

Là-bas, un vieux prêtre me disait aussi :

— S'il y en a un pour qui on prie dans le diocèse, c'est bien vous, parce que vous êtes pas mal moderne.

Quand je suis parti, il m'a dit au revoir ainsi :

— Je continuerai à prier pour vous, pour que vous continuiez à être un prêtre dans la modernité.

On est souvent surpris par ces vieux confrères qui en ont vu de toutes les couleurs et qui regardent le monde avec une compétence paisible. L'un d'eux avait enseigné à la faculté de l'éducation de l'université de Sherbrooke, écrit des tas de livres, des textes que je n'avais jamais lus – et j'ai eu le temps de le découvrir, là, pendant trois mois : et quelles conversations, après !

Encore faut-il prendre le temps d'écouter.

Quand je vais à l'abbaye de Saint-Benoît-du-Lac, je suis toujours ému par les attentions que l'on a envers les vieux moines... Saint Benoît dans sa Règle dit que le respect des aînés est un point fondamental.

Je pense aussi à la vie de prière des vieilles religieuses : ce « ministère de la prière », qui donne de l'oxygène au reste de la société, sans que celle-ci le sache… Et je trouve cela tellement beau !

Une fois, l'une de ces sœurs âgées, très malade, m'avait dit :

— Pourquoi tant de souffrance ?

Je lui avais demandé :

— Croyez-vous que la souffrance est recyclable ?

— Que voulez-vous dire ?

— Si vous avez le goût d'offrir ce que vous vivez pour que je sois un meilleur prêtre, ça pourrait me servir.

C'est le mystère de solidarité de la foi chrétienne : nous pouvons unir nos souffrances à celles du Christ, qui sauvent le monde. Et ce don, que nous faisons, aide les uns et les autres – membres comme nous du « corps du Christ » – à surmonter leurs propres épreuves. Souffrir pour souffrir ne serait pas chrétien (il faut tout faire pour réduire les souffrances) ; mais quand la souffrance est inévitable, la foi chrétienne est la seule à pouvoir lui apporter un sens. C'est notamment le cas des douleurs de la vieillesse.

Il faut aussi regarder la réalité sociologique et constater que, dans l'Église catholique de l'hémisphère Nord, aujourd'hui, le nombre des vieux prêtres, des vieux religieux et des vieilles religieuses devient disproportionné par rapport au recrutement de jeunes. C'est un problème redoutable. On ne le résoudra pas avec des solutions de facilité ou des réformes administratives ; le problème vient des profondeurs de notre société, et du divorce entre elle et la foi chrétienne. Comment combler ce fossé ? Là non plus, les réponses ne seront pas faciles.

Je vous ai dit que j'étais proche de nos aînés. Je le suis jusqu'à la fin de leur vie terrestre. Certains sont morts en me tenant la main. Je le ressens profondément, et comme un grand cadeau qui m'est fait.

Par exemple en mars 2006 : la famille d'une dame me téléphone pour me dire qu'elle est à l'agonie ; quand j'arrive, on me dit : « C'est trop tard. » On se trompe, j'en fais le pari. Quand j'entre dans la chambre, Jeannine respire encore. Je lui prends la main. Je prie à voix haute. Je lui donne l'onction des malades. Toute la famille et moi, main dans la main, nous formons une chaîne d'amitié autour d'elle ; et elle trépasse ainsi. Voilà une belle mort.

C'est si rare, de nos jours, de mourir chez soi entouré des siens, main dans la main avec eux et le prêtre…

Or c'est après les funérailles de cette dame que va se passer l'incident que je vous ai raconté plus haut[1], avec sa nièce de 13 ans qui va vandaliser l'église. Vous voyez que rien n'est simple : toutes les familles, y compris celles qui vont à la messe, ont leurs difficultés d'éducation. Mais toutes les familles ne mettent pas autant de bonne volonté que celle-là, quand il y a un problème à résoudre.

---

1. Voir page 238.

12

Je vous prêche une retraite !

Le prêtre ne fait pas intrusion dans la conscience des gens. S'il le faisait, ce ne serait pas un bon prêtre. Il trahirait l'Évangile. Sa tâche n'est pas d'imposer : c'est de proposer.

Cette approche-là est celle de la foi catholique depuis toujours (en principe), et si des hommes d'Église ont abusé de leur autorité morale au cours des temps, ils l'ont fait en tournant le dos à leur propre théologie...

Les gens sont des êtres *libres*, parce que Dieu les a créés avec un cœur, une raison et une âme !

Ils ne sont pas des « machines à émotions », contrairement à ce que raconte aujourd'hui le marketing de masse qui cherche à nous programmer comme consommateurs.

Donc le prêtre est en amour avec la liberté des gens. Il leur propose la lumière de Jésus-Christ : libre à eux de la refuser.

Ou libre à eux de l'accueillir, en la laissant éclairer leur conscience.

Le prêtre sera là aussi pour aider ceux qui accueillent cette lumière à agir par eux-mêmes. « Aime et fais ce que tu veux », disait saint Augustin aux gens qui l'écoutaient ; il veut leur dire : « Si tu agis par amour, tu agiras forcément bien. » Mais il faut agir. Voilà l'art de vivre chrétien : que chacun prenne sa vie en main et la mène personnellement, dans la lumière de l'Évangile, au lieu de demander au bon Dieu de faire les choses à notre place.

Je vous parle ici comme aux gens du Québec à qui je prêche une retraite. Imaginez-vous parmi eux : ils sont là, réunis dans la salle de leur paroisse ; beaucoup ont sorti un crayon et du papier pour noter ce que je vais dire, comme si c'était une leçon de professeur.

Mais je ne suis pas là pour donner un cours.

Je procède tout autrement…

Je vous confie quatre secrets pour la vie

Je commence ainsi :

Il y a un vieil homme dans un village, et cet homme est très religieux. Un jour on annonce une inondation. Le village doit être évacué. Le vieil homme déclare : « Je suis un homme de foi. Je vais prier. Le village ne sera pas inondé. » Alors il s'installe sur le perron de l'église et prie pour que l'eau ne vienne pas. Mais l'eau vient quand même… Au bout d'une heure, voilà une chaloupe qui passe ; les sauveteurs crient au vieil homme : « Grand-père, vous avez de l'eau jusqu'aux genoux. Est-ce que vous embarquez dans la chaloupe ? – Non ! moi, j'ai la foi. » Une heure plus tard la chaloupe revient, et le vieil homme a de l'eau jusqu'au menton. « Grand-père, est-ce que vous embarquez ? – Non ! le bon Dieu me laissera pas noyer. » Deux heures après, la chaloupe repasse, mais le vieux est sous l'eau. Il arrive au ciel. Indigné, il dit à saint Pierre : « Vous m'avez laissé tomber au moment où j'avais le plus besoin de vous ! » Et saint Pierre répond : « Imbé-cile, c'est moi qui t'envoyais la chaloupe. »

Les gens rient dans la salle. Puis ils se grattent la tête. Ma petite histoire fait son chemin dans leur esprit. Dieu nous envoie des chaloupes, mais on n'est pas toujours là pour les prendre…

Tout à l'heure un chômeur viendra me voir, près de la machine à café :

— Curé Jolicœur, je demande au bon Dieu qu'Il m'aide à trouver un travail.

— C'est bien. Est-ce que ça t'arrive aussi de regar-der les petites annonces ?

Le chrétien doit se libérer de la mentalité magique (ou de l'infantilisme : c'est la même chose). Aller dans une église allumer un lampion, c'est bien si ça accom-pagne une vraie prière ; mais ce geste ne la remplacera pas. Il ne remplacera pas non plus ton action dans la vie. Ni le lampion ni la prière ne vont agir à ta place.

Des gens disent : « Si Dieu était Dieu, Il ne me lais-serait pas tomber. » Ils voudraient un Dieu magique.

Mais Dieu n'est pas une magie, puisque Il est Dieu, et que Dieu nous crée libres et responsables – parce qu'Il nous aime !

À la fin de mes retraites, je dis aux gens qu'il y a quatre secrets pour vivre comme un ami de Jésus :

Le premier secret, c'est de savoir *écouter*.

Le deuxième, savoir *pardonner*.

Le troisième, savoir *partager*.

Le quatrième, savoir *faire les premiers pas*.

Savoir faire les premiers pas, c'est le plus difficile. Pour tout le monde. Dans la vie, les gens te donnent des petites tapes dans le dos pour te dire qu'ils t'aiment bien ; mais s'il y en a un qui te donne un coup de couteau, tu gardes la cicatrice toute ta vie, et

256

chaque fois que tu prends ta douche, cette cicatrice est la première chose que tu vois : tu cultives ta vieille rancune. Et tu n'es pas heureux là-dedans.

Comme me l'avait dit le chirurgien : on n'est pas faits pour la haine.

Je vous ai raconté ce qui s'est passé en moi en 1999, quand j'ai perdu ma paroisse de Saint-Charles-Garnier. Obligé d'aller vivre à l'archevêché, de côtoyer mon évêque, je me cachais pour ne pas le voir ! Il m'avait enlevé ce que j'avais de plus cher. Je tournais en rond avec le sentiment de subir une injustice.

Un matin, je trouve dans ma case un billet de l'évêque : « Quand tu te sentiras prêt, j'aimerais qu'on aille ensemble au restaurant. »

Voilà ce que c'est que de faire le premier pas.

Nous attendons toujours qu'il soit fait par l'autre ; mais quand c'est toi qui le fais, ça peut amener une grande transformation. J'en ai fait l'expérience à partir de ce moment-là, et plus encore après l'affaire de mon opération chirurgicale et de mon réveil en présence de l'évêque[1].

Aujourd'hui, je me sens fier de travailler avec cet homme-là.

Mais s'il n'avait pas fait les premiers pas, je ne suis pas sûr que nos relations en seraient là.

Faiblesse humaine ? Oui, et j'en suis conscient. C'est justement ce qui m'aide à vouloir faire moi aussi les premiers pas, envers les autres, chaque fois que je le peux, dans ma vie quotidienne.

Ainsi envers ma tante Cécile : c'était la seule sœur de ma mère, et elle se sentait sa rivale. Avait-elle été amoureuse de mon père ? En tout cas elle l'a calomnié alors qu'il était sur son lit de mort. Je ne suis pas

---

1. Page 123.

arrivé à le lui pardonner pendant des années. Je la boycottais...

Finalement, un jour – c'était une veille de Noël –, j'ai pris une carte et je lui ai écrit : « Ma tante, tu es plus belle que la peine que tu m'as faite un jour. »

Ce premier pas que je faisais a tout changé entre nous. Il était temps : la tante Cécile est morte six mois plus tard.

L'art de faire le premier pas

Un autre exemple de premier pas, dans ma vie de prêtre, je le trouve dans ma réconciliation avec le fondateur d'Évangélisation 2000.

Vous vous souvenez : c'est l'émission de télévision et le mouvement d'apostolat dont je vous parlais à propos de ma rencontre avec les cinq clochards de l'Abitibi[1].

Évangélisation 2000 a été lancé par Sylvain Charron, que les Français connaissent pour ses liens avec l'abbé Pierre.

C'est un garçon de Stanstead, en Estrie. Il a aujourd'hui 40 ans ; je le connais depuis ses 17 ans, quand il était élève au collège privé de Stanstead, la dernière ville de l'Estrie avant la frontière américaine. Le collège m'avait invité à venir faire un témoignage dans cette classe, où il y avait vingt-huit élèves – dont vingt-six filles et deux garçons seulement. Sylvain Charron était l'un des deux. C'était un petit gars qui cherchait un sens à sa vie.

Ensuite il s'égarera un temps dans l'ésotérisme, comme il le raconte lui-même dans un livre.

Je ne le perds pas de vue à l'époque ; on dîne au restaurant ensemble (il a la passion des pâtes), on va

----
1. Voir au chapitre 7.

au spectacle (je nous revois morts de rire au show de Clémence DesRochers[1])...

Et puis il débarque dans mon presbytère, un soir des années 1990, très désemparé. Et je lui conseille un séjour chez les moines de Saint-Benoît-du-Lac.

C'est là qu'il va trouver sa voie.

Elle lui vient pendant sa retraite à l'abbaye, en lisant une phrase de Jean-Paul II : « Nous n'avons pas besoin d'un nouvel Évangile, nous avons besoin d'une nouvelle évangélisation. »

Au retour, il me dit :

— Je vais faire des soirées d'évangélisation populaire. Et de l'évangélisation dans les médias !

Je lui réponds que je lui souhaite bonne chance, mais que je suis curé à temps plein et en train de bâtir une église, ce qui me laisse peu de loisirs pour lui donner un coup de main.

Je sens qu'il est peiné de mon refus.

Mais à l'époque, je ne suis pas encore convaincu que la télévision soit devenue le centre nerveux du monde et que l'évangélisation doive passer par elle.

En 1995, Sylvain Charron lance son mouvement, qui engendre vite une émission sur le réseau TVA et TQS. En très peu de temps, le jeune homme se révèle un grand professionnel.

Mais l'esprit de l'entreprise commence par me faire mauvais effet. Je soupçonne Charron d'imiter les télé-évangélistes des États-Unis, qui sont des brasseurs d'argent et des manipulateurs de foules. Je me dis que les dollars drainés par l'émission servent à financer la production, les invitations de stars, les locaux, la technique, et que c'est autant de perdu pour les diocèses.

---

1. Poète, dramaturge, écrivain, comédienne, humoriste et animatrice de télévision sherbrookoise ; Clémence est même docteur *honoris causa* de l'université de Sherbrooke.

Pendant plusieurs années, je refuse de collaborer avec Évangélisation 2000. Et je me mets à regarder Sylvain de travers ! Rien de ce qu'il fait ne me paraît bon. Quand je vois Claire Jolicœur[1] aller chanter à son émission, j'en suis affligé : elle n'est pas de ma famille (même si nous avons le même patronyme), mais c'est l'une de mes grandes amies. Cette dame de Sherbrooke s'était lancée dans la chanson dix ans plus tôt grâce au concours de la « Soirée canadienne » de Télé 7 : elle avait connu un succès imprévu qui l'avait menée jusqu'à l'Olympia à Paris, en 1977, avec la troupe du Festival des cantons. Comme je vous l'ai dit, elle chante souvent dans mon église de Saint-Charles-Garnier.

Et voilà justement que Claire Jolicœur meurt, à Sherbrooke, en septembre 2003, âgée de 63 ans.

Le jour de ses funérailles, c'est moi qui dois prononcer l'homélie.

Et là, près du cercueil de Claire, devant les mille cinq cents personnes qui s'entassent dans l'église, je me réconcilie avec Sylvain Charron.

Pourquoi ai-je fait ce geste ?

À cause du père abbé de Saint-Benoît-du-Lac. Il m'avait dit, quelques mois plus tôt :

— Peut-être que dans Évangélisation 2000 quelque chose vous déplaît. Mais dans ce cas, vous avez tort de rester à l'extérieur et de cultiver une opinion négative : votre devoir est d'y entrer, en tant que prêtre, et d'y apporter du positif.

Non seulement j'ai entendu cet avis du père abbé mais je l'ai écouté. Rien n'est moins médiatique qu'un moine : il est donc objectif quand il parle des médias. On peut prendre au sérieux son opinion dans ce domaine.

Il y a une autre raison. Quatre ans après avoir refusé de suivre Charron à la télévision, j'ai fait l'expérience

---

1. Voir aussi page 198.

de la radio avec l'émission « Le Pari du cœur ». Et là, j'ai découvert l'impact de l'audiovisuel. J'ai constaté qu'évangéliser par les médias était loin d'être superflu. Et j'ai commencé à me demander s'il ne fallait pas rengainer certaines de mes critiques envers le travail d'Évangélisation 2000.

L'idée de me réconcilier avec Charron a donc germé en moi.

Elle était mûre quand Claire Jolicœur est morte. Et j'ai fait le premier pas lors de ses funérailles.

Du coup Charron m'a proposé de participer à son action, et je n'avais plus de raison de refuser. Aujourd'hui j'interviens tous les dimanches à son émission. À mon trentième anniversaire d'ordination, en 2006, il a dit dans son discours :

— Plus jamais, jamais, il n'y aura de nuages entre Robert et moi.

Sylvain est devenu l'un de mes cinq meilleurs amis.

Faire les premiers pas ! J'y invite les autres également, dans leur vie à eux. Et c'est ardu. Les gens ont de l'orgueil. J'en vois qui viennent parler avec le curé mais qui cultivent des rancunes terribles : contre leur conjoint, contre un frère ou une sœur, contre un de leurs enfants. Je les entends me dire, dans le salon où je les reçois et où nous discutons :

— S'il fait les premiers pas, je lui ouvrirai ma porte ! Sinon, je n'ouvrirai pas.

Chaque fois, j'essaie de leur proposer l'inverse :

— Ouvrez-lui sans attendre. Vous verrez : ça le transformera…

Quand Jean-Paul II a demandé pardon pour les péchés commis au nom de l'Église, cette repentance a soulevé des incompréhensions, des réticences, des critiques et même des colères (chez les intégristes) : mais elle a semé des germes de dialogue et de réconciliation tout autour de l'Église, et cette moisson va mûrir dans les années qui viennent.

C'est la même chose dans les relations entre les personnes… J'ai vu une paroissienne venir me dire :

— En telle circonstance, vous m'avez fait de la peine. Je vous l'ai pardonné, et je tiens à ce que vous le sachiez.

Faire le premier pas, c'est la forme la plus chaude du pari du cœur. Mais tout le monde n'en vient pas là. Une de mes paroissiennes était venue chercher un reçu fiscal pour un don caritatif qu'elle avait fait ; elle m'avait demandé de chiffrer ce reçu très au-dessus de ce qu'elle avait réellement donné. J'avais dit non. Plus jamais elle n'a remis les pieds dans mon église.

Le jour de ses funérailles, j'ai déposé un petit message dans la boîte aux lettres de son mari pour lui offrir mes amitiés. Et il est revenu, veuf, à la paroisse.

Comment les riches aident les pauvres

À mes retraites, je vois venir toutes sortes de gens.

Robert Jolicœur, c'est à la fois un curé proche des pauvres, des exclus, des mal-pris, des mal-aimés, des sans voix – et proche de gens riches, célèbres et influents : de gens « qui ont réussi » et qui ont tout ce qu'ils veulent, selon les normes de notre société.

En agissant ainsi je ne fais qu'essayer d'agir comme Jésus. Il était l'ami des pauvres et des pécheurs (les « impurs », selon le *religiously correct* de Jérusalem à l'époque : « Tu n'es que péché depuis ta naissance », disent les chefs du Temple à l'aveugle-né guéri par Jésus[1]). Mais Jésus était aussi l'ami de gens fortunés à

---

1. Évangile selon saint Jean 7, 49.

Jérusalem : par exemple le conseiller Nicodème[1], dont les historiens pensent qu'il s'agissait d'un des plus gros négociants en céréales de Judée.

Ou Joseph d'Arimathie[2], grand propriétaire terrien de la plaine côtière...

Et les personnalités riches et célèbres dont je me suis fait des amis, ce sont elles qui m'ont le plus aidé à secourir les pauvres.

C'est aussi grâce à elles que j'ai pu bâtir la nouvelle église Saint-Charles-Garnier : une église neuve, dans ces années 1990 où les églises – ailleurs – avaient plutôt tendance à fermer !

Que je boive du Coca-Cola avec les pauvres ou du champagne avec les riches, être à la table des uns comme des autres fait partie de ma mission.

Et quand il s'agit de leur parler de la vie spirituelle, finalement, il n'y a plus de différences entre les riches et les pauvres : les uns et les autres redeviennent des êtres inquiets qui cherchent l'espérance.

Un soir au Mexique, à Riviera Maya[3] où je prêche une retraite pour Évangélisation 2000, voici Céline et son mari Pascal. Elle est canadienne, il est italien. Pascal me prend à part :

— Ce que j'entends à cette retraite me foudroie. Je suis en train de découvrir la beauté du christianisme.

Nous allons souper tous les trois à Playa Carmen, qui est un petit paradis touristique pour amateurs de plage et de plongée sous-marine... C'est une amitié qui naît.

L'année suivante, Pascal et Céline me disent :

— Ce qu'on voudrait, c'est payer les études d'un jeune prêtre. En connaissez-vous un ?

------

1. Jean 19, 39.
2. Marc 15, 43 ; Matthieu 27, 60.
3. Sur la côte est du Yucatán, au sud de Cancún.

J'en connais un qui va être ordonné un mois plus tard et qui a des études à poursuivre. Pascal et Céline vont tout financer !

Cela pour dire que des gens fortunés peuvent venir, eux aussi, à des retraites spirituelles ; et que, si la retraite a touché leur cœur, ils peuvent s'engager avec une générosité déconcertante.

C'est un peu ce que montre aussi l'histoire de Robert Morin.

Celui-là n'a pas été un retraitant. Mais c'est un cas de millionnaire saisi par la générosité.

Morin était un homme d'affaires de Sherbrooke, avec des propriétés au Québec, une *penthouse* à Miami, une villa en République dominicaine… Il avait traversé une épreuve très dure, dont les journaux avaient parlé à grand bruit : accusé faussement d'agression sexuelle, arrêté en pleine nuit, menottes aux mains, emprisonné (sans l'ombre d'une preuve), puis déclaré non coupable par les juges… La femme qui l'accusait avait tout simplement voulu le rançonner : c'est un procédé fréquent de nos jours. J'étais curé de Saint-Charles-Garnier à l'époque. J'avais écrit à Robert Morin un petit mot qui l'avait touché et qu'il avait gardé dans sa poche comme un porte-bonheur. « La lettre du curé Jolicœur m'a permis de passer à travers toute ça », avait-il déclaré aux journalistes.

Il faut dire que rien ne lui avait été épargné ! Pendant les affres de son procès, il avait été approché par les scouts du Canada qui lui avaient demandé une subvention pour s'acheter un ordinateur. « D'accord, avait répondu Morin. Mais étant donné la façon dont les médias m'ont traité depuis quelque temps, je tiens à ce qu'un photographe de presse soit là le jour où je vous remettrai le chèque. » Les scouts s'étaient regardés d'un air gêné. « On vous donnera une réponse demain », avaient-ils dit en s'éclipsant. Ils n'avaient plus donné signe de vie.

Morin, profondément blessé, m'avait raconté l'affaire. J'avais sauté sur l'occasion :

— Moi, je n'ai pas peur d'être en photo avec toi dans les journaux. Si les scouts ne veulent plus de ton chèque, il fera le plus grand bien à La Cordée[1] !

Chose aussitôt faite. Après quoi Robert Morin s'est mis à financer les causes qui m'étaient chères : non seulement La Cordée, mais le soutien aux gens frappés de grande pauvreté.

— Au contact de Robert Jolicœur, j'ai pris le goût de redonner à la société un peu de ce qu'elle m'avait donné, expliquait-il.

Les médias lui avaient fait une réputation épouvantable pendant quelques mois ; mais, moi, je n'ai jamais craint de me tenir avec les gens qui ont mauvaise presse. Je sais comment se fabriquent les images ! Je n'ai aucun souci du qu'en-dira-t-on. Tout le monde sait que je m'affiche sans hésiter aux côtés de personnages controversés : leur conscience n'appartient qu'à eux, la vérité se fait jour tôt ou tard. Et la seule chose qui m'importe, en attendant, c'est que le bien se fasse.

Prier, ce n'est pas rabâcher des formules

La prière est la grande inconnue, aujourd'hui. Je m'en rends compte à chaque instant. On me dit : « Je prie. » Mais qui prie-t-on ?

Un Dieu lointain et menaçant ? Ce n'est pas le nôtre, qui est amour entre le Père, le Fils et l'Esprit, offert aux êtres humains.

Ou bien on croit « communiquer avec les morts », comme dans le *New Age* ? Ce n'est pas la prière chré-

---

1. C'est l'organisme que je parraine et qui aide des gens atteints de maladies mentales. Voir au chapitre 6.

tienne : celle-ci est une conversation avec le plus vivant des vivants.

Ou bien on rabâche des formules apprises, on les répète, on les récite, on les marmonne – et l'on n'y pense plus, sitôt franchie la porte de l'église… Ce n'est pas une foi de chrétien.

Prier vraiment, c'est faire un pari du cœur.

« Foi » et « confiance » sont un seul et même mot. Prier, c'est faire confiance. C'est intime.

Laissez-moi vous faire part de mon expérience personnelle. On prie quand on perd du temps, volontairement, pour être avec Jésus. Je prie quand je pars dans la nature, par exemple, et quand je m'assieds sur une grande roche, pour y rester une heure en silence. J'admire la Création autour de moi. Elle me parle du Créateur. Je suis capable de m'émouvoir beaucoup devant un coucher de soleil : « Merci, Seigneur, de la belle journée qui s'achève, merci de la lumière de ta parole, éclaire ma route, réchauffe mon cœur… »

Je suis allé à Key West, dans le sud de la Floride, juste pour y voir un crépuscule, et c'était prier.

Mais la pluie qui tombe me fait prier aussi : « Merci, Seigneur, de cette eau qui féconde la terre et qui embellit nos jardins… »

La nature est comme une église. On ne devrait pas oublier saint François et ses louanges à Dieu pour toutes les beautés de la Création. On ne devrait pas laisser dire que le paganisme était l'ami de la nature et que le christianisme a « séparé » les êtres humains de leur environnement : c'est une idée fausse, quoique répandue.

Mais cette prière à partir de la nature n'est pas suffisante. Prier, c'est aussi ouvrir la parole de Dieu.

Il y a des paroles que je ne me lasse jamais de méditer. Quand Jésus, dans l'Évangile selon saint Matthieu, dit qu'Il n'est pas venu pour les bien portants mais pour les malades, c'est une pensée qui ne me quitte pas.

Et la phrase de Jésus quand les pharisiens veulent lapider la femme adultère : « Moi non plus, Je ne te condamne pas. »

Prier avec les pages de l'Évangile, c'est s'émerveiller et se laisser envahir par la gratitude. Envers ce que Jésus a fait – et qu'Il fait à tout instant – pour les êtres humains. Et envers les êtres humains eux-mêmes (« les plus petits d'entre les miens », comme dit Jésus) : avec leurs délicatesses, leurs bontés, leurs générosités, leurs faiblesses et leurs blessures.

Prier avec les psaumes de l'Ancien Testament, avec des textes de maîtres spirituels, c'est entrer dans le mouvement qui porte des hommes vers Dieu depuis des milliers d'années.

Prier n'est pas penser à soi. Dans ma prière je prends toute ma paroisse, j'essaie de prendre tous les espoirs du monde.

Puis-je vous dire quelque chose de très intime ? Quand je vais voir des personnes malades, il y a toujours une minute précieuse. C'est l'instant où je leur demande :

— Est-ce que vous aimeriez ça, qu'on prie ensemble ?

Le malade a souvent l'air surpris. Puis il accepte.

Ce mouvement de surprise, c'est parce que notre époque a perdu l'habitude de prier. Elle ne sait plus comment faire. Elle n'a plus les mots qui disent l'attachement au Jésus de l'Évangile. Croit-on que ce sont des mots savants, brevetés, qui seraient la propriété du clergé ? Dans les salons funéraires, je suis toujours perplexe d'entendre les familles demander : « Est-ce qu'un prêtre pourrait venir faire la prière ? »

Tout chrétien devrait être capable de prier et de faire prier. Surtout en famille, surtout devant le corps d'un parent.

Au chevet du vieux monsieur dont je vous ai parlé plus haut, dans sa chambre d'hôpital, j'ai dit pendant qu'il priait avec moi :

— Seigneur Jésus, lorsque Tu es venu faire un tour chez nous, souvent Tu as rencontré sur ta route des hommes et des femmes qui souffraient dans leur cœur ou leur corps. Tu prenais le temps d'entrer en relation avec eux, de les réconforter, de les aimer. Aujourd'hui Tu viens voir ton vieil ami Maurice qui T'attendait dans le silence de sa petite chambre d'hôpital. Que le Seigneur Jésus te bénisse, Maurice, et te donne la force d'aller au bout de ton combat.

Chaque fois que je suis invité à la table d'une famille, je leur demande :

— Aimeriez-vous qu'on fasse une prière avant le repas ?

Les gens sont toujours d'accord. Mais ils sont toujours surpris, et vaguement décontenancés : comme si je leur proposais une aventure inconnue.

La prière que je dis ne charge pas Dieu de « procurer du pain à ceux qui n'en ont pas », formule ambiguë que je n'apprécie pas beaucoup.

Je dis plutôt :

— Bénis, Seigneur, cette table et les personnes qui l'entourent. Que ce repas nous rapproche, que nous puissions offrir de l'amitié à ceux qui en manquent...

J'essaie de centrer ma prière sur les êtres, non sur les gestes ou les choses.

Quand je parle de la prière aux gens, dans mes homélies, je fais tout pour les pousser dans cette direction : savoir se taire pour écouter Dieu. Est-ce qu'ils comprennent ce que je veux dire ? J'en ai l'impression. Une dame me disait l'autre jour :

—Je ne prie plus de la même façon depuis que je vous ai écouté. Je ne parle plus tout le temps. Je Lui laisse une chance de me répondre.

Et un homme :

—En vous écoutant, j'ai compris que même au travail je peux prendre trente secondes de silence, de prière, et même de contemplation…

Un de mes jeunes paroissiens vient à l'église tous les matins vers 7 heures, sur le chemin de son bureau.

Je lui ai demandé discrètement :

—Que viens-tu faire tous les matins ?

—Je dépose une souffrance devant la croix de Jésus.

—Veux-tu m'en parler ?

—Je ne suis pas encore prêt.

Je n'ai pas insisté. Mais j'ai admiré.

J'aime aller perdre du temps devant le Saint Sacrement : l'hostie est sur l'autel, dans son ostensoir, ou simplement, le tabernacle fermé cache le ciboire[1].

J'ai toujours aimé cela, à toutes les étapes de ma vie ; c'est le fil conducteur qui unit ces étapes entre elles, même si j'ai beaucoup changé au cours des années – par goût et par devoir.

Rester à ne rien faire devant Jésus, dans une église, j'appelle cela « perdre du temps » parce que c'est l'impression que ça donne au monde d'aujourd'hui. Méditer et prier ne sont pas des « activités ».

Mais c'est infiniment plus.

Dans ces moments de gratuité, de contemplation et de silence, je trouve les énergies qui me permettent de continuer ensuite à accueillir, à aimer, ceux qui passent

---

1. Ciboire : vase béni contenant les hosties. Pour la foi catholique, l'hostie consacrée est beaucoup plus qu'un symbole : c'est véritablement le corps du Christ.

dans mon existence. Sans ces moments, je ne serais pas prêtre à présent.

Je vous ai parlé de l'eucharistie à plusieurs reprises. Elle est l'oxygène qui permet de respirer et de durer, dans un monde dont l'atmosphère est très pauvre en teneur spirituelle.

Car personne ne « naît » chrétien : on le devient, et c'est à recommencer tous les matins.

Je sais que, sur cette terre, je n'aurai jamais fini de chercher Dieu : cette quête est toujours à reprendre et à revivre. Parce que Dieu est Dieu, justement ; s'Il n'était qu'une fabrication des hommes, nous L'aurions dans notre poche une fois pour toutes. Quand nous croyons Le tenir et Le posséder, c'est que ce n'est pas Lui : c'est une idole, une loi, un programme de parti, et nous ne sommes plus dans le christianisme.

Et c'est une tentation permanente pour les chrétiens depuis deux mille ans…

13

Mon « je crois en Dieu » est un pari du cœur

Je crois que la vie est un mystère, qu'elle nous dépasse, et que c'est une erreur de penser la connaître complètement. Je trouve merveilleux qu'il en soit ainsi.

Je crois que, dans notre société, nous avons développé de faux besoins et de fausses valeurs, qui font de nous des gens égoïstes, artificiels et assez malheureux.

Je crois que l'homme moderne a perdu le sens de ce qu'il est vraiment : un être avec un cœur. On s'émeut devant un ordinateur, une vidéo, un jeu électronique, plus que devant un enfant[1], un chant d'oiseau ou un coucher de soleil.

Je crois personnellement en l'existence de Dieu, malgré toutes les déformations et les images affreuses

---

1. On voit même naître une sorte de haine envers l'enfant, dans les sociétés les plus « avancées ». Ainsi en Allemagne, où les rares mères de famille promenant leur petit dans les parcs publics se font agresser verbalement par des trentenaires branchés : « En laisse, le gamin ! » Cela a été constaté par plusieurs journaux européens.

271

que l'homme a pu se faire de Lui. Je crois qu'Il existe au-delà de toutes nos idées, de toutes nos définitions, étroites et parfois stupides.

Je crois que Jésus-Christ a vraiment vécu chez nous, qu'Il a marché sur nos chemins, qu'Il est avec nous jusqu'à la fin des temps… et que c'est, pour nous tous, la promesse d'un bonheur qui dépasse l'imagination. Mon attachement à Lui me donne toutes les audaces.

Quant à ma propre personne et à ma propre vie, elles m'apparaissent sans importance. Et c'est très bien ainsi. L'important – pour un prêtre – n'est pas ce qu'il ressent, mais ce que les autres ressentiront grâce à lui.

Je crois sincèrement qu'en religion – et surtout de la part du prêtre ! –, ce qui compte pour les autres n'est pas d'abord ce que l'on *dit*, mais ce que l'on *vit*. Le prêtre est un canal, un instrument, une occasion : il est là pour aider les autres à découvrir l'essentiel et à se découvrir eux-mêmes, dans une lumière toute neuve.

Quand on m'a proposé d'écrire ce livre, j'ai commencé par me demander quelles choses grandes et intéressantes j'allais bien pouvoir raconter. En ruminant la proposition, j'ai réalisé que ce ne sont pas les « grandes » choses qui parlent aux gens mais les petites. Ce sont elles qui ont le plus de sens, pour le plus grand nombre. Mettre en scène une vie tumultueuse et tourmentée, avec des violences et du grand spectacle, ce n'est pas l'affaire du prêtre !

Tout ce que j'ai voulu vous raconter, c'est une histoire d'amour tissée de faits minuscules, parfois microscopiques.

Mais sous l'œil du microscope, la toute petite gouttelette d'eau devient un diamant qui scintille : l'infiniment petit se met à ressembler à l'infini des étoiles.

La foi chrétienne est ce microscope. C'est même le seul microscope, dans le monde de l'existence humaine, qui puisse transfigurer l'infime en infini. C'est grâce à cette foi que notre plus petit geste humain, s'il vient du cœur, se met à résonner aux dimensions de l'univers et de l'éternité.

Ma vie est belle, je crois, parce que ces milliers de gouttes d'eau – ces milliers de rencontres humaines que j'ai vécues et que je vivrai, jour après jour – sont des trésors.

Seule la foi chrétienne nous dit à quel point la rencontre la plus banale peut être secrètement précieuse.

C'est de cela que j'ai voulu vous parler dans ce livre, un peu en vrac, en déroulant devant vous le récit de ma vie sans importance.

Indifférents ? Ils en ont l'air...

Comme prêtre, je sais que je vis dans une Église constituée d'hommes qui ne sont pas parfaits. Mais je l'aime. Et c'est ce qui me donne le courage d'y rester : de redire mon *oui* chaque jour, et d'être fidèle à mes engagements.

À Pâques dernières, je me suis rendu une fois de plus à Saint-Benoît-du-Lac pour y célébrer les premières minutes de la Résurrection : les premières minutes du printemps de Dieu. C'était la grande nuit, la belle nuit : « la nuit des nuits », comme disait saint Augustin.

Un homme s'est approché de moi et m'a dit :

— Trouvez-vous, curé Jolicœur, que les jeunes sont moins intéressés par les questions spirituelles ?

Je lui ai répondu que les jeunes ont l'air indifférents... mais qu'ils ont juste l'air :

— Regardez ici, ce soir : c'est plein de jeunes. Eux aussi s'interrogent sur le sens de leur vie. Eux aussi se posent les questions existentielles. Donc ils cherchent Dieu.

Ce que les jeunes rejettent, ce n'est pas la religion elle-même. C'est l'image qu'ils en ont. Une image de vendredi saint plutôt que d'aube de Pâques. Une image de tristesse plutôt que de joie. Une image de mort plutôt que de vie.

Mais le vrai signe des chrétiens, c'est la pierre renversée du tombeau ! Pâques, c'est le passage de l'être couché à l'être debout.

Beaucoup de Québécois vont encore à la messe à Noël. À cause de la tradition, de la famille, de la mère ou des enfants. Ou simplement par habitude. Ce soir-là, les églises se remplissent. Pendant quelques instants, la religion semble vouloir reprendre place dans la vie du monde.

Mais ce n'est pas tous les jours Noël... Les études de Statistiques Canada, celles de l'Institut de la statistique du Québec, montrent l'effondrement chronique de la pratique religieuse.

À peine un Québécois sur cinq participe à la messe de façon régulière.

Cette chute ne touche pas seulement la religion. Elle atteint toutes les structures de notre société. Nous ne faisons pas seulement face à une crise du religieux : c'est aussi une crise de la famille, du couple et même du politique. Nous vivons – depuis la fin du XXe siècle – l'affaissement d'un ensemble de valeurs sur lequel notre monde était bâti. C'est un vrai tremblement de terre, et l'Église n'y échappe pas.

L'accès à la richesse et à l'abondance, au siècle dernier, a déclenché un séisme mental et moral. Mgr Gaumond le disait en 2001 : les gens croient n'avoir plus besoin du paradis quand ils ont tout sur terre.

Quand ça va bien, on croit pouvoir se passer facilement de Dieu, si l'on imaginait Dieu comme un
bouche-trou ou un assureur.

Mais tout ne va pas toujours bien. Et quand les
choses vont mal, les vraies questions ressurgissent, irré-
solues. Elles concernent la raison de notre vie et le sens
de notre mort. Et ce ne sont pas des questions faciles.

Qu'est-ce qui aidera les gens ?

Pour l'instant les objections contre l'Église s'épanouis-
sent dans l'opinion publique. Et l'Église les écoute, parce
qu'elle n'est pas indifférente aux gens. (Si elle l'était, elle
renierait le Christ.)

Certains accusent l'Église d'être riche. C'est loin
d'être exact aujourd'hui ; un ami français, qui vit dans
la région parisienne, me racontait comment vit son
évêque : je peux vous dire que ce n'est pas le confort.
Mais l'image de richesse est là, dans les esprits, comme
une séquelle du passé. Une dame me disait :

— Je retournerai à la messe quand l'Église sera
pauvre, quand ses ministres seront descendus dans la
rue et ne se cacheront plus dans leurs presbytères et
leurs archevêchés.

Juste ? Injuste ? En tout cas c'est ce que pense cette
dame, et il faut en tenir compte.

D'autres se sentent mal à l'aise devant les lois mora-
les de l'Église. Une chrétienne de Sherbrooke écrit :
« C'est une expérience difficile que d'avoir vu ses
parents vivre dans la crainte et mourir dans la crainte...
D'avoir vu les enseignements de l'Église ajouter aux
souffrances d'un divorce... » Elle ajoute : « Je me
surprends souvent à penser que l'Église aurait bien
besoin d'un autre François d'Assise pour l'aider à se

dépouiller de tout ce qui l'encombre et de tout ce qui défigure son message. »

De plus en plus de gens trouvent que l'Église a un problème de langage. Un jeune me disait, à l'école polyvalente d'Asbestos :

— Je ne vais plus à la messe parce que ce qui s'y dit, c'est plat, c'est ennuyant, c'est endormant.

L'autre dimanche j'étais dans une cathédrale ; ce qu'on entendait était tellement profond que la dame de Bromptonville assise à côté de moi ronflait dans la profondeur de son sommeil...

C'est vrai : l'une des raisons pour lesquelles les églises paroissiales attirent peu de monde aujourd'hui, c'est qu'elles ne savent plus parler aux gens. Les prêtres s'adressent trop souvent à la tête, pas assez au cœur.

Au total, on peut avoir bien des raisons de laisser tomber « la religion d'hier ». Mais par quoi la remplacer ?

« Par rien », tranchent certains. Ils croient qu'au XXIe siècle le monde technologique n'aura plus besoin de religion. Récemment, l'un d'eux disait : « Le virtuel remplace le spirituel. » C'est une grosse formule, mais un peu vide. Le virtuel et la technologie donneront-ils un sens à notre vie ? Peut-on se passer du spirituel ?

Et peut-on se passer du religieux ? Une pratique religieuse n'est pas nécessairement gage de vie spirituelle. Mais si la pratique disparaît, le spirituel perdra son point d'appui. Et alors on peut se demander quels repères éthiques, quelle source d'inspiration resteront dans nos existences. Sur quoi reposeront les valeurs de fidélité, de respect de la personne, de respect de la vie ? Qu'est-ce qui les transmettra ?

Qu'est-ce qui aidera des hommes et des femmes à sacrifier un peu de leurs loisirs, de leurs clubs, de leurs présidences, de leurs vice-présidences, pour aller un peu plus haut dans leur vie de famille, pour mieux découvrir et comprendre l'autre ?

Qu'est-ce qui aidera des jeunes à laisser leur jeu vidéo, leur caisse de bières et leur joint, pour s'asseoir avec eux-mêmes, pour entrer chez Dieu et se laisser aimer par Lui ?

Qu'est-ce qui aidera les gens à laisser tomber leurs premières impressions, leurs préjugés, leurs peurs, pour aller plus loin et plus haut : par exemple envers ceux qui viennent vivre chez nous avec leurs différences, leurs traditions, leurs croyances, leur langue et leur couleur ?

Qu'est-ce qui nous aidera à aller droit au cœur, puisque c'est là que tout se passe ?

Les poings serrés ou la main ouverte

Ces questions ne sont pas creuses. Elles se posent réellement. L'angoisse des jeunes sans horizon, aujourd'hui, dans le monde occidental, le montre tous les jours.

Certaines forces sur la planète préféreraient que nous ne nous posions pas de questions et que magasiner[1] suffise à notre bonheur. Mais ces forces cherchent autre chose que le bien des êtres humains. Et le monde qu'elles fabriquent sous nos yeux n'est pas un monde humain.

Les psychologues disent qu'un bébé met six mois avant d'entrouvrir les mains, puis de les garder ouvertes. Plus vite il prend conscience d'être aimé, plus vite il prend le risque d'ouvrir les mains. Grandir, c'est s'ouvrir.

Mais en vieillissant – je ne sais si ça vous a frappé –, beaucoup d'adolescents et d'adultes se mettent à serrer

---

1. Les Français diraient « faire du shopping ».

les poings en faisant l'expérience des injustices sociales. Et c'est mauvais signe pour l'avenir de la terre. Mgr Helder Camara disait un jour : « Si nous ne partageons pas, les pauvres viendront chercher avec violence ce que nous leur devons. » En ce début du XXIᵉ siècle, beaucoup serrent les poings en voyant l'écart grandissant, de plus en plus fou et scandaleux, entre les riches et les pauvres. Beaucoup serrent les poings en voyant le système financier prendre le dessus sur l'humain et réduire le monde à un marché de quelques gagnants et de millions de perdants.

Ce système, la nouvelle théologie catholique l'appelle une « structure de péché ».

Quand une structure est mauvaise, on doit la changer.

Mais la lutte qui répond au cri d'angoisse de notre temps ne se borne pas à régresser en serrant les poings. Il s'agit de progresser en ouvrant les mains. Je veux dire : en devenant solidaires. Nous ne sommes pas sur la terre pour être des numéros ; encore faut-il le montrer, en luttant contre l'indifférence qui détruit les gens et ronge l'époque.

Les chrétiens croyants doivent être au premier rang de ceux qui luttent pour changer les choses. C'est leur place naturelle. Ils commencent à la prendre, un peu partout, sans bruit, dans le monde entier.

Depuis une quarantaine d'années nous avons eu l'impression que tout basculait, et au Québec plus qu'ailleurs. La place de l'Église était de plus en plus contestée, au nom d'une société « sécularisée, pluraliste et multiethnique » : comme si ces trois choses devaient mettre en cause la foi chrétienne. La foi de l'Église était contestée aussi, au nom d'une religion « plus individuelle et dépendante de nos propres choix » – comme si la foi en Jésus n'avait pas toujours reposé sur un acte libre de chacun !

Aujourd'hui l'Église catholique a perdu, partout, sa position majoritaire. Il fut un temps – très lointain – où elle semblait une puissance morale et mentale incontestée. Plusieurs révolutions au cours des siècles ont brisé cette apparence.

Aujourd'hui, la nouvelle révolution – celle de l'électronique et de la libre expression universelle – crée une planète interconnectée, un réseau mondial de millions d'individus. Cette révolution apporte aussi sa puissance à l'Évangile. L'Église catholique et le pape Jean XXIII en avaient eu très tôt l'intuition, au concile Vatican II. C'était quarante ans avant que Internet ne règne sur la terre... Naviguez aujourd'hui sur le Net, vous y rencontrez d'innombrables témoins du Christ. Tous les jours se créent des sites chrétiens qui parlent de Jésus et de la foi.

S'il y a un groupe d'hommes au monde à qui la liberté électronique ne fait pas peur, c'est bien l'Église catholique.

Quoi qu'on dise (notamment dans les médias), cette Église n'espère aucun retour en arrière. Elle n'est pas là pour dominer, mais pour s'exprimer. Elle ne rêve d'aucune « restauration », d'aucune « reconquête[1] ». C'est logique de sa part : le christianisme est une école de réalisme et de confiance. Il a introduit dans le monde l'idée que l'histoire ne se répète pas et qu'elle avance toujours, depuis Abraham vers la fin des temps ; jamais on n'est vraiment arrivé à mettre l'Évangile au service d'une utopie réactionnaire.

La foi chrétienne n'est pas vouée à s'évaporer. Elle semble en recul chez nous, mais elle continue à circuler de façon souterraine.

---

1. Sauf quelques-uns, si peu nombreux (et si marginaux dans l'Église) qu'ils n'ont aucun poids.

Elle ressurgit chaque fois que l'un de ses témoins réussit à toucher les cœurs.

Un lecteur de *La Tribune* écrivait, en janvier 2001 : « Qu'arriverait-il si un prêtre osait transmettre l'enseignement de l'Évangile en nous parlant de situations qui ont lieu ici à Sherbrooke ? Je vous parie que son église se remplirait rapidement. Car, en dépit des apparences, les gens ont soif de spiritualité plus que jamais… »

L'autre jour, j'étais dans le métro. Je regardais les gens. Je voyais des figures amères, des regards vides ou douloureux, qui ne semblaient s'ouvrir sur rien. Je me disais : « Seigneur, ils pourraient Te parler et ils ne le savent pas. » Quand je suis dans le métro, j'avise quelqu'un, puis je ferme les yeux et je prie pour lui, ou pour elle. Je parle de lui, ou d'elle, à Dieu. J'appelle sur elle, ou sur lui, la joie de la rencontre de Dieu…

Un vêtement neuf, simple et solide

L'Église vivra : mais sous des formes nouvelles, impossibles à prévoir. Si le peuple pratiquant continue de se raréfier dans les pays de l'hémisphère Nord comme il le fait depuis les années 1970, on fermera encore des sanctuaires – le cas se produit au Québec. Mais cette crise est réservée aux sociétés « riches » : celles du monde occidental. La planète catholique, c'est-à-dire les multitudes chrétiennes de l'Amérique latine, de l'Afrique et de l'Asie, ne connaît pas cette panne spirituelle.

Et nulle part on n'abolira les interrogations intimes de chaque individu : la soif d'absolu, le besoin de sens, le goût du partage, la recherche de l'amour, la quête du bonheur, le désir de comprendre l'univers et l'intuition de l'éternité.

Ce qui fait la grandeur d'une religion, ce n'est pas le nombre de ses croyants : c'est la valeur de leur témoignage. À quoi bon la présence dans le monde d'un milliard de catholiques si leur religion ne vaut guère plus qu'une étiquette ? On peut mourir de soif à côté d'un milliard de bouteilles vides. Le problème de notre temps, ce n'est pas que les tièdes deviennent froids : c'est que les chauds doivent devenir brûlants.

Dans nos pays il y aura peut-être moins de fidèles, moins de paroisses, moins d'influence.

Mais il y aura plus d'engagement envers les autres, plus de partage avec des frères. Donc plus de témoins du Christ.

Et ici et là, dans le paysage de nos sociétés, on verra (on voit déjà) naître des pôles de rayonnement spirituel ouverts à tous les chercheurs de foi.

Une nouvelle foi ? Non, la même : mais dans un habit neuf, celui du IIIe millénaire. Il le faudra simple et solide, car les chrétiens sont un peuple en marche à travers les siècles et leur vrai costume est un vêtement de voyage. Je prends le pari : cet habit neuf, nous le tisserons. Nous avons le cœur à ça.

Table

Pour en savoir plus
sur les Presses de la Renaissance
(catalogue complet, auteurs, titres,
extraits de livres, revues de presse,
débats, conférences…),
vous pouvez consulter notre site Internet :

www.presses-renaissance.fr

*Composé par Nord Compo
à Villeneuve-d'Ascq*

Imprimé au Canada